新版财务、税务、审计文书写作指导用书

财务文书
写作格式与范本

李建军 杨全文 ◎ 编著

立信会计出版社
LIXIN ACCOUNTING PUBLISHING HOUSE

图书在版编目（CIP）数据

财务文书写作格式与范本 / 李建军，杨全文编著. -- 上海：立信会计出版社，2025.3 . -- ISBN 978-7-5429-7900-1

I . F275

中国国家版本馆 CIP 数据核字第 20250NW965 号

责任编辑　毕芸芸

财务文书写作格式与范本
CAIWU WENSHU XIEZUO GESHI YU FANBEN

出版发行	立信会计出版社	
地　　址	上海市中山西路 2230 号	邮政编码　200235
电　　话	（021）64411389	传　　真　（021）64411325
网　　址	www.lixinaph.com	电子邮箱　lixinaph2019@126.com
网上书店	http://lixin.jd.com	http://lxkjcbs.tmall.com
经　　销	各地新华书店	

印　　刷	北京鑫海金澳胶印有限公司
开　　本	710 毫米 ×1000 毫米　1/16
印　　张	22.5
字　　数	290 千字
版　　次	2025 年 3 月第 1 版
印　　次	2025 年 3 月第 1 次
书　　号	ISBN 978-7-5429-7900-1/F
定　　价	80.00 元

如有印订差错，请与本社联系调换

前言

文书是企业为适应市场经济的发展,及时解决内部管理问题,协调处理经济业务活动,以及应对其他各种对内对外关系的需要而形成的一系列规范性文本。不断改进和规范常用文书是企业管理工作规范化的基本要求,也是企业提高办事效率和工作质量,维护企业正常生产、工作秩序,促进企业发展的重要保证。

无论是企业的日常管理工作,还是企业财务管理工作,文书都发挥着不可低估的作用。文书的写作不仅要讲究技巧和方法,而且要注重格式的规范,这样才能帮助企业建立系统化、规范化、标准化的管理工作程序,提高办事效率,实现企业持续高效发展的目标。

企业管理的核心是财务管理。随着企业对财务管理工作越来越重视,财务文书写作技能已成为财务人员的必备技能。很多财务人员面对成千上万的数据分析能够泰然处之,但面对文书整理却无从下手。其实,文书有其通用性的一面,也就是有规范的体式。文书体式是指文书的文体、构成要素及书面格式。文书之所以要有一定的体式,主要是为了保证文书的完整性、正确性与有效性,提高办事效率,并为文书处理工作提供便利。财务人员只要掌握了其写作方法,就能制作出标准的文书,再稍加润色,就能写出让各方面满意的完美文书了。

为了切实消除财务人员的文书写作烦恼,我们组织编写了《财务文书写作格式与范本》一书。

本书从财务文书概述讲起,并依次讲解了预算决算类文书、投资融资类文书、资产管理类文书、成本控制类文书、税费管理类文书、会计出纳类文书、财务审计类文书、收益分配类文书、财务分析类文书、财务行政类文书十类文书。

本书采用"定义+写作格式+范本"的模式，对企业常用的文书进行了定义和写作格式的描述，并分类提供了大量的范本以供参考。财务人员和相关人员可以根据本企业实际需要，经修改即可使用。本书是企业财务人员极具参考价值的管理范本，具有很强的实用性和可操作性。其中所提供的范本完全来自一些国内知名的企业，已经在企业中实施并经验证非常有效。

本书完全可以作为企业财务人员、财务主管、财务经理、财务总监等从事财务资源管理工作的人士进行财务管理和财务控制实务操作的参照范本和工具书，也可供财经类高校教师和专家学者作为实务类参考指南。

作　者

2025 年 1 月

目 录

第一章 财务文书概述 ... 001
一、财务文书的定义 ... 001
二、财务文书的种类 ... 001
三、财务文书的样式 ... 002
四、文书编制者 ... 002
五、审核责任人 ... 003

第二章 预算决算类文书 ... 004
一、财务情况说明书 ... 004
二、财务预算报告 ... 021
三、财务决算报告 ... 028

第三章 投资融资类文书 ... 041
一、投资计划书 ... 041
二、股东合伙协议书 ... 046
三、股权转让通知书 ... 049
四、拟转让股权征求意见说明 ... 051
五、投资决策方案 ... 052
六、投资项目建议书 ... 056

七、投资价值分析报告 060

　　八、筹资可行性分析报告 063

　　九、股票发行报告书 067

▶▶ 第四章　资产管理类文书 074

　　一、债务清偿或债务担保说明书 074

　　二、清算报告 076

　　三、存货管理制度 079

　　四、固定资产管理制度 087

　　五、货币资金管理办法 097

　　六、资产评估报告 108

　　七、股权分置改革说明书 117

　　八、买卖赊账合同 126

　　九、专项资金借款合同 128

▶▶ 第五章　成本控制类文书 131

　　一、成本管理建议书 131

　　二、财产清查制度 133

　　三、成本分析报告 139

　　四、成本预测管理制度 144

　　五、商品销售成本核算制度 147

　　六、成本计划编制制度 151

　　七、材料费用控制管理办法 155

　　八、综合费用控制管理办法 158

第六章　税费管理类文书 162

一、税务、涉税会计顾问协议书 162

二、注销税务登记申请书 168

三、减税、免税申请书 169

四、发票领取协议 170

五、纳税审查制度 172

六、增值税审查制度 176

七、消费税审查制度 183

八、所得税审查制度 184

第七章　会计出纳类文书 191

一、会计人员工作交接书 191

二、会计工作总结 197

三、银行承兑汇票书写错误的证明 201

四、财务代理协议 202

第八章　财务审计类文书 205

一、审计报告 205

二、审计业务约定书 212

三、内部审计计划书 222

四、任期经济责任审计报告 226

五、财务审计工作总结 232

六、财务审计整改报告 237

第九章　收益分配类文书 ... 241

- 一、利润分配请示 ... 241
- 二、利润分配计划书 ... 242
- 三、分红派息公告 ... 245
- 四、企业利润增长情况报告 ... 248
- 五、盈利状况报告 ... 251
- 六、利润分配报告 ... 254
- 七、利润分配方案实施公告 ... 256

第十章　财务分析类文书 ... 259

- 一、财务分析报告 ... 259
- 二、盈利能力分析报告 ... 271
- 三、企业运营能力分析报告 ... 277
- 四、偿债能力分析报告 ... 283
- 五、财务报表分析报告 ... 290

第十一章　财务行政类文书 ... 300

- 一、财务工作计划 ... 300
- 二、财务工作总结 ... 309
- 三、财务管理制度 ... 316
- 四、财务部会议纪要 ... 333
- 五、财务简报 ... 336
- 六、财务部职能说明书 ... 339
- 七、财务承诺书 ... 343
- 八、财务保密协议 ... 347

第一章 财务文书概述

一、财务文书的定义

文书是政府、企业在行政管理、商务交往活动中产生的，按照一定的生效程序和规范的格式制定的具有传递信息和记录作用的载体。

财务文书是指有一定资质的企业在执行财务管理活动中，按照一定的生效程序和规范的格式制定的具有传递性和记录作用的一系列文字载体。

二、财务文书的种类

财务文书通常有如表 1-1 所示的几种类型。

表 1-1 财务文书的种类

序号	类别	说明
1	预算决算类文书	预算决算类文书主要是指财务预算报告、财务决算报告等文书
2	投资融资类文书	投资融资类文书主要是指融资申请、筹资申请、融资筹资研究报告等文书
3	资产管理类文书	资产管理类文书主要是指资金管理、应收款管理、存货管理、固定资产管理、无形资产管理等相关文书
4	成本控制类文书	成本控制类文书主要是指成本核算报告等文书
5	税费管理类文书	税费管理类文书主要是指税务申请、税务联络书等相关文书
6	会计出纳类文书	会计出纳类文书主要是指出纳业务范围内的相关文书

续表

序号	类别	说明
7	财务审计类文书	财务审计类文书主要是指审计报告等文书
8	收益分配类文书	收益分配类文书主要是指利润分配报告等文书
9	财务分析类文书	财务分析类文书主要是指财务分析报告等文书
10	财务行政类文书	财务行政类文书主要是指用于处理财务部的日常行政事务的文书，如财务会议记录、财务工作总结、财务部管理制度等

三、财务文书的样式

常见的财务文书样式有如下几种类型：

（1）调查报告类，如资产清查情况的报告、存货构成情况的报告。

（2）建议类，如确定最优生产批量的建议、选定经济订货量的具体意见、确定经济订货量的建议。

（3）制度类，如企业成本控制制度、企业产品的成本核算方法。

（4）评价类，如商业大厦财务评价、股份有限公司财务评价。

（5）分析类，如关于本年度财务分析、关于利润分配分析。

（6）计划类，如财务年初计划、利润分配计划。

（7）通知类，如工资发放通知、股票发行通知。

（8）联络书类，如关于××员工工资核定的联络书。

（9）信函类，如关于银行还款的信函。

（10）协议类，如委托财务审计协议。

四、文书编制者

通常而言，财务文书由相应的财务业务管理人员来负责编制。具体编制者如下：

（1）预算决算类文书由预算会计负责编制。

（2）投资融资类文书由财务主管负责编制。

（3）资产管理类文书由相应会计负责编制。

（4）成本控制类文书由成本会计负责编制。

（5）税费管理类文书由税务会计负责编制。

（6）会计出纳类文书由相应出纳负责编制。

（7）财务审计类文书由财务主管负责编制。

（8）收益分配类文书由会计师负责编制。

（9）财务分析类文书由会计师负责编制。

（10）财务行政类文书由财务人员负责编制。

五、审核责任人

一般而言，审核应遵循以下原则：

（1）一般性的内容由财务主管负责审核。

（2）比较重要的文件则由总经理负责审核。

第二章 预算决算类文书

财务预算是一系列专门反映企业未来一定预算期内预计财务状况和经营成果以及现金收支等价值指标的各种预算的总称，具体包括财务预算表和财务预算情况说明书。而财务决算是指每年对财务的收支情况进行总结，其具体内容包括资产收支运行情况、资产结余实现情况等。

一、财务情况说明书

（一）定义

财务情况说明书是企业对财务活动的一个最基本说明。

（二）写作格式

财务情况说明书的写作格式如表2-1所示。

表2-1 财务情况说明书写作格式

序号	内容项	具体详述
1	企业生产经营的基本情况	（1）企业主营业务范围和附属其他业务，纳入年度会计决算报表合并范围内企业从事业务的行业分布情况 （2）本年度生产经营情况 （3）开发、在建项目的预期进度及工程竣工决算情况 （4）经营中出现的问题与困难

续表

序号	内容项	具体详述
2	利润实现、分配及企业亏损情况	（1）主营业务收入的同比增减额及主要影响因素 （2）成本费用变动的主要因素 （3）其他业务收入、支出的增减变化 （4）影响其他收益的主要事项 （5）利润分配情况 （6）会计政策变更的原因及其对利润总额的影响
3	资金增减和周转情况	（1）各项资产所占比重，应收账款、其他应收款、存货、长期投资等变化是否正常，增减原因 （2）长期投资占所有者权益的比率及同比增减情况、原因；购买和处置子公司及其他营业单位的情况 （3）资产损失情况 （4）流动负债与长期负债的比重，长期借款、短期借款、应付账款、其他应付款同比增加金额及原因 （5）企业偿还债务的能力和财务风险状况 （6）三年以上的应收账款和其他应付款金额、主要债权人及未付原因；逾期借款本金和未还利息情况 （7）企业从事证券买卖、期货交易、房地产开发等业务占用资金和效益情况 （8）企业债务重组事项及对本期损益的影响 （9）所有者权益（或股东权益）增减变动情况
4	所有者权益（或股东权益）增减变动情况	（1）会计处理追溯调整影响年初所有者权益（或股东权益）的变动情况，并应具体说明增减差额及原因 （2）所有者权益（或股东权益）本年初与上年末因其他原因变动情况，并应具体说明增减差额及原因 （3）所有者权益（或股东权益）本年度内经营因素增减情况 （4）对固有资本保值增值产生影响的主要客观因素及增减数额
5	对企业财务状况、经营成果和现金流量有重大影响的其他事项	
6	对企业收支利润指标进行全面分析	

财务情况说明书的基本要求如图 2-1 所示。

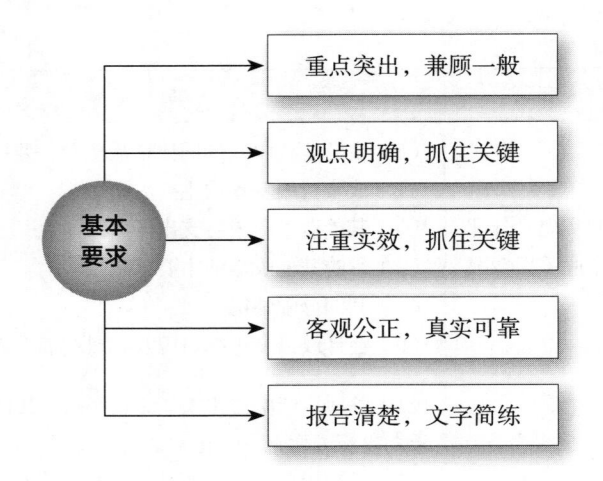

```
            ┌─── 重点突出，兼顾一般
            │
            ├─── 观点明确，抓住关键
            │
   基本要求 ─┼─── 注重实效，抓住关键
            │
            ├─── 客观公正，真实可靠
            │
            └─── 报告清楚，文字简练
```

图 2-1 财务情况说明书的基本要求

【范本 2-1】

财务情况说明书（一）

一、企业生产经营的基本情况

（一）企业主营业务范围

营业执照上描述的公司设有董事会、监事会；公司下属××家控股子公司，分公司××家；所处行业为××业。纳入合并范围子公司基本情况：

企业名称	注册资本	投资额	持股比例	注册地址	法定代表人	与母公司关系

（二）本年度生产经营情况

全年实现销售 A 达＿＿吨，较去年同期＿＿吨增加＿＿%；销售 B 达＿＿吨。

实现收入___万元，较去年同期___万元增加了___%。实现毛利___万元，较去年同期___万元增加了___%。实现利润总额___万元，较去年同期___万元增加___%。

本年流动资产周转次数达___次，较去年同期___次提高___次。本年净资产收益率为___%，较去年同期___%增加___%。

（三）开发、在建项目的预期进度及工程竣工决算情况

项目名称	年初余额	本期增加	本期减少	其中	年末余额
				转增固定资产	
合计					

___年新建工程___项，共投入资金___元。其中：___期初投入资金___元，已转增固定资产___元；___期初投入资金___元，现已全部竣工，全额转增固定资产；新增___项目___元。___年在建工程___项，___工程年初余额___元，现已全部竣工，全额转增固定资产；___改造工程年初余额___元，现已全部竣工，全额转增固定资产；___工程年初余额___元，现已全部竣工；___改造工程及___工程现已全部竣工，年初余额___元已全额转增固定资产；___工程、___改造工程、___工程现已全部完工。截至___年___月___日，在建工程转增固定资产总计金额___元。

（四）经营中出现的问题与困难

从经营指标的完成进度来看有一定的差异，主要是上半年各项指标完成情况差异很大，其主要原因：

（略）

二、利润实现、分配情况

（一）实物量分析

项目	同期对比			
	本年实际	去年同期	增减	差异
销售量（吨）				
其中：A				
B				

从上表可看出今年销售___吨，较去年同期增加___吨，增长率达___%，销售___吨。（以下省略。）

（二）收入成本分析

项目	本年实际金额	上年同期金额	变动情况	
			金额	变动率
主营业务收入				
A业务收入				
B业务收入				
主营业务成本				
毛利总额				

从上表中可看出全年实现收入___万元，较去年同期___万元增加了___%。实现毛利总额___万元，较去年同期___万元增加了___%。（以下省略。）

（三）三项费用分析

项目	本年实际金额	上年同期金额	变动情况	
			金额	变动率
三项费用				
销售费用				

续表

项目	本年实际金额	上年同期金额	变动情况	
			金额	变动率
管理费用				
财务费用				

本年发生的三项费用总计＿＿万元，较去年同期＿＿万元增加了＿＿%，其中销售费用＿＿万元，较去年同期＿＿万元节约了＿＿%；管理费用＿＿万元，较去年同期＿＿万元增加了＿＿%，剔除＿＿因素实际增加＿＿万元，主要是＿＿费增加＿＿万元；财务费用＿＿万元，较去年同期＿＿万元增加了＿＿%，主要原因是随着公司贸易的扩大，对资金的需求量也在扩大，短期借款比去年同期增加了＿＿万元，应付票据比去年同期增加了＿＿万元，融资量的增加促使利息成本增加，财务费用也就随之发生增长。（具体分析省略。）

（四）利润总额分析

项目	本年实际金额	上年同期金额	变动情况	
			金额	变动率
主营业务收入				
主营业务成本				
毛利				
三项费用				
销售费用				
管理费用				
财务费用				
投资收益				
营业外收支净额				
利润总额				

从上表中可看出，全年实现利润总额___万元，较去年同期___万元增加___万元，主要原因是主营业务收入增加了___万元，主营业务成本同时增加___万元，毛利总额增加___万元，销售费用减少___万元，财务费用增加___万元，管理费用增加___万元，营业外收支净额增加___万元，是多种原因共同作用的结果。

（五）利润分配说明

利润分配年初数为___元，本年实际分配为___元，分配情况如下：

股东名称	金额
A	
B	
C	
D	
E	
合计	

本年支付 A 公司股利___元，支付 B 公司股利___元，支付 C 公司股利___元，支付 D 公司股利___元，支付 E 公司股利___元。

三、资产情况

项目	本年数		上年数		变动情况	
	金额	比例	金额	比例	金额	变动率
一、资产总计						
其中：流动资产						
长期投资						
固定资产						
其他资产						
二、负债合计						

续表

项目	本年数		上年数		变动情况	
	金额	比例	金额	比例	金额	变动率
其中：流动负债						
长期负债						
三、少数股东权益						
四、所有者权益						
五、资产负债率						

资产总额___万元，较去年同期___万元增加了___%，主要原因是流动资产较去年同期增加了___万元，同比增加___%，其中存货较去年同期万元增加了___万元；长期投资较去年同期增加了___万元，固定资产比去年同期增加了___万元，同比增加___%；其他资产比去年同期减少了___万元。具体分析省略。

负债总额___万元，较去年同期___万元增加了___%。主要原因是流动负债较去年同期___万元增加了___万元，同比增加___%，其中短期借款较去年同期增加了____万元，同比增加____%；应付票据较去年同期增加了___万元，同比增加___%；长期负债比去年同期___万元增加了___万元，主要是长期应付款中___构成。具体分析省略。

少数股东权益___万元，较去年同期___万元增加了___%。所有者权益___万元，较去年同期___万元增加了___%。资产负债率___%，较去年同期增加了___%。具体分析省略。

四、所有者权益（或股东权益）增减变动及国有资本保值增值情况

公司注册资本___万元，其中：国有资产___万元，占注册资本的___%，年初净资产____元，年初国有资本及权益总额为____元，本年实现净利润___元，致使本年国有资本及权益增加（经营积累）___元，由于___有限公司接受捐赠致使我公司资本公积增加___元，本年国有资本及权益增加___元，本年支付红利___元，本年国有资本及权益减少___元。年末国有资本及权益总额为___元，国有资本保值增值率为___%。

五、现金流量及资金管理情况

项目	本年实际		上年实际		差异	
	金额	比重	金额	比重	金额	与上年比
经营活动现金流入						
投资活动现金流入						
筹资活动现金流入						
现金流入量小计						
经营活动现金流出						
投资活动现金流出						
筹资活动现金流出						
现金流出量小计						
现金净增加额						

今年现金流入总量___万元，比去年同期___万元增加了___万元，同比增加___%。其中经营活动现金流入___万元，占现金流入总量的___%，比去年同期___万元减少___万元，同比减少___%；投资活动现金流入___万元，比去年同期___万元增加了___万元；筹资活动现金流入___万元，占现金流入总量的___%，比去年同期___万元增加了___万元，同比增加___%。具体分析省略。

全年现金净增加额___万元，比去年同期___万元增加了___万元。

六、主要财务指标完成情况及分析

指标名称	本年实际	上年实际
一、盈利能力指标		
1.净资产收益率		

续表

指标名称	本年实际	上年实际
2. 总资产报酬率		
3. 销售收入利润率		
二、资金周转能力指标		
1. 总资产周转率		
2. 流动资产周转率		
三、偿债能力指标		
1. 资产负债率		
2. 已获利息倍数		

本年净资产收益率为___%，较去年同期___%降低了___%；总资产报酬率为___%，较去年同期___%降低___%；销售收入利润率为___%，较去年同期___%降低了___%。总资产周转率为___，较去年同期___增加了___%；流动资产周转率为___，较去年同期___增加了___次；资产负债率为___%，较去年同期___%增加了___%；已获利息倍数为___，较去年同期___降低了___。具体分析省略。

七、财务管理主要工作

我部依据公司____年工作思路，全面落实科学发展观，坚持发展是企业第一要务；认真、科学、细致地做好财务年度预算、决算、审计，以及日常核算工作；建立健全各项管理制度，堵塞管理漏洞，巩固清产核资成果，促进企业管理水平和经营效益的提高；积极创新资金管理模式，成立内部结算中心，充分发挥公司集团化管理和整合优势，完善公司内部管理考核机制，实现资金运行的安全、规范、扁平、快捷，以获取最大的资金整体规模效益。

（1）继续做好企业财务管理信息化建设工作，在信息中心和××公司配合下对公司会计电算化系统进行了全面升级，并以××软件系统为依托，购置安装结算中心模块，进一步完善公司内部财务管理信息网络系统，全面提升财务管理工作水平，使之成为公司管理创新的突破口。

（2）重视会计核算基础工作建设，不断完善内部财务管理制度，以扎实的基本功，顺利通过各级部门的各项审计检查。今年我部先后接受了××会计师事务所对上一年决算报表审计；××地税对上一年企业所得税汇缴清算审计；××集团经济效益审计工作小组对××经营期间经济效益审计。今年审计工作与往年相比具有更加细致、更加深入、工作量大、范围广、要求高等特点。我部人员积极协助配合他们工作，加班加点，根据要求及时提供所需的各类原始凭证、基础报表、资料。由于公司资金管理、财务管理、会计核算工作、资产管理制度健全，技术设备较先进，为其工作提供了良好的条件和环境，所以工作顺利完成。各项审计结束后，均得到相关部门的好评。

（3）认真做好清产核资工作。今年＿＿月＿＿日至＿＿月＿＿日我部组织相关财务人员对本公司及子公司进行了清产核资专项自查工作，做到全面彻底、不重不漏，以保证企业账账相符、账证相符。在完善清产核资基础上建立健全了各项管理制度，堵塞管理漏洞，巩固清产核资成果，促进提高企业管理水平和经营效益。

（4）创建公司内部结算中心。结算中心的设立和运行，充分发挥出公司集团化管理和整合的优势，为公司内部管理考核提供了科学依据。资金有效地统一监控和调配，加速了资金的周转，降低了资金占用成本，在资金紧缺情况下，保证了资金头寸，使有限的资金发挥出较大的整体规模效益。

（5）坚持以效益为中心，以财务管理为手段，全面参与提高企业的经济效益为指导思想，以为企业内部经营活动提供服务为核心开展工作，以资金的价值实现为标准衡量工作成效。为与企业经营规模、贸易范围不断扩大相适应，我们积极参与到经营过程之中，了解经营项目资金需求，研究提出可行的筹资方案并切实落实到位。

（6）我们本着量入为出，统筹调度的原则，通过资金预算来平衡资金的收支，实现资金资源效益的最大化。一是做到年度有资金总体预算，月度有具体预算，并在此基础上，根据经营活动的变化及需求，及时对预算进行调整，实时反映资金预算盈缺，为经营决策提供依据；二是根据预算不断对预算指标体系进行调整，突出重大收支项目在预算指标中的地位，并进行时间上的分解细化，使预算的编制更加科学、合理、准确、有效；三是在预算的执行过程中，我们与相关部门密切合作，充分考虑每笔资金使用的合理性，并在支付手续上严把责任关，严格按照用款审批流程操作，控制预算外开支项目，做到不合理的不付，可缓付的则缓付，防止资金的流失。同时，我们加强对资金款项回笼计划完成情况的监控，保证资金链的连接，保持资金的高效、合理循环。

八、明年工作思路

（1）做好库存物资的定期盘点工作，使库存物资的管理正常化，做到账账相符，账卡相符，账实相符。

（2）继续做好资金管理和监控工作，为与公司经营规模的快速发展壮大相适应，使资金的使用发挥最大的作用。

（3）按照现代企业制度的规定，做好对子公司的财务管理工作，组织财务人员加强专业知识的培训和学习，以适应企业快速发展的需求，全面提高和确保公司系统内的会计核算质量。

（4）遵守国家税务政策，按章纳税，和税务部门保持良好的合作关系。

（5）加强财务信息化管理，维护和健全公司系统内的财务局域网络。

_____有限公司财务部

_____年_____月_____日

【范本 2-2】

财务情况说明书（二）

一、主要经济指标完成情况

一季度，公司在上级的大力支持和公司领导的带领下，实现合同签约额___万元，占年度签约计划的___%；完成施工产值___万元，占年度产值计划的___%，其中分包完成为___万元，占完成产值额的___%。在完成的施工产值中，分单位情况具体如下：总部直营完成___万元（含分包完成___万元），××项目部完成___万元，××分公司完成产值为___万元（含分包完成___万元），××分公司完成产值___万元（含分包___万元），××分公司完成产值___万元（含分包完成___万元）。

二、成本费用发生情况

全公司实现工程结算利润___万元，同比绝对额减少了___万元，工程结算利润率为___%，同比下降了___%。

各单位具体情况如下：

总部一季度的成本为___万元，成本比率为___%，同比上升了___%，工程结算利润率为___%，同比下降了___%。

××分公司的成本为___万元，成本比率为___%，同比上升了___%，工程结算利润率为___%，同比下降了___%。

××分公司成本为___万元，成本比率为___%，同比下降___%，工程结算利润率为___%，同比上升了___%。

××项目部的成本为___万元，成本比率为___%，同比上升了___%，工程结算利润率为___%，同比下降了___%。

××分公司的成本为___万元，成本比率为___%，同比上升了___%，工程结算利润率为___%，同比下降___%。

一季度全公司支出管理费用___万元，占产值的___%，上年同比绝对额增加___万元，产值费用率上升了___%。其中：××分公司为___万元，同比绝对额增加了___万元，产值费用率为___%，同比上升了___%；××分公司为___万元，同比绝对额增加了___万元，产值费用率为___%，同比下降了___%；××分公司为___万元，同比绝对额增加了___万元，产值费用率为___%，同比下降了___%；××项目部为___万元，同比绝对额下降了___万元，产值费用率为 %，同比下降了___%；总部为___万元，同比上升了___万元，产值费用率为___%，同比上升了___%。

三、亏损原因分析

一季度公司亏损___万元，其中：调整以前年度损益——支出___万元，实际当年亏损为___万元。分单位亏损情况如下：××分公司亏损___万元，××分公司亏损___万元，××分公司亏损___万元，××项目部亏损___万元，公司总部亏损___万元。

由于各单位全面亏损，所以出现总体巨额亏损的现象，通过对项目进行配比分析及管理费用支出情况的分析，我公司认为出现亏损的原因是：

（1）一季度本身是装饰施工的低谷，而且在建项目大多是收尾项目，工作量不多，而少数几个新开工项目主要在做基层，工作量很少，所以产值规模上不去，没有规模经济效益。

尽管报表上反映公司一季度完成的情况较上年同期有所增加，但上年的产值收入中不包含分包完成部分。如果今年按上年同期的口径进行计算，实际完成产值仅有___万元，而分包产值我方只能收取有限的管理费（___%），按上年计算口径产值是下降了。

（2）由于公司出现了大量的以往年度损益调整事项，公司今年遵循会计的稳健原则可能过于保守，特别是对于收尾工程的收入确认和成本计量，遵循了尽可能地保守确认收入和充分预计成本的原则，故一季度的工程结算利润率同比下降幅度很大，这是一个主要原因。

（3）由于原始经济资料的传递不及时，部分收尾项目可能在上年的收入成本的计量中没有较好地遵循会计的配比原则，故出现了有的项目上年的结算利润很高而本年出现结算利润亏损的情况。

（4）管理费用比上年同期增加＿＿万元，加重了公司的亏损。经分析，管理费用增加的主要原因有三点：

第一，公司为了保持稳定，恢复了下属分公司停发的月度奖。

第二，＿＿年的年终奖由于没有预提，全部进入了一季度的费用。

第三，公司加强了经营开拓工作，本年承接工程势头良好，至今合同签约额＿＿元，所以经营费、差旅费同比增幅较大。

＿＿＿＿有限公司财务部

＿＿＿＿年＿＿＿月＿＿＿日

【范本 2-3】

财务情况说明书（三）

＿＿＿＿年，我公司深化改革，转换经营机制，促进发展，取得了一定的成绩。但由于运输市场竞争激烈，货源严重不足，生产经营遇到了前所未有的困难，大家团结一心，奋力拼搏，经受了市场经济的严峻考验，现将年度财务情况作如下说明。

一、生产经营状况

全年完成货物吞吐量＿＿万吨，为年计划的＿＿%，超额完成了上级下达的＿＿万吨，比上年＿＿万吨减少＿＿万吨；完成装卸自然吨＿＿万吨，比上年＿＿万吨减少＿＿万吨；完成客运量＿＿万人次，比上年＿＿万人次减少＿＿万人次；集装箱运输有较大发展，完成集装箱＿＿，为年计划的＿＿%，比上年增加＿＿；＿＿外贸码头全年接纳外轮三艘，外贸比上年减少＿＿万吨；

全公司完成收入___亿元，比上年___亿元减少___万元。

上述可知，公司主要经济指标除吞吐量和集装箱外比去年同期有所下降，其主要原因如下：

1. 国家政策的宏观调控对交通运输市场影响较大

2. 货源减少，生产严重不足

（1）港口建设费和客货运附加费的开征，使港口费率提高。

（2）财务拖欠依然存在，电厂欠煤矿大量资金，而煤矿欠钱不发货，旧债不结新债又起，影响了煤炭发送量，减少煤炭___万吨。

（3）货主对煤炭质量要求越来越高，港口作为承运部门，客观上受到影响。

（4）××矿由于铁路运输受阻，车皮难以到港。

二、利税完成情况

我公司___年度完成利润___万元，税金___万元。

1. 利润情况

___年我局出现全面亏损，其主要原因如下：

（1）总收入大幅度减少，比上年减少___万元。

其中：装卸收入___年为___万元，上一年为___万元，减少___万元；堆存收入___年为___万元，上一年为___万元，减少___万元；其他收入___年为___万元，上一年为___万元，减少___万元。代理收入___年为___万元，上一年为___万元，减少___万元。港务收入___年为___万元，上一年为___万元，减少___万元。港务收入由于___年新旧会计制度转轨，只反映下半年收支情况，___年反映全年，故有所增长。

（2）总成本大幅度上升，由于物价上涨，国家政策不断出台，增加开支___万元，主要有：

① 工资及附加费增长___万元。

② 动力及照明费增加___万元。

③客运站、××外贸码头、××散货码头投产按总资产的1/3计提折旧，增加折旧费___万元。

④修理费取消计提方法，实行实报实销，增加开支___万元。

⑤外付劳动力工资单价提高，增加开支___万元。

⑥离退休人员工资根据国务院××号文件精神，增加开支___万元。

⑦挖泥费增加开支___万元。

（3）目前公司有两大业务亏损，一个是港务，由于××改征船舶港务费，收走船舶港务费___万元，造成港务亏损___万元；另一个是综合服务包干业务亏损___万元，这两项亏损是港口自身无法解决的。

（4）贷款利息进成本，我公司____年进财务费用的长期借款利息为___万元。

2. 税金情况

____年完成流转税___万元，其中，增值税___万元，城市建设维护税___万元；已缴流转税___万元，其中，增值税为___万元，城市建设维护税___万元。____年完成行为税___万元，其中，房产税___万元，车船税___万元，城镇土地使用税___万元，印花税___万元。以上税款已全部解缴。

三、利润分配情况

我公司对××港、××厂、××厂实行利润内部全留，亏损自己弥补；本部亏损___万元，由本部进行调整。

四、经济效益评价指标

（1）收入利润税_____。

（2）总资产报酬率_____。

（3）资本收益率_____。

（4）资本保值增值率_____。

（5）资产负债率_____。

（6）流动比率_____。

（7）社会贡献率_____。

（8）社会积累率_____。

_____有限公司财务部
____年____月____日

二、财务预算报告

（一）定义

财务预算报告是指反映企业预算年度内企业资本运营、经营效益、现金流量及重要财务事项等预测情况的文件。

（二）写作格式

财务预算报告主要包括财务预算报表和财务预算情况说明书，其主要内容如图 2-2 所示。

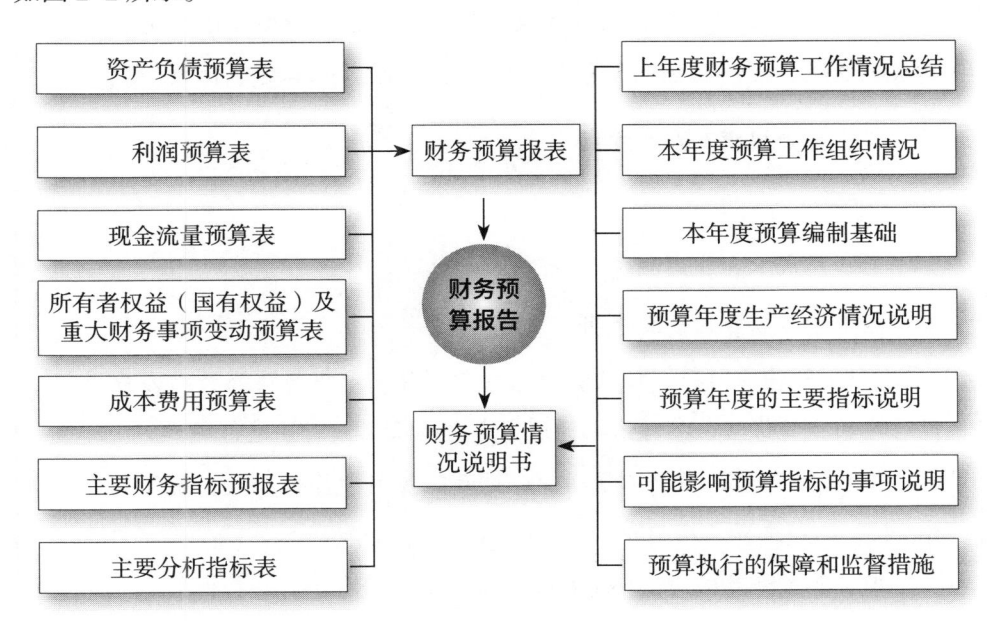

财务预算报表：
- 资产负债预算表
- 利润预算表
- 现金流量预算表
- 所有者权益（国有权益）及重大财务事项变动预算表
- 成本费用预算表
- 主要财务指标预报表
- 主要分析指标表

财务预算情况说明书：
- 上年度财务预算工作情况总结
- 本年度预算工作组织情况
- 本年度预算编制基础
- 预算年度生产经济情况说明
- 预算年度的主要指标说明
- 可能影响预算指标的事项说明
- 预算执行的保障和监督措施

图 2-2 财务预算报告的主要内容

编制财务预算报告时要注意以下几项要求：

（1）本年度预算的指导思想、政策依据。这部分可以写在前言里，也可以单写一段。

（2）计划期要完成的各项指标、任务和要求。这部分要写得简洁明了，按照内容的多少，可以分条列项写出，也可以综合叙述。

（3）编制各项计划指标的主要依据（包括与上年实际对比的增减情况、原因）及其说明。

（4）预计完成计划的可能性与存在问题，以及根据内部、外部条件，为完成计划要采取的具体措施等。

【范本2-4】

成本费用预算报告

一、计算期的确定

本项目计算期是根据项目建设进度和主要设备折旧年限确定。项目建设期2年，投产期2年，达产期14年，项目总测算期为16年。

二、生产规模及产品方案

（略）

三、总成本和费用测算

成本中各项费用计算说明：

（1）外购原材料、外购燃料及动力。外购原材料及燃料动力费用以建设期的市场价格为参考依据，适当考虑物价上涨因素进行测算。

（2）工资总额和职工福利费。该两项费用按员工人数（设计定员，183人）乘以工资及福利费指标（6 000/人）计算。

项目年工资总额=183×6 000=110（万元）

职工福利费=110×14%=15（万元）

（3）折旧费。固定资产折旧按类别采用直线折旧法分别计算。房屋、建筑物折旧年限20年，年折旧率4.5%，机器及设备折旧年限10年，年折旧率9%。为简化计算，预备费用、固定资产投资方向调节税、建设期利息计入固定资产原值。

（4）无形资产及递延资产摊销。土地使用权、技术转让费、勘察设计费等无形资产，按10年摊销。建设单位管理费、工程前期费用、生产员工培训费、联合试运转费、办公生活家具购置费、城市基础设施建设费等递延资产（费用），按5年摊销。

（5）修理费。大中小型修理费分别列入制造费用或管理费用，为计算方便不单独列项计算，按折旧费的50%估算。

（6）生产经营期发生的长期借款利息、流动借款利息等均以财务费用的形式计入总成本费用。固定资产投资借款按综合加权平均资金成本率14.24%计算，流动资金借款按年利息10.98%计算。

（7）其他费用。为计算方便，将制造费用和管理费用、销售费用等作适当的归并（按销售收入的15%计算），均列入其他费用中。

附表：主要产品单位成本测算表（略），间接费用测算表（略），成本、费用测算表（略）。

_____有限公司财务部
_____年_____月_____日

【范本 2-5】

筹资预算报告

一、固定资产投资估算

（1）工程费用。主要生产项目包括：中药前处理及提取车间、片剂车间、粉针分装车间、胶囊车间、水针车间等估算为____万元，其中前处理车间利用已建厂房价值____万元。

辅助生产项目包括：化验与药检、动物房、中药库、成品库、五金库等估算为____万元。除动物房需新建外，其余全部利用已建房改建，原有厂房价值____万元。

公用工程包括：给排水、电讯、全厂电气、工艺外管、总图运输等估算为____万元，其中煤库、变电所、锅炉房、渣场利用已有建筑，价值____万元。

服务工程包括：门卫、厕所、办公楼、招待所、食堂等估算为____万元。

工具及生产家具购置费估算为____万元。

工程费用估算为××万元，其中利用原有建筑物等____万元。

（2）其他费用。其他费用包括：土地使用费、建设单位管理费、技术转让费、生产员工培训费、勘察设计费、联合试运转费、办公和生活家具购置费、城市基础设施配套建设费等。根据国家规定的费率和标准估算为____万元。其中土地使用权由合资方入股，价值____万元。

（3）预备费用。预备费用包括：基本预备费和涨价预备费。根据国家其他相关费用收费标准，基本预备费按全部费用扣除已有建筑物等____万元的____%计算，在建设期考虑物价上涨因素，涨价预备费按工程费用扣除已有建筑物____万元，根据今年用款计划，每年按6%计算，该部分费用估算为____万元。

（4）根据《中华人民共和国固定资产投资方向调节税暂行条例》的规定，按本项工程全部投资完成额的5%纳税。该部分估算为____万元。

（5）建设期利息。本项目固定投资中申请银行贷款____万元，贷款年利率____%，系统内各公司筹资____万元，年利率____%，借款利息当年支付，以单利计算，经计算，建设期利息为____万元。

二、流动资金估算

本项目采用扩大指标法估算，参照同类生产企业流动资金占用和周转情况，正常年份所需流动资金按每百元销售收入占用____元计算，正常年份所需流动资金____万元（其中投产后第1年需____万元，第2年需____万元，第3年需____万元）。

项目投资由固定资产投资和流动资金构成，经测算，本项目投资数额____万元，其中固定资产投资____万元，流动资金____万元（逐年投入）。

（1）项目总资金筹措及项目筹资成本。本项目总投资____万元，自有资金____万元，由总公司拨付，土地使用权和已建房屋作价____万元，银行贷款____万元，年利率____%，总公司系统内各分公司集资____万元，年利率____%，尚有____万元需自筹或申请银行贷款。项目总资金成本为年利率____%。

（2）固定资产投资资金筹措和筹资成本。项目固定资产投资总额____万元，自有现金____万元，土地使用权和已建房屋作价____万元，申请银行贷款____万元，年利率____%，____集团总公司系统内部集资____万元，年利率____%，尚有____万元需追加银行贷款解决。固定资产投资筹资成本为年利率____%。

（3）流动资金筹措和筹资成本。项目建成后正常年份所需流动资金____万元，按生产负荷逐年投入。项目自有资金____万元，由集团总公司承诺。其余，尚需企业自筹或申请银行解决。第1年需____万元，第2年需____万元，第3年需____万元。

____有限公司财务部
____年____月____日

【范本 2-6】

投资预算报告

总经理办公室：

关于本公司在技术改造中决定增设____吨油压生产线和监控系统的投

资问题,有关部门已提出甲、乙、丙三个投资方案。现对这三个方案的净现值作如下计算和分析比较:甲方案一次投资10万元,有效使用期为4年,期末无残值。乙、丙方案一次投资均为20万元,有效使用期均为5年,乙方案期末有残值5 000元,丙无残值。三个方案的利率均为18%。

三个方案的净现值计算分析表

金额单位:万元

年份	甲方案 净利	甲方案 折旧	甲方案 每年现金净流量合计	乙方案 净利	乙方案 折旧	乙方案 每年现金净流量合计	丙方案 净利	丙方案 折旧	丙方案 每年现金净流量合计
1	4	2.5	6.5	5	3.9	8.9	2	4	6
2	4	2.5	6.5	5	3.9	8.9	4	4	8
3	4	2.5	6.5	5	3.9	8.9	5	4	9
4	4	2.5	6.5	5	3.9	8.9	10	4	14
5	—	—	—	5	3.9	8.9	4	4	8
合计	16	10	26	25	19.5	44.5	25	20	45

一、甲方案

查询1元的年金现值表,4年、18%的年金现值系数为2.69。

甲方案未来报酬的总现值 = 每年现金净流量折成的现值 = 65 000×2.69 = 174 850(元)

甲方案的净现值 = 未来报酬总现值 − 投资额 = 174 850 − 100 000 = 74 850(元)

二、乙方案

查询1元的年金现值表,5年、18%的年金现值系数为3.127。查询1元的现值表,5年、18%的复利现值系数为0.437。

乙方案未来报酬总现值 = 每年现金净流量折成现值 + 残值折成现值
= 89 000×3.127 + 5 000×0.437

=278 303+2 185

=280 488（元）

乙方案净现值 = 未来报酬总现值 − 投资额 =280 488−200 000= 80 488（元）

三、丙方案

因为1～5年现金净流量不等，不能采用与甲、乙两个方案类似的年金法，应按普通复利计算。查询1元的现值表，复利现值系数分别为：1年，18%，0.847；2年，18%，0.718；3年，18%，0.609；4年，18%，0.516；5年，18%，0.437。

每年现金净流量折成现值：

第1年：60 000×0.847=50 820（元）

第2年：80 000×0.718=57 440（元）

第3年：90 000×0.609=54 810（元）

第4年：140 000×0.516=72 240（元）

第5年：80 000×0.437=34 960（元）

丙方案未来报酬的总现值 =50 820+57 440+54 810+72 240+34 960= 270 270（元）

丙方案净现值 =270 270−200 000=70 270（元）

通过上述计算，可以看出：甲、乙、丙三个方案净现值均为正数，都有可行性。如果不考虑投资时间长短及投资额多少，则乙方案最优；如果考虑这两个因素，则甲方案为最优。我们的意见也是以采用甲方案为好。

以上测算，仅供参考。

____有限公司财务部
____年____月____日

三、财务决算报告

（一）定义

财务决算报告是指企业对企业资产在一定会计期间内的财务收支运行情况进行分析和总结的书面文字报告。

（二）写作格式

一般而言，财务决算报告由如图2-3所示的内容组成。

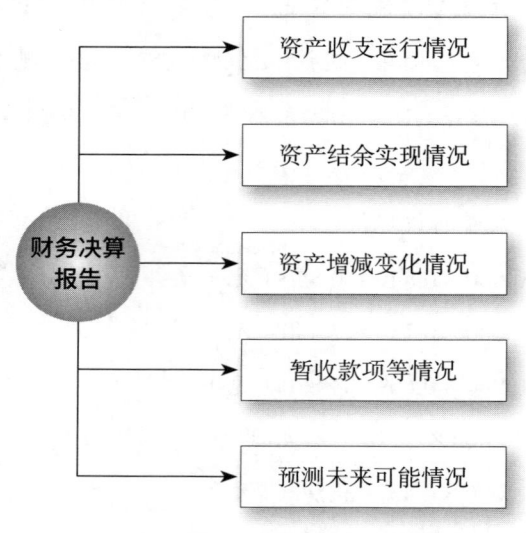

财务决算报告：
- 资产收支运行情况
- 资产结余实现情况
- 资产增减变化情况
- 暂收款项等情况
- 预测未来可能情况

图2-3 财务决算报告的内容

财务决算报告的基本要求如下：

（1）一般来说，企业财务报告对象是企业的股东。而事业单位的财务报告对象是全体职工与上级主管领导。因此财务报告开头时，需要写明报告对象。

（2）主体内容上必须要用数据来支撑，而且必须由事实作为依据。

（3）收支要分开。

（4）支出用在何处了，必须讲清楚。

（5）成绩、得失都必须具备。

（6）可以为下阶段提出建议。

【范本2-7】

财务决算报告（一）

现受董事局委托，向各位股东提交公司　年度财务决算报告，请审议。

一、公司资产负债、利润及现金流量概况

经××会计师事务所审计核定，我公司____年年末总资产为____万元，比上年年末____万元增加____%；年末公司负债为____万元，比上年年末____万元增加____%；年末股东权益____万元，比上年年末____万元减少____%。

经审计，我公司____年度主营业务收入为____万元，比上年同期____万元减少____%；主营业务利润为____万元，比上年同期____万元减少____%；营业利润____万元，比上年同期____万元多亏损____万元；投资收益____万元，比上年同期____万元减少____万元；补贴收入____万元，比上年同期____万元减少____万元；营业外收支净额____万元，比上年同期____万元增加____万元；利润总额____万元，比上年同期____万元减少____万元；净利润____万元，比上年同期____万元减少____万元；可供分配利润____万元，比上年同期____万元减少____万元。

公司____年度现金及现金等价物净增加额为 万元，比去年同期____万元增加____万元。其中经营活动产生的现金流量净额为____万元，比上年同期____万元增加____万元；投资活动产生的现金流量净额为____万元，比上年同期____万元减少____万元；筹资活动产生的现金流量净额为____万元，比上年同期____万元减少____万元。

二、财务指标

每股净资产____元，比上年年末____元减少____元。

净资产收益率为____%，比上年同期____%减少____%。每股收益____元，比上年同期____元减少____元。

存货周转天数为___天，比上年同期___天增加___天。应收账款周转天数___天，比上年同期___天减少___天。资产负债率为___%，比上年年末___%增加___%。

流动比率为___，比上年年末___减少___。速动比率为___，比上年年末___减少___。

三、年度经营亏损分析

公司___年度主营业务收入为___万元，比上年同期减少___%；主营业务利润为___万元，比上年同期减少___%；净利润___万元，比上年同期减少___%。

___年，公司经营业绩出现了较大幅度的滑坡，主要原因有：

（1）解决历史遗留问题，依据谨慎性原则，计提较大额度的坏账准备，为进一步大力发展主业夯实经营基础。

在以前的经营年度中，公司因IT产业基础薄弱、基础管理尚未完善，沉积了较多的应收账款等较大的历史包袱。根据当前企业轻装上阵做××产品、实现可持续发展的现实需要，××会计师事务所在___年度的审计工作中，合计对应收款项计提了___万元的坏账准备。这有助于企业在___年度基本实现产业结构调整后，夯实经营基础，减轻明年及以后年度整体经营工作的财务压力。

（2）为大力发展主业，公司人力资源和研发投入增加，使当年度管理费用增加，但为公司未来发展打下了基础和积累了资源。

公司于年初正式确立了以××产品为公司主导产业的战略发展规划。从此，公司从原来的三业并举转变为一业为主、二业为辅，同时积极介入两大增长点的经营布局。为实施这一战略规划，确立××产业发展平台，公司在原有的产业基础上，进一步加大对××产业的研发和人力资源的投入，为公司未来发展打下了基础和积累了资源，但增加了当年度管理费用。

（3）为加大对××产业的投入和产业园的建设，公司加大对资金的需求，财务费用增加。

公司对国内××产业的开拓，主要采用"投资运营＋产品服务＋金融工具＋内容整合"的组合营销模式，在与广电运营商的合作过程中，需要较大的前期启动资金；同时对××产业园和××科技园的建设，公司投入了较大的基本建设资金。而随着国家宏观调控力度的加强、贷款利率的提高，公司的融资成本出现较大幅度的提高。

（4）其他原因。

____年，公司根据对××产业实施扩张性经营等既定经营方针，开始有目的地调整各下属企业的经营重点，对不适合企业长期发展规划的多项业务实施紧缩策略。

由于国内××产品市场正处于快速成长前的培育阶段，公司产业结构的调整导致销售收入短期内出现了下降现象。

四、年度财务工作取得的成绩

1. 调整财务管理机构，实行财务集中管理

根据公司经营管理的需要和集团公司现况，从____年开始财务中心调整管理模式，财务管理由松散型管理模式转换为紧密型管理模式：即子公司财务部门成为集团公司财务中心的派出机构，各子公司财务部门依据管理关系为子公司提供财务管理和服务，在集团公司授权范围内对子公司董事会和经营者负责，所有财务人员由财务中心统一管理、聘任、调配、考核和奖惩，财务人员既对所属子公司经营者负责，同时也对集团公司财务中心负责；资金实行统一筹划、统一结算，统一调配，贯彻有偿使用原则，以保证集团公司对各子公司资源的合理配置。

经过一段时间的摸索和磨合，这种紧密型的管理模式的优势逐渐得到证实：资金统一管理和调配，加强了整个集团资金的管理和运用，提高了资金的利用效果；人员的集中调配和薪酬统一管理，有利于调整工

作热情和积极性；子公司财务部门与集团公司财务中心充分沟通，部分遗留问题及资产处理得到及时解决。

2. 完善财务制度，强化财务管理

财务中心今年完成了财务制度的修订、健全、补充、完善等工作，共制定了《资金管理办法》《内部资金结算办法》《关于加强对各子公司财务部门和财务人员管理的通知》《成本费用管理制度》《财务计划和分析管理办法》《往来账户结算管理制度》《物控管理条例》等（23个制度，9个批复，2个会议纪要）。子公司根据集团公司的有关制度，制订了相应的规定和办法，明确了实施细则。这些管理制度相继出台，确立了一系列管理手段和目标，规范了操作程序，强化了财务管理，使财务工作做到有章可循。

3. 重视应收款项与存货清理工作，加大监管力度

____年度，财务中心把应收款项回收及存货变现作为首要工作来抓。应收款项和存货清理工作是一项重要的日常工作，是企业经营管理活动的重要组成部分。为确保应收款项及存货清理工作的顺利进行，财务中心于今年___月及___月两次召开应收款与存货清理专项会议，并于___月____日专门确定了这项工作的负责人，指导、协调各子公司开展工作，就应收款与存货清理的重要性及相应的工作方法进行了详细的阐述，并专门成立应收款项和存货清理小组，负责集团公司资产处理，达到盘活公司资产和加速集团公司现金流入和资产变现的目的。

4. 加强资金管理，拓宽融资渠道，确保公司正常运转

资金就像人体的血液。资金流动顺畅，经营活动才能正常进行。

（1）加强资金计划管理，严格控制现金流出，大力压缩子公司对集团的资金占用。通过激励、压缩等措施，发挥各子公司的能动性，以缓解集团公司的资金压力，改变子公司向集团公司伸手要钱的局面。

（2）培育集团融资资源，搭建良好的融资平台。一方面对资金流良好的、融资方便的投资项目，集团在资金方面将给予大力的支持和倾斜；

另一方面对于需要占用、耗损大量的资金且不能及时回流资金的项目，集团将进行控制，甚至于停止资金供给。

5. 加强成本控制，规范采购管理

____年度集团公司成立了物控部，实现了大宗材料集中采购，规范采购环节管理，制定了《物控部管理条例（暂行）》，集中审批权限，降低了采购成本，使得集团内的大宗物料的采购更进一步规范化、标准化。

根据运作的效果分析，不管是物料的齐套、成品的交货还是公司与各供应商的关系，有了很大程度的改善，并在成本控制上卓见成效。

_____有限公司财务部

____年____月____日

【范本 2-8】

财务决算报告（二）

____年是全公司大井原煤和商品煤产量双双突破亿吨，连续第____年实现千万吨跨越的一年。一年来，公司财务管理工作紧紧围绕整体目标，超前谋划，稳步推进，不断创新，取得了新的进展。全体财务人员发扬敬业爱岗、挑战自我、无私奉献的精神，圆满完成了集团总部下达的工作任务，各项经营指标全面超额完成计划，再一次创出历史最高水平。

一、主要指标完成情况

（1）全年完成商品煤____万吨，比计划超____万吨。其中：大井完成____万吨，比计划超产____万吨，比上年增加____万吨，增幅达____%。

（2）全年实现煤炭销售收入____亿元，比计划超____亿元，平均吨煤结算价____元，比计划上升____元。其中：大井吨煤结算价____元，比计划上升____元，增加收入____亿元。这是由于狠抓煤质管理，特低灰煤、洗精煤、块煤等高价位品种的煤炭比计划超产带来的收益。

（3）年末报表反映大井成本____元，比计划上升____元，剔除税费标准提高、长期贷款利息增加等____万元增支因素后，实际成本____元，比计划降低____元。增支因素____万元，包括：

①资源税标准提高增加____万元，政府开征水利基金增加____万元，资源补偿费增加____万元，小计____万元。

②长期贷款利息多提取____万元。

③大修费按进度结算____万元，××煤矿首采工作设备、人力、电力成本____万元，小计____万元。

④电费涨价____万元，补交××煤矿____—____年资源存量能源基金____万元，小于____万元。

⑤支付××铁路公司专用线大修费____万元，股份公司批准扶贫款____万元，小计____万元。

⑥提取井下艰苦岗位补贴____万元，补充养老金基数提高____万元，增提失业保险费____万元，小计____万元。

⑦新增超产工资____万元，附加费____万元，小计____万元。

⑧以前年度报废存货转出进项税____万元，存续公司租赁费____万元，小计____万元。

（4）年末公司账面体现利润____亿元，剔除增支因素与年初同口径相比实现利润____亿元，比计划利润增加____亿元。其中：煤炭业务利润____亿元，非煤业务利润____万元。按年初同口径，____个单位全部实现了计划创收目标，实现利润过百万元的单位主要有：

①维修中心实现利润____万元。

②供电处实现利润____万元。

③生产准备处实现利润____万元。

④设备管理中心实现利润____万元。

⑤地测公司实现利润＿＿＿万元。

⑥信息中心实现利润＿＿＿万元。

⑦运销处实现利润＿＿＿万元。

⑧车辆管理处实现利润＿＿＿万元。

⑨生产服务中心实现利润＿＿＿万元。

（5）公司全年提取生产自有资金＿＿＿亿元，比计划多提＿＿＿万元，比上年同期增长＿＿＿%；提取安全支出费＿＿＿亿元，比计划多提＿＿＿万元，比上年同期增长＿＿＿%，为扩大再生产和安全投入提供了有力的资金保障。

（6）全年缴纳税费＿＿＿亿元，比上年增加＿＿＿亿元，为国家和地方经济发展作出了新的贡献。其中：

①增值税＿＿＿亿元。

②所得税＿＿＿亿元。

③资源税＿＿＿亿元。

④城市维护建设税＿＿＿亿元。

⑤其他税费＿＿＿亿元。

（7）年末全公司资产总额为＿＿＿亿元，比上年净增加＿＿＿亿元。其中：固定资产比年初增加＿＿＿亿元；流动资产比年初增加＿＿＿亿元，无形资产及长期待摊费用减少＿＿＿亿元。从整个资金运转情况看，存货周转率比计划提高＿＿＿次，资产结构和资金状况更加趋于合理。

（8）全公司人均工资性收入达到＿＿＿万元，同口径比上年增长＿＿＿%，实现了随公司产量、效益增长，员工收入稳步增长的目标。

（9）截至＿＿＿年年底基本建设累计投资＿＿＿亿元，其中＿＿＿年完成投资＿＿＿亿元，主要采掘设备购置、××矿改扩建等项目均按计划稳步推进。

（10）＿＿＿年全公司业务招待费支出＿＿＿万元，占销售收入的＿＿＿%，与企业会计制度规定的＿＿＿%相比降低＿＿＿个百分点，总额比会计制度规定提取额降低____万元，节约____%。比上年同期增加____万元，主要原因是接待量增加，以及加大了地企协调和资源争取工作力度。

二、经营工作取得的成效

____年，各单位认真贯彻落实股份公司和分公司年初工作会议所确定的经营目标及措施，积极组织生产外运，全面强化安全生产和成本控制措施，持续深入开展财务管理创水平活动，进一步规范了财务核算，加强了经营分析，把成本费用管理工作始终作为一项核心任务来抓，取得了很好的效果。

（1）以创建卓越财务管理为目标，稳步推进财务管理创水平活动，进一步加强了财务会计基础工作。

（2）创新成本管理理念，使财务管理与生产实践得到了较好的结合。

（3）加强内控体系建设，提升了资金安全风险防范水平。

（4）突出现场管理，引入信息化手段，促进班组核算质的飞跃。

（5）加强财务人员队伍建设，坚持职业道德建设和业务素质建设协调发展。

（6）不断优化生产结构，改进洗选工艺，煤炭质量管理成效显著，确保了效益指标的实现。

（7）加大税费协调力度，加强储备资金管理，有效发挥了资金的最大效益。

（8）加大报废物资调剂拍卖力度，积极清理不良应收款项，回笼了资金，实现了清仓利库。

（9）依托生产技术创新，降低成本效果显著。

（10）深化资产经营责任制，有效整合了综合管理体系。

（11）依照上市监管规范和股份公司要求，从严管理关联交易，确保关联交易的发生项目及额度不突破控制指标。

（12）改善员工生产及生活条件，千方百计为员工办实事。

客观回顾全年的经营及财务工作，成绩是主要的，效果也是明显的。但在实际生产经营过程中还存在一些有待于改进和完善的方面，主要表现在：

（1）资产管理不全面，实物管理与价值管理衔接不畅。

（2）经营分析对生产经营工作的指导性不强。

（3）专项工程结算不及时、不均衡，影响了财务核算和审计的时效性。

（4）修旧利废工作需要进一步推进和深入开展。

（5）部分材料定额写实工作不够认真细致，对差异分析过于笼统，需进一步写实、修订和完善。

（6）公司各项经营管理制度执行力不强，内部制约机制作用发挥不充分，须认真贯彻落实。

＿＿＿有限公司财务部
＿＿＿年＿＿＿月＿＿＿日

【范本 2-9】

财务决算报告（三）

现将＿＿＿年＿＿＿月至＿＿＿年＿＿＿月资金收支情况报告如下：

一、资金收入情况

自＿＿＿年＿＿＿月＿＿＿日至＿＿＿年＿＿＿月＿＿＿日止，协会新增各项收入总计＿＿＿元。其中：

（1）会费收入＿＿＿元。

（2）政府补助收入＿＿＿元。其中，＿＿＿元用于"生态奖"项目，＿＿＿元用于××项目办员工福利。

（3）限定性捐赠收入___元。其中，"生态奖"项目合作款___元，"国外资助"项目款___元。

（4）其他收入___元。

二、支出情况

___年___月___日至___年___月___日，协会总支出累计___元，其中，××项目支出___元，××项目支出___元，管理费用支出___元，筹资费用支出（含银行相关费用）___元。

另外，固定资产支出___元（预___元），为购置电脑、数码相机、打印机等办公设备。

1.××项目支出

（1）"后勤保障"项目（略）

（2）"资助"项目（略）

（3）"生态基金"项目（略）

（4）"生态农业与社区发展"项目（略）

（5）"志愿者平台"项目（略）

（6）"产业化调研"项目（略）

（7）"社区发展与生态多样性保护"项目（略）

（8）"调查科研"项目（略）

（9）"培训"项目（略）

2.××项目支出

（1）"生态奖"项目（略）

（2）"企业社会责任论坛"项目（略）

3.管理费用支出

___年___月至___年___月，协会管理费用预算___元。___年___月至___年___月，协会用于管理费用支出累计___元。具体资料如下：

___年___月至___年___月管理费用统计表

金额：元

费用项目	累计费用支出	比重
（1）工资费用		
（2）保险费		
（3）通信补贴		
（4）午餐补助		
（5）劳务费		
（6）房租		
（7）物业管理费		
（8）汽车费用		
（9）电话费		
（10）办公费用		
（11）折旧费		
（12）差旅费		
（13）邮寄费		
（14）公关费		
（15）交通费		
（16）野外用品		
（17）秘书长基金		
（18）体检费		
（19）补贴		
（20）招聘费		
（21）春节补贴		
（22）项目办员工福利		
合计		

4.筹资费用支出

___年___月至___年___月，筹资费用支出___元，其中银行手续费及汇兑损失为___元，资源拓展支出___元。

协会资源拓展支出为协会媒体事务、会员发展、理事大会等费用。具体资料如下：

(1) 媒体事务

该项预算___元，___年___月至___年___月支出___元，其中，工资/保险___元，通信费___元，通信制作费___元，抓绒衫制作___元，公关费___元，图书资料费___元，___年度宣传手册制作___元，宣传片差旅___元，宣传单页制作___元。

(2) 会员发展

该项预算___元，___年___月至___年___月支出___元，其中，工资/保险___元，公关费___元，通信费___元，交通费___元，邮寄费___元，差旅费___元，理事证书制作费___元，执行理事会资料费___元，执行理事会场地费___元，论坛差旅费___元，注册成立基金会___元。

(3) 国际关系

该项预算___元，___年___月至___年___月支出___元，其中，工资/保险___元，通信费___元，交通费___元，公关费___元，差旅费___元，翻译费___元，资料费___元，邮寄费___元。

(4) 理事大会

该项预算___元，___年___月至___年___月支出___元，其中，文化衫制作___元，环境布置___元，会议资料___元，工作人员交通及差旅费___元，工作人员餐费___元，工作人员住宿费___元，专家交通费___元，专家住宿费___元，专家会务费___元，月亮湖宴请宾客___元，项目点考察___元，不可预见费用（速记、理事用餐等）___元。

三、财务报表

___年___月___日、___年___月___日资产负债表。

___年___~___月、___年___~___月业务活动表。

_____有限公司财务部
____年____月____日

第三章 投资融资类文书

投资、融资是企业资金发放与资本募集的方式。一般而言，企业进行投资的目的是扩大企业经营范围以获取更大利润。当企业出现资本不足时，有可能找到一种合法的形式进行资金募集。关于这方面的文本如下。

一、投资计划书

（一）定义

投资计划书是企业在实施投资之前制定的行动计划书。

（二）写作格式

投资计划书的写作格式如表 3-1 所示。

表 3-1 投资计划书写作格式

项目	基本要求
标题	一般为《××企业投资计划书》
正文	正文应具备如下内容： （1）企业简介 （2）市场分析 （3）经营模式分析 （4）竞争力分析 （5）市场效益分析 （6）初定的投资方案
落款	一般为书写单位签字盖章、时间

【范本 3-1】

<h2 style="text-align:center;">项目投资计划书</h2>

项目名称：

申请人：

接洽地址：

电子邮件：

提交日期：

摘要：

请简要叙述以下内容：

（1）项目基本情况（项目名称、启动时间、主要产品/服务、项目进度）；

（2）主要管理者（姓名、性别、学历、结业院校、结业时间、主要履历）；

（3）研究与开发（已有的技术成果及技术程度，开发团队技术程度、竞争力及对外互助情况，已投入的经费及今后投入的规划）；

（4）行业及市场（行业历史与前景，市场范围及发展趋向，行业竞争对手及本项目竞争优势）；

（5）营销计划（在价格、促销、成立销售机构等各方面拟采取的措施）；

（6）产品生产（生产方式，生产工艺，质量控制）；

（7）财政规划（资金需求量、使用规划，拟出让股份，未来三年的财政预算推测和投资者回报）。

一、项目大概情况

项目名称：

启动时间：

筹办注册资金：

项目进展：（说明自项目启动以来至目前的进展情况）

主要股东：（列表申明目前股东的名称、出资额、出资情势等）组织机构：（用图来表示）

主要业务：（筹办谋划的主要业务）

盈利模式：（具体说明本项目的盈利模式）

未来3年的发展战略和谋划目标：（行业位、销售收入、市场占有率、产品品牌等）

二、管理层

（1）成立公司的董事会：（董事成员，姓名，职务，工作单元）。

（2）高管层简介：董事长、总经理、主要技术负责人、主要营销负责人、主要财政负责人（姓名，性别，年龄，学历，专业，职称，结业院校主要履历和业绩，主要申明在本行业内的管理经验和实战案例）。

三、研究与开发

1. 项目的技术可行性和成熟性阐述

（1）项目的技术创新性阐述。

①基本原理及关键技术内容。

②技术创新点。

（2）项目成熟性和可靠性阐述。

2. 项目的开发成果及主要技术竞争对手

内容包括：产品是否经国际、海内各级行业势力巨子部门和机构判定；海内外情况，项目在技术与产品开发方面的海内外竞争对手，项目为提高竞争力所采纳的措施。

3. 后续开发规划

内容包括：请申明为保证产品机能、产品升级换代和保持技术进步先进程度，项目的开发重点、正在或者未来3年内拟开发的新产品。

4. 开发投入

内容包括：迄今项目在技术开发方面的资金总投入，规划再投入的开发资金，列表申明每一年购置开发设备、员工用度以及与开发相关的其他费用。

5. 技术资源和互助

内容包括：项目现存技术资源以及技术储蓄情况，是否追求技术开发依托和互助，如大专院校、科研院所等，如有请申明互助方式。

6. 技术保密和激励措施

内容包括：请申明项目采纳哪一些技术保密措施，怎样的激励机制，以确保项目技术文件的安全性和关键技术人员和技术团队的稳定性。

四、行业及市场

1. 行业状况

内容包括：发展历史及现状，哪些变化对于产品利润、利润率影响较大，进入该行业的技术壁垒、贸易壁垒、政策导向和限制等。

2. 市场前景与预先推测

内容包括：全行业销售发展预先推测并注明资料来源或者依据。

3. 目标市场

内容包括：对于产品／服务所面向的主要用户品类进行具体申明。

4. 主要竞争对手

内容包括：申明行业内主要竞争对手的情况，主要描述在主要推广市场中的竞争对手，他们所占市场份额、竞争优势和竞争劣势。

5. 市场壁垒

内容包括：申明市场有没有行业管束，公司产品进入市场的困难程度及对策。

6.SWOT 分析

内容包括：产品／服务与竞争者相比的优势与劣势，面对的时机与风险。

7. 销售预先推测

内容包括：预先推测公司未来 3 年的销售收入和市场份额。

五、营销计划

1. 价格计谋

内容包括：销售成本的构成，销售价格制订依据和扣头政策。

2. 行销计谋

内容包括：申明在成立销售机构、销售渠道、销售促销，设立代理商、分销商和售后服务方面的计划与实行办法。

3. 激励机制

内容包括：申明成立一支本质杰出的销售团队的计谋与办法，对于销售职员采纳怎样的激励和约束机制。

六、产品生产

1. 产品生产

内容包括：产品的生产方式是本身生产还是委托加工，生产范围，生产园地，工艺流程，生产设备，质量管理，原材料采购及仓储管理等。

2. 生产人员配备及财政规划

内容包括：创事业基金参股本项目的数量，其他资金来源和额度，以及各投资参与者在公司中所占权益。

3. 资金使用规划

内容包括：列表说明中小企业融资后项目实施规划，如资金投入进度，效果和起止时间等。

4. 投资回报

内容包括：说明中小企业融资后未来 3～5 年平均年投资回报率及关于依据。

5. 财政预算推测

内容包括：提供中小企业融资后未来 3 年项目预算推测的资产负债

表、损益表、现金流量表,并说明财政预算推测数值的依据。

七、风险及对策

1. 主要风险

内容包括:具体说明本项目实行历程中可能碰到的政策风险、开发风险、谋划管理风险、市场风险、生产风险、财政风险、汇率风险、对于项目关键人员依赖的风险等。

2. 风险对策

内容包括:以上风险如存在,请说明控制和防范对策。

___有限公司

___年___月___日

二、股东合伙协议书

（一）定义

股东合伙协议书是依法由全体合作人协商一致,以书面形式订立的合伙企业的契约。

（二）写作格式

股东合伙协议书的写作格式如表3-2所示。

表3-2 股东合伙协议书写作格式

项目	基本要求
标题	一般为《××企业合伙协议书（股东合同）》
首行	在第一段写对应的合伙人以及身份证、家庭住址
正文	正文应具备如下内容:

续表

项目	基本要求
正文	（1）正文要写出合作前各个合伙人所占的股份比例 （2）分歧解决办法 （3）法人代表 （4）企业组织形式 （5）合伙时间 （6）其他约定事项
落款	一般为各方的签字盖章、时间

【范本 3-2】

某企业股东合伙协议书

合伙人：甲＿＿，男，身份证号：＿＿＿＿＿＿＿＿，家庭住址：＿＿＿＿＿＿＿

合伙人：乙＿＿，男，身份证号：＿＿＿＿＿＿＿＿，家庭住址：＿＿＿＿＿＿＿

合伙人：丙＿＿，男，身份证号：＿＿＿＿＿＿＿＿，家庭住址：＿＿＿＿＿＿＿

合伙人本着公平、公正、平等、互利，相互尊重、相互帮助、相互扶持、共同创业、共同致富的原则，订立合伙协议如下：

第一条 甲、乙、丙三方自愿合伙经营＿＿＿＿＿＿＿（项目名称），总投资为＿＿万元，其中甲出资＿＿万元，占＿＿％股份；乙出资＿＿万元，占＿＿％股份；丙出资＿＿万元，占＿＿％股份。

第二条 本合伙依法组成合伙企业，若后期需要办理工商登记，由甲负责。

第三条 本合伙企业经营期限为十年。如果需要延长期限，在期满前六个月办理相关手续，但必须召开股东会议，举手表决。

第四条　所有合伙人共同经营、共同劳动、共担风险、共负盈亏，经营盈余按照各自的投资比例分配，组织债务按照各自投资比例负担。不得歧视他人或随意脱离组织、出卖组织，如发现有故意危害集体利益行为者，视为自动放弃股份。

第五条　他人可以入伙，但必须经甲、乙、丙三方同意，并办理增加出资额的手续和订立补充协议。补充协议与本协议具有同等效力。

第六条　合伙人在合作期内不得在经营状况不好或亏损时提出退股，若提出则视为自动放弃股权；任何合伙人不得不经所有合伙人同意擅自与他人合伙经营与本组织相竞争的业务，如发现视为自动放弃股权。放弃股权者其名下股份将均分给其他合伙人（即股东）。

第七条　出现下列事项，合伙终止：

（1）合伙期满。

（2）合伙三方协商同意。

（3）合伙经营的事业已经完成或无法完成。

（4）其他法律规定的情况。

第八条　合伙人不得向他人透露集体资金状况。

第九条　任何成员不得聘请其亲戚和家庭成员负责公司（集体内）重要事务，如财务、人事等。

第十条　本协议未尽事宜，三方可以补充规定，补充协议与本协议有同等效力。协议中未提到的约定，全部按照最新《合伙企业法》执行。

其他事项：

（1）违约与责任：甲、乙、丙三方宣誓恪守各项条款。如有违约，则违约方要依法向守约方赔偿经济损失，本合同终止。

（2）本合同未尽事宜，甲、乙、丙三方本着互谅互让、友好协商的原则解决。解决不成时，则由经济仲裁部门或人民法院裁决。

（3）本合同文本为中文。

（4）本合同一式三份，甲、乙、丙三方各执一份，具同等效力。

（5）本合同甲、乙、丙三方签字按手印生效。

（6）本合同有效期为合伙经营期限。

签字（或盖章）：

甲方：_____ 乙方：_____ 丙方：_____

___年___月___日

三、股权转让通知书

（一）定义

股权转让通知书是企业股东将自己股份转让，并征求其他股东意见的一种通知形式文本。

（二）写作格式

股权转让通知书的写作格式如表3-3所示。

表3-3 股权转让通知书写作格式

项目	基本要求
标题	一般为《股权转让通知书》
首行	在第一段写对应的股东，如××公司的全体股东
正文	正文应具备三个内容： （1）转股的多少，以何种形式转让 （2）询问其他股东的意见 （3）回复时间
落款	一般为转让人与书写时间

【范本3-3】

股权转让通知书

_____公司___股东：

根据《××公司章程》股权转让的有关规定，股东向股东以外的人转让股权，必须经其他股东过半数同意。本人就其股权转让事项书面通知其他股东征求同意，现将转让的有关事宜通知如下：

一、出资人××拟将拥有_____公司的部分股权25万股以1∶2的价格分别转让给公司股东之外的5人×××5万股、×××5万股、×××5万股、×××5万股、×××5万股。

二、转让金的支付方式为一次性现金支付。

三、请各股东自收到本通知书之日起30日内给予书面答复，确定是否同意本人向以上公司股东以外的5人转让股权。各股东自接到书面通知之日起满30日未答复的，视为同意转让，其他股东半数以上不同意转让的，不同意的股东应当购买本人转让的股权；不购买的，视为同意转让。

四、确定是否同意的书面答复请邮寄或直接交_____公司资产部，出资人留复印件备份。

五、根据《××公司章程》股权转让的有关规定，有意愿行使优先购买权的股东或在册职工，在___年___月___日之前以书面申请报公司资产部。过期不报视为放弃优先购买权，本人将按《公司章程》的相关规定转让给上述5人。

转让人：××
___年___月___日

四、拟转让股权征求意见说明

（一）定义

拟转让股权征求意见说明是企业某股东发出股权转让通知书后，其他股东表示同意，该股东便向企业登记机构表示该意见的一种文书。

（二）写作格式

拟转让股权征求意见说明的写作格式如表 3-4 所示。

表 3-4 拟转让股权征求意见说明写作格式

项目	基本要求
标题	一般为《拟转让股权征求意见说明》
首行	在第一段写对应的企业登记机关，如 ××市市场监督管理局
正文	正文应具备如下内容： （1）股东同意 （2）何时发出的股权转让通知书
落款	一般为转让人与书写时间

【范本 3-4】

征求其他股东意见的说明

_____：

  本出资人已于____年____月____日前将股权转让通知书发给其他股东。其中已有×××、×××、×××等____个股东出具书面答复意见，还有×××、×××……未在法定期限内作出书面答复，视为同意转让。本次股权转让已经全体股东半数以上同意，其他股东放弃优先购买权。特此说明。

法人（含其他组织）股东盖章：_____
____年____月____日

五、投资决策方案

（一）定义

投资决策方案是企业用于资本投入时，在投资前进行投资分析，并整理成文字而供参考的一种文体。

（二）写作格式

投资决策方案的写作格式如表 3-5 所示。

表 3-5 投资决策方案写作格式

项目	基本要求
标题	一般为《××企业的投资决策方案》
正文	正文应具备如下内容： （1）决策目标 （2）根据资料进行分析 （3）挑选出相对合格的方案，并进行方案的比较
落款	一般为书写人（一般为企业财务部）与书写时间

【范本 3-5】

开发新产品的投资决策方案

一、决策目标

为使____汽车打入国际市场，____汽车公司车身部提出开发多品种、系列化的车身产品，以满足用户的多种需要。

二、依据资料

（1）____汽车总公司____年到____年汽车产量的发展规划是由____万辆上升到____万辆左右。

（2）搜集信息，确立了改进一代老产品、试制一代新产品、预研一代更新产品的方针，制定了在短期内实现多品种、系列化的车身生产和销售计划。

三、预定方案

第一个方案：全面引进先进技术，采用自动化设备，以生产多品种优质产品，提高生产能力。

第二个方案：全部依靠自己的力量，改造生产线，实现决策目标。

第三个方案：自行改造为主、技术引进为辅，即对小部分关键项目引进的先进技术，进口关键设备，而大部分项目依靠自己的力量改造。

四、分析比较

1. 定性分析

第一个方案的优点是技术先进，形成的生产能力较大；弊端是技术输出方限制条件太多，花费外汇较多，不利于新产品的发展。第二个方案的优点是节省外汇；弊端是研制、制造、试验、安装等工程周期长，受技术条件限制，产品不易达到国际先进水平。第三个方案的优点是关键技术与设备可达到世界先进水平，可实现多品种、优质生产，而且建设周期短，投资不多，具有强大的技术支持，设计、制造、安装力量都较强；不足之处是生产能力没有第一方案高。经综合分析，满意的可行方案应是第三个方案。

2. 定量分析

有关的统计表明，汽车需求量呈上升趋势。采用指数平滑法，结合对中型和中重型汽车需求量的预测，对车身产品销售前景判断，可能出现三种需求情况：

（1）高需求时，每年的销售量基本按＿＿％递增。

（2）中等需求时，每年的销售量基本按＿＿％递增。

（3）低需求时，每年的销售量基本按＿＿％递增。

鉴于车身比整车寿命周期短，为满足社会需要及发挥车身厂的生产潜力，总公司允许车身厂自销超计划部分。采用移动平滑法预测到：高需求时，自销量占销售总量的 8%；中需求时，自销量占 4%；低需求时，基本上没有自销量。

根据确定的厂内计划价格，每台驾驶室利润假定为＿＿元，自销部分每台利润假定为＿＿美元，将三种需求情况下的收益值计算如下表所示。

三种需求情况下的收益预测

单位：亿美元

方案	收益值		
	高需求	中需求	低需求
全面引进			
引进与改造相结合			
全部自制			

3. 选择方案

（1）瓦尔德（Wald）决策准则——小中取大的原则（又叫悲观原则）。这是个坏中求好的准则，即先在每一个方案中，选取最小的收益值，然后再从中选取一个收益值最大的方案作为决策方案。如下表所示的＿＿亿美元，即为小中取大的决策方案。

悲观原则收益预测表

单位：亿美元

方案	收益值			
	高需求	中需求	低需求	最小收益值
全部引进				
引进与改造相结合				
全部自制				

但根据汽车发展趋势，车身部认为出现低需求的可能性很小，几乎不可能出现。此外，如果采用全部自制的方案将造成生产能力无潜力，质量水平不高，不利于打入国际市场等，所以，此方案应舍弃。

（2）赫威斯（Huvwiz）准则——大中取大原则（也叫乐观原则）。这是个好中求好，对自然状态持乐观态度，冒险性较大的决策，即在每个方案中选取最大的收益值，然后再从中选出一收益值最大的方案作为决策方案，如下表所示。

乐观原则收益预测表

单位：亿美元

方案	收益值			
	高需求	中需求	低需求	最小收益值
全面引进				
引进与改造相结合				
全部自制				

但综合各种情况分析，最近几年不会出现最高需求量。另外，全面引进需要近___万美元，公司一时难以筹集，且对方带有过多的限制条件，严重影响产品开发与发展。所以，此方案应舍弃。

（3）折中决策准则（又叫乐观系数准则）。这是一种介于悲观与乐观准则之间的决策方法。

车身部用折中准则，根据各种预测资料和环境因素与主观经验，计算各方案收益值如下表所示。

乐观系数准则收益预测表

单位：亿美元

方案	收益值		
	最大收益值	最小收益值	折中收益值
全面引进			
引进与改造相结合			
全部自制			

很显然,引进与改造相结合的方案折中收益值最大,是最优方案,应该采用此方案。

_____有限公司财务部
_____年_____月_____日

六、投资项目建议书

(一)定义

投资项目建议书是企业财务部门给企业经营高层提出的投资建议,常常用文本的形式表现出来交予企业经营者,以便为企业投资提供参考。

(二)写作格式

投资项目建议书的写作格式如表 3-6 所示。

表 3-6 投资项目建议书写作格式

项目	基本要求
标题	一般为《××企业××项目投资建议书》
首行	书写出投资目的
正文	正文应具备如下内容: (1)市场对该项目的需求 (2)具体实施方案 (3)预测投入量 (4)何时可以回收成本 (5)具体实施进展
落款	一般为书写人(一般为企业财务部)与书写时间

【范本 3-6】

投资项目建议书

目前，全世界每年产动植物油脂中 70% 是植物油脂，30% 是动物油脂。据报道：国外有 13% 的油脂用作化工原料，主要生产脂肪醇、脂肪酸等化工产品，并且生产技术成熟，产品质量好，报废少。

我国年产动植物油脂除部分食用外，主要用于生产肥皂表面活性剂和油基性涂料等。我省的油脂资源不但产量丰富，而且品种多，如大豆油、葵花油、蓖麻油的产量居全国首位。

目前，全世界脂肪醇 30% 用于表面活性剂。在国外，脂肪醇素有"工业味精"之美称，其用途十分广泛。除用于洗涤用品外，还被用于农药、选矿、化妆品、食品、药物、润滑剂、纺织、钻井助剂、皮革、建筑、造纸等方面。为加速我省精细化工产品的发展，拟引进资金、技术和关键设备进行相关项目建设。

一、产品的需求预测

1. 国外情况

用天然油脂生产脂肪醇正在引起各国的重视，因为天然动植物油脂对人体安全可靠，造成"三废"污染少。所以，以天然油脂为原料的醇系表面活性剂在全部表面活性剂中的比重逐年增加。某化工公司，正在建设一个 3.5 万吨 / 年生产能力的高级醇工厂，其生产成本比合成高级醇低，具有很强的竞争能力。

由于天然脂肪醇系表面活性剂且具有表面活性好、配位性好、毒性小、易于生物降解、低温的应用性能好、成本低等特点，在表面活性剂的应用领域占有重要位置。因而近几年来，一些国家天然油脂醇的生产能力增长很快。国外预测，石油原料的优势只能维持 10 年，从长远看天然油脂处于有利位置。

2. 国内情况

我国生产脂肪醇的厂家不多，总产量也不大，远远满足不了国内需要，每年尚需花费大量外汇从国外进口。为了改变这个局面，国家将鼓励扩大脂肪醇的生产能力，我省已将高级脂肪醇的利用开发列入了发展规划。

二、产品方案和建设规模

1. 方案及规模选择

根据国内外产品需求情况分析，产品市场销路看好。××地区有丰富的油料作物资源，又是油料加工基地。在××市××厂，建设一套以天然油脂为原料、年生产能力为××吨脂肪醇的生产装置是可行的。

2. 产品销售方向

在满足国内市场需要的同时，也可考虑出口创汇。

3. 产品性能及规格

（略）

三、生产技术方案

洗涤剂醇的工业生产主要有两种：

（1）以石油加工产品为原料的化学合成方法。

（2）以天然油脂为原料的转化方法。

以石油为原料的合成醇多为仲醇带有支链，无法得到偶数碳的直链仲醇，由于仲醇的结构决定了以石油为原料的合成物的降解性能远远不如仲醇。因此，以石油为原料生产的脂肪醇设备较复杂，工艺路线长、成本高，产品应用局限性大。

以天然油脂为原料生产的醇全部为偶数碳直链仲醇，没有支链和烃碳醇，不但可以用于人体洗涤用品，还可用做多功能乳化剂、渗透剂和润湿剂等，而且工艺流程短，设备较简单，成本低，应用性能好。

四、项目进度安排

（略）

五、投资估算和资金筹措

（略）

六、技术经济评价分析

1. 计算依据

（1）品种及规模：脂肪醇（C16—C18）___吨/年。

（2）产品销售价格：目前，国内售价____元/吨，本项目建议书按___元/吨计算。

（3）产品销售税金：按售价10%计。

（4）装置定员：___人。

（5）平均工资：每年为___元/人。

（6）装置及基建投资：为___万元。

（7）固定资产折旧费：按基建投资___年计，为___万元/年。

2. 成本估算（略）

3. 财务分析

（1）年总产值：___万元。

（2）年税金：___万元。

（3）年总成本：___万元。

（4）年利润：___万元。

从整个项目综合来看，该项目发展前景好，市场广阔，而且投资相对较少，生产技术操作性强，项目收益见效快，并能成为集团总公司一个新的利润增长点，强力促进总公司整体实力的持续上升。总的来讲，该项目较可行，建议总公司专门立项研究。

××项目负责人

___年___月___日

七、投资价值分析报告

（一）定义

投资价值分析报告是企业在选定投资项目后，决定对其进行可行性价值分析，并将分析的过程与结果形成的文本。

（二）写作格式

投资价值分析报告的写作格式如表 3-7 所示。

表 3-7 投资价值分析报告写作格式

项目	基本要求
标题	一般为《××企业投资价值分析报告》
首行	本公司的基本情况介绍
正文	正文应具备如下内容： （1）近期的业绩情况 （2）行业背景与产品竞争力 （3）管理战略分析 （4）财务分析 （5）资产分析 （6）风险分析 （7）投资建议以及分析
落款	一般为书写人（一般为企业财务部）与书写时间

【范本 3-7】

投资价值分析报告

一、公司概况

××铝股份公司是美国华盛顿州一家铝冶炼综合企业。自公司创建以来，已经历了创建起步、初步发展和大规模改、扩、建三个发展阶段，形成铝冶炼____万吨的生产能力。公司的主营业务是铝冶炼、铝加工产品、碳素及碳素制品的生产和销售。

二、近期业绩

1. 预测近期股价

公司业绩与股价表

近年业绩与股价表现	年份	主营业务收入（万美元）	主营利润（万美元）	净利润（万美元）	每股收益（美元）	净资产收益率	股价（最高/最低）	市盈率（倍）
	××—××年							
	××—××年							
	××—××年							

2. 业绩及股价预测的分析论证

××铝股份不仅主业收入较____年增长了____%，而且主业利润也增长了____%，每股收益从____年的____美元（调整后）上升至____美元，一举摆脱了经营微利的困境，步入了项目投资回报期。××铝股份业绩增长基于三大方面：一是产量增加了____%。新电解设备全部投入了生产，电解铝产量因此增加到____吨，增幅____%，产量位居同行第八；二是铝锭市场售价同时提高了____%；三是企业内部挖潜降低了生产成本，铝锭利润率达到了____%，铝加工产品利润率达到____%。年报还显示，该公司库存不多。而据公司发言人介绍，目前公司库存已近乎为零，产销十分畅旺。

三、行业背景与产品竞争力

（1）产品品牌被某杂志评为同行业最具影响力的品牌之一。

（2）在劳动生产率方面，××铝股份一直在美国全国同行中属拔尖者。

（3）公司所处的行业及公司在本行业的地位。

四、管理战略分析

1. 管理创新发展战略简介

___年的发展规划：用足开发中的优惠政策，争取年内完成冶炼铝___万吨、碳素制品___万吨、项目总投资___美元的工作。

2. 利润构成

××铝股份在发展铝电解的同时，还适度发展附加值高的铝加工业，目前加工比例占铝冶炼量的％左右，形成了合理的利润构架。

五、资产重组动向

专注于主业的规模扩张，对资本运营方面暂时不作考虑。

六、风险分析

（1）电解设备全面投入生产还存在资金方面的缺口。

（2）电解铝所需要的主要原料氧化铝的价格直接影响生产成本。

（3）铝价仍然是限制企业发展的主要因素，目前已经获得州政府的扶持。

七、投资建议及主要理由

投资建议：8～10美元是合理定价区域，只适宜做波段行情。主要理由：

（1）今年铝价继续走好，但同时作为公司原料的氧化铝的价格上升更快。产品售价的上涨难以抵消成本增加的压力，故效益有所下降，整体处于微利的状态。

（2）国家将铝锭的出口退税率由____%上调到____%，这进一步提升了出口量相对较大的××股份的出口竞争力。

_____有限公司财务部

____年____月____日

八、筹资可行性分析报告

（一）定义

筹资分析可行性报告是企业在进行筹资时，通过对筹资渠道、方法进行分析，从而得出结论，形成文本格式。

（二）写作格式

筹资分析可行性报告的写作格式如表 3-8 所示。

表 3-8 筹资分析可行性报告写作格式

项目	基本要求
标题	一般为《××企业筹资可行性分析报告》
首行	顶格表述汇报对象
正文	1. 企业基本情况 企业名称、经济性质、注册地址、通信地址、经营期限、注册资金及投资总额（包括各方的出资方式及出资比例） 2. 项目产品市场调查和预测 根据本项目产品的主要用途，进行市场分析，并预测本企业产品所占市场份额 从项目产品质量、技术、性能、价格等方面，分析本项目产品的国内外市场竞争能力 3. 企业财务状况 （1）现有企业的资金结构 （2）资产负债表，利润表等 4. 筹资估算、用途和资金筹措现有方案： （1）筹资估算。估算项目投资额及资金使用安排 （2）资金筹措。按资金来源渠道，分别说明各项资金来源、预计到位时间 5. 综合经济效益分析 （1）根据资本结构，计算每股收益无差别点法分析筹资总体方向 （2）比较资金成本率和运用综合资金成本分析具体筹资方案

续表

项目	基本要求
正文	（3）说明各筹资方案的优缺点 6.可行性分析结论 （1）根据综合经济效益分析得出最终方案 （3）说明运用该方案后的企业资金结构变化
落款	一般为汇报方的签字盖章、时间

【范本 3-8】

项目筹资可行性分析报告

××有限公司董事会：

　　本公司是以电子产业为主并向多功能、复合化、轻便化、智能化和品位化方向发展的企业。由于本公司拥有先进技术、先进的生产设施、厂房、生产设备以及生产线，所生产的 M1 产品为本公司的拳头产品，主要在本地市场销售，有一定的知名度，占有一定市场份额。目前，公司还正在加速研发新产品，生产能力尚未充分利用，具有一定挖掘潜力，前景非常乐观。

　　本公司以先进的技术，优质的服务，科学的管理和创新，灵活的新体制新机制以及高速健康的增长速度一直致力于我国城市建设现代化，为国家和本地区的经济发展作出不懈的努力，取得突出的经济效益和社会效益。

　　为进一步赶超国际新技术，本公司所属的生产基地，不断加大科技投入，现拥有自己的研发中心，实现产学研的有效结合，构建本公司加快培育企业核心竞争力的新舞台。随着本公司经济技术发展而来的是信息技术的优先发展，这为全新优质的服务提供了技术保证，开创了捆缚式服务的新阶段。主导产业日新月异的发展带动了配套产业的突飞猛进，逐步形成多产品、品牌组合、多销售渠道、逐渐向中高端发展、多元发展的新局面。

一、企业基本情况

企业名称、经济性质、注册地址、通信地址、经营期限、注册资金及投资总额（包括各方的出资方式及出资比例）

_____

_____

二、项目产品市场调查和预测

根据本项目产品的主要用途进行市场分析，并预测本企业产品所占的市场份额

_____

_____

从项目产品质量、技术、性能、价格等方面，分析本项目产品的国内外市场竞争能力

_____

_____

三、企业财务状况

1. 现有企业的资金结构

_____

_____

2. 资产负债表、利润表等

_____

_____

四、筹资估算、用途和资金筹措现有方案

1. 筹资估算：估算项目投资额及资金使用安排

2. 资金筹措：按资金来源渠道，分别说明各项资金来源、预计到位时间

五、综合经济效益分析

1. 根据资本结构，计算每股收益，运用无差别点法分析筹资总体方向

2. 比较资金成本率，运用综合资金成本分析具体筹资方案

3. 说明各筹资方案的优缺点

六、可行性分析结论

1. 根据综合经济效益分析得出最终方案

2. 说明该方案的优点

3. 说明运用该方案后企业资金结构的变化

_____

_____

_____有限公司财务部

_____年_____月_____日

九、股票发行报告书

（一）定义

企业通过股票发行的方式来进行商业资金筹集，在进行股票发行时，会向全体投资者发布一个股票发行报告，该文本即为股票发行报告书。

（二）写作格式

股票发行报告书的写作格式如表 3-9 所示。

表 3-9 股票发行报告书写作格式

项目	基本要求
标题	一般为《××企业股票发行报告书》
首行	顶格表述汇报对象，一般为全体投资者
正文	正文应具备如下内容： （1）企业的基本概况 （2）公司组织状况 （3）公司近三年的经营业绩 （4）公司的财务状况 （5）公司后三年的经营发展 （6）公司后三年的效益预测
落款	一般为企业的名称与公章，书写报告编制时间

【范本 3-9】

股票发行报告书

一、公司概况

1. 公司名称：＿＿集团股份有限公司

2. 注册地址：＿＿市＿＿路（邮编：＿＿＿＿）

3. 公司高级管理人员

董事长：＿＿＿＿＿＿＿＿

副董事长：＿＿＿＿＿＿＿＿

董事：＿＿＿＿＿＿＿＿

监事长：＿＿＿＿＿＿＿＿

监事：＿＿＿＿＿＿＿＿

总经理：＿＿＿＿＿＿＿＿（法定代表人）

总会计师：＿＿＿＿＿＿＿＿（高级评估师）

高级管理人员平均每人持股数××股，按公司规定，在任职期间不得转让。

1. 公司其他情况

（1）所属行业：＿＿＿＿＿＿。

（2）主管部门：＿＿＿＿＿＿。

（3）成立日期：＿＿年＿＿月，营业执照编号：＿＿＿＿＿。

（4）在职员工人数：＿＿人。

（5）公司面积：建筑面积＿＿平方米；营业面积＿＿平方米；仓储面积＿＿平方米。

（6）公司对外投资单位：＿＿＿＿＿＿。

（7）公司咨询电话：＿＿＿＿＿＿。

2. 股本结构

注册资本：＿＿万元；实收股本：＿＿万元。其中，国家股＿＿万元，法人股＿＿万元。另有个人股＿＿万元待发行。

　　3.股票发行计划

　　（1）股票种类：普通股＿＿万股。

　　（2）股票面值：每股面值＿＿元。

　　（3）股票发行起止日期：＿＿年＿＿月＿＿日至＿＿日。

　　（4）股票发行对象：社会、个人、内部员工。

　　（5）股票代理发行公司：＿＿证券公司、＿＿证券公司。

　　4.业务经营方式

　　零售、批发、代销、生产、加工、咨询、培训、设计、海外贸易。

　　5.经营范围

　　主营：＿＿＿＿＿＿。兼营：＿＿＿＿＿＿。行业延伸：＿＿＿＿＿＿。

二、公司组织状况

　　1.公司沿革

　　＿＿集团股份有限公司原为＿＿，创立于＿＿年＿＿月＿＿日。40多年来，商店不断扩大经营规模，向多功能、外向型发展，并于＿＿年＿＿月＿＿日正式挂牌成立了＿＿集团公司。＿＿年＿＿月＿＿日经＿＿市人民政府体改委（＿＿）第＿＿号文批复，同意××集团公司改制为股份有限公司。

　　2.公司组织机构

　　（略）

　　经公司董事会（筹）讨论决定，将于＿＿年＿＿月下旬召开公司创立暨第一次股东代表大会，具体地点另见《＿＿证券报》。

三、公司近3年的经营业绩

　　1.经济效益

　　本公司以经销名（名牌）、优（优质）、新（新产品）和中、高档商品为经营特色，以"一流商品、一流环境、一流服务"为奋斗目标，与国内外____家单位建立长年业务往来，各项主要经济指标长年名列全国第____，并年年有新的突破。____年实现销售收入____亿元；____年实现销售收入____亿元，实现利税____万元。____年预计在部分商场改造装修的情况下，仍可再创全国零售商业销售收入、利税总额第____的成绩。

2. 社会效益

在经济效益连年递增的同时，公司还十分重视社会服务效益，为消费者和采购单位昼夜提供方便。在铺面、商场中心设有"经理服务台"，为顾客提供咨询和处理投诉事宜；对本市顾客购买的大件商品，代为送货上门；商店还设有各类修理部、小修小改服务处、储蓄所等，为顾客提供了很多的方便服务。因而公司曾获得____等多项荣誉称号，在社会各界树立了良好的企业形象。

四、公司财务状况

1. 验资报告：____会计师事务所____字（____）第____号

经我所检查验证结果，贵公司投资方截至____年____月____日分别投入资本如下：

百货商店以国有资产作价人民币____万元，折股投入并经____市国有资产管理局审核同意。社会法人股股本人民币____万元。

上述股本总计人民币____万元，已由____证券公司注入中国工商银行____分理处____账号内，贵公司于____年____月____日分别记入"股本"和"公积金"账户。

据此，我所认为贵公司投资各方认缴资本已如数缴足。

××会计师事务所
注册会计师×××
____年____月____日

2. 资产评估报告书：____字（____）第____号

现将资产评估结果报告如下：评估前资产账面总金额为____万元，扣除负债账面总金额____万元,则评估前净资产为____万元。经过评估后净资产为____万元,比评估前升值____万元,升值率为____%。

××会计师事务所
注册会计师×××
____年____月____日

3.资产评估确认书:____市国有资产管理局以(____)____号文件对上述资产评估予以确认

4.查账报告

____字(____)____号、____字(____)第____号查账报告详见附表。

××会计师事务所
注册会计师×××
____年____月____日

5.财务报表说明

(1)会计年度:公历____月____日至____月____日。

(2)应收款____万元;应收款票据一年之内金额为____万元;应收账款____万元,半年以内____万元,一年以下____万元。三年以下____万元;专项应收款____万元,其中,基建暂付款____万元。预付计算机款____万元。

(3)存货(如下表所示)。

存货名称	存货金额(万元)	计价方法
库存材料	××	按实际进价计价
低值易耗品	××	按实际进价计价
商品	××	按实际进价计价
合计	××	按实际进价计价

(4)固定资产:房屋建筑物原值____万元,净值____万元,年综合折旧率____%;设备原值____万元,净值____万元,年综合折旧率____%。

(5)在建工程:____万元。

（6）公司税金：___年 ~___月税率，零售增值率___%，城建税___%，房产税___%，车船税每辆___元。

五、公司后三年发展规划

1. 公司发展规划

据对公司后三年销售情况的预测，商品销售收入___年可达___亿元，___年可达___亿元。

2. 资本的投向

投资方向	投资额	工程周期	投资回收期
××有限公司	××万元	计划××年	建成后××年
××路分店	××万元计划	××个月	建成后××年
××商厦	××万元计划	××个月	建成后××年
××路分店	××万元	已竣工	建成后××年

六、后三年效益预测鉴证报告

1. 盈利预测

（1）盈利预测基准。

以___年销售收入___万元为基准，根据历年财务资料，考虑物价指数上升幅度，综合有关科室的预测，___年销售递增速度为___%，预计销售收入可达___万元；___年销售递增速度为___%，预计销售收入可达___万元；___年销售利润率预测为___%，可盈利___万元。

（2）盈利预测假设。

①销售额的假设：___—___年销售收入平均递增速度为___%，___年销售递增速度预测为___%，预计销售收入可达___万元。

②销售利润率的假设：___年利润率为___%，___年利润率预测为___%，预测利润为___万元。___年___~___月盈利___万元，但从下半年起，因

有部分商场按计划要进入修理改造及设备更新阶段，对利润总额有所影响。

2. 后三年的税后利润分析（如下表所示）

单位：万元

项目	××××年	××××年	××××年
利润总额	××	××	××
所得税（×××%）	××	××	××
税后利润	××	××	××

3. ＿＿年度每股税后盈利和资产预测

（1）每股税后利润数＝＿＿万元÷＿＿万股＝＿＿（元）。

（2）每股净资产额＝＿＿万元÷＿＿万股＝＿＿（元）。

（3）资产报酬率＝（＿＿÷＿＿）×＿＿%＝＿＿%。

经过审核，＿＿会计师事务所认为，＿＿集团股份有限公司＿＿—＿＿年的年度经济效益预测所依据的会计原则和采用的计算法，基本符合我国现行有关法律、法规和制度的规定。

附表：1. 资产负债表（略）。

2. 利润表（略）。

3. 查账报告（略）。

＿＿有限公司财务部

董事长：×××

＿＿年＿＿月＿＿日

第四章 资产管理类文书

资产运营是以企业经营绩效最大化为目的，以企业资产的流动重组为特征，以生产经营为基础和以获取最有利的盈利机会为方式的现代企业经营观念，是企业财务部门管理的核心事务。因此这项工作文本也是最多的。

一、债务清偿或债务担保说明书

（一）定义

债务清偿或债务担保说明书是一企业为了帮助另一企业偿还债务或者进行债务担保，特别向企业登记机关（市场监督管理局、银行）作出的说明。

（二）写作格式

债务清偿或债务担保说明书的写作格式如表4-1所示。

表4-1 债务清偿或债务担保说明书写作格式

项目	基本要求
标题	一般为《××企业债务清偿或债务担保的说明书》
首行	在第一段写对应的机构，一般为"××市场监督管理局"，要顶格写
正文	正文应具备如下内容： 正文要写出前企业的欠债情况以及数额 写出本企业还债情况以及数额 必要时，写出两个企业的关系
落款	一般为企业名称（需要盖章）、时间

【范本 4-1】

债务清偿或债务担保的说明书

××市场监督管理局：

本公司与____公司合并，对本公司与被合并公司的债务清偿或债务担保情况作以下说明：

1. 本公司情况

（1）公司已在 45 日前的 30 日内在报纸上刊登了公告。

（2）公司截至股东会（出资人）作出合并决议（决定）之日共有___万元债务，至变更之日又新增___万元债务。

（3）公司截至办理合并登记手续之日前已偿还____万元债务，剩余的债务处理情况：……

2. 被合并的___公司情况

（1）公司已在 45 日前的 30 日内在报纸上刊登了公告。

（2）公司截至股东会（出资人）作出合并决议（决定）之日共有___万元债务，至注销之日又新增___万元债务。

（3）公司截至办理合并登记手续之日前已偿还____万元债务，剩余的债务处理情况：……

_____有限公司
___年___月___日

【范本 4-2】

债务清偿及债务担保情况说明

深圳市×××公司于××年××月××日召开股东会（或董事会等其他章程规定的权力机构），决定公司注册资本由×××万元（人民币)减至×××万元,并于××年××月××日在《××××报》××版上刊登了减资公告。

截至××年××月××日(登报45天后),本公司没有债务或担保。

(或:本公司将减资情况按程序通知了所有债权人和被担保人。公告至今已经超过法定45天债权登记日,没有债权人和被担保人对本次减资提出异议。)

法定代表人签字:＿＿＿

(公司盖章)

＿＿＿年＿＿＿月＿＿＿日

二、清算报告

(一)定义

清算报告是用于企业在进行企业注销时,对企业拥有的资产进行一次核算的书面报告。

(二)写作格式

清算报告的写作格式如表4-2所示。

表4-2 清算报告写作格式

项目	基本要求
标题	一般为《××企业的清算报告》
首行	在首行要写出清算小组受××公司的委托
正文	正文应具备如下内容: (1)写出清算目的 (2)写出清算内容。一般说来,内容包括:实现利润、资金、往来账款、存货、固定资产
落款	一般为企业(需要盖章)、时间及清算小组(需要签名)、时间

【范本4-3】

××有限公司清算报告

根据本公司××年××月××日的股东会会议（登报前决定注销公司的股东会会议日期），解散××有限公司（以下简称公司），并于××年××月××日成立清算组，清算组由×××、×××组成，清算组负责人由×××担任，并于××年××月××日在工商部门核准备案登记。清算组人员已对××有限公司进行了完全彻底的清算，具体清算结果如下：

一、注销公告情况

我公司已于××年××月××日在《××××》上刊登清算公告，要求债权人申报债权。

二、资产及债权、债务清理情况

（1）公司清算期初存货××元，清算期间处置存货收入现金××元，差额××元转入清算损益。清算期初固定资产净值××元，作价××元出售给××××，处置固定资产差额××元转入清算损益。

（2）由于公司债权不多，客户信誉良好，经过我们清算组的不懈努力，清算期末应收账款余额××元已全部收回。

（3）公司债务不多，我们在处理资产和收回应收款项同时，用现金归还××元，与应收账款对冲××元，清算期末已支付完所有债务。

三、缴付所欠税款

公司已缴清所欠税款及清算过程中产生的税款，并已于××年××月××日注销了国税税务登记证，××年××月××日注销了地税税务登记证。

四、支付职工工资、社会保险费用和法定补偿金

职工工资、社会保险费用和法定补偿金××元在××年××月××日前全部支付完毕。

五、支付清算费用

清算组人员在债权追讨、清偿债务等清算过程中所发生的费用和清算组人员工资××元均在××年××月××日前支付完毕（日期应在清算工作结束后）。

六、人员安排

所有员工均在清算结束前安排妥当。

七、分公司和对外投资

公司没有办理分公司（××有限公司××分公司已于××年××月××日经工商部门核准注销登记），清算期末没有进行对外投资。

八、会计资料保管

经股东会研究决定由×××保管公司的会计凭证、会计账簿、财务会计报告及其他会计资料。

九、剩余财产分配

公司财产在支付上述所有款项后，截至清算期末，公司资产总额××元，其中：流动资产××元；负债总额××元；净资产总额××元。股东按实缴出资比例分配净资产，其中，×××占××%，×××占××%。

综上所述，清算组对××××公司的清算工作已完成，全体股东保证公司债务已清偿完毕，所报清算备案材料真实、完整，并承担由此产生的一切责任。

清算组成员签字：

公司股东会确认意见：

本公司清算组出具的清算报告已经公司股东会审议确认，报告内容不含虚假，如有虚假，全体股东愿承担一切法律责任。

股东签字、盖章：＿＿＿

＿＿＿有限公司
＿＿＿年＿＿＿月＿＿＿日

三、存货管理制度

（一）定义

存货是企业在生产经营过程中为耗用和销售而储备的实物资产，包括材料、燃料、低值易耗品、在产品、半成品、产成品、协作件以及外销商品等。存货管理制度是用于规范存货管理的一种文本。

（二）写作格式

存货管理制度的写作格式如表 4-3 所示。

表 4-3 存货管理制度写作格式

项目	基本要求
标题	由制定单位、工作内容、文种 3 部分组成。有的制度标题中不写制定单位，而将它写在末尾，如《××企业存货核算制度》
首行	条文前可加一小段引言，简要、概括地说明制定这项制度的原因、依据、目的等情况
正文	逐条表述各项内容。一个单位内部的制度也可以不写引文，直接写条款。条文写完后还要写明此项制度从什么时候起执行
落款	一般为企业（需要盖章）、时间等因素

【范本 4-4】

××有限公司存货管理办法

第一章 总 则

第一条 为加强××有限公司（以下简称公司）的存货管理，明确存货管理的权责关系，规范、完善的存货业务管理流程，保证存货的安全完整及保值，避免存货非正常损失，根据国资委《风险管理应用指引》和公司《资产管理制度》的规定，结合本公司实际情况，制定本办法。

第二条 本办法所称存货，是指公司在日常活动中持有以备出售的产成品或商品、处在生产过程中的在产品、在生产过程或提供劳务过程中耗用的材料和物料等,包括在途的、加工中的、库存的各类材料、商品、在产品、产成品、包装物、低值易耗品等。

第三条 存货管理按照"统一领导,分级管理"的原则,实行公司和使用(管理)单位两级管理,以使用(管理)单位管理为基础。

第四条 存货管理实行不相容职务分离的管理原则,包括:

(一)采购人员与复核、审批人员分离;

(二)采购人员与验收、保管人员分离;

(三)存货实物保管人员与存货价值管理人员分离;

(四)存货的盘点由存货实物保管人员、存货价值管理人员和独立于这些岗位之外的其他人员共同进行。

第五条 本办法适用于公司本部、分公司及各全资子公司的存货管理行为。

第二章 组织管理体系与职责分工

第六条 公司××部为存货实物归口管理部门,履行下列存货管理职责:

(一)拟定存货管理办法;

(二)负责公司本部存货的实物管理工作,包括采购、验收、保管、建立存货实物管理台账、盘点以及转让、出售、置换、报废等工作;

(三)负责组织对各分公司、子公司建立存货实物管理台账、存货盘点工作,监督、检查、指导分公司、子公司存货实物管理部门做好本单位的存货的转让、出售、置换、报废等工作;

(四)其他存货管理职责。

第七条 公司财务部是存货价值管理部门,履行下列存货管理职责:

(一)负责公司存货价值形态管理,建立公司存货价值管理台账;

(二)负责对存货的购置、转让、出售、置换、报废、损失财务核销等活动引起的价值增减变动情况进行控制和管理；

（三）其他存货管理职责。

第八条 分（子）公司作为存货使用（管理）单位，负责本单位存货实物的日常管理，履行下列存货管理职责：

（一）申报本单位日常存货采购预算；

（二）配合公司财务部、××部组织的本单位存货的定期盘点；

（三）负责对本单位使用（管理）的存货实物管理责任落实到人；

（四）负责本单位存货的实物管理工作，包括采购、验收、保管、建立存货实物管理台账、盘点以及转让、出售、置换、报废等工作；

（五）其他存货管理职责。

第三章 存货的计价

第九条 存货采购的计价由公司财务部按照国家统一的会计制度的规定进行初始计量，正确核算存货采购成本。

第十条 存货发出的计价方法由公司财务部结合自身实际情况，从先进先出法、加权平均法、个别计价法或计划成本法中确定。存货发出的计价方法一经确定，未经公司分管财务的领导同意并报公司总经理批准，不得随意变更。

第十一条 使用（管理）单位与财务部应结合盘点结果对存货进行库龄、品质等分析，确定是否需要计提减值准备，并按照本办法规定的存货报废处置审批程序办理相关报批手续。

第四章 存货的取得

第十二条 存货的取得，按照下列规定进行预算管理：

（一）公司××部和各分公司分别作为存货使用（管理）单位在每年年底编制本单位下一年度的存货预算方案，由分公司的存货预算经本单位负责人审核后交公司××部；

（二）公司××部汇总、整理编制公司本部及各分公司存货预算，并提交公司财务部；子公司的存货预算，由各子公司财务部汇总、整理后直接提交公司财务部汇总。

（三）公司财务部汇总、整理编制公司存货预算，并入公司财务预算，报公司总经理办公会、董事会先后进行审议；

（四）公司股东会对预算方案审议通过的，公司财务部编制预算批复文件，经公司总经理批准后下发相关单位执行。

第十三条　各使用（管理）单位应严格执行存货预算。对于预算内存货采购项目，各使用（管理）单位应严格按照预算执行进度办理相关财务支付手续。

存货采购超过公司股东会批准的度财务预算的，应由各使用（管理）单位通过公司××部提出申请，按照前条规定的程序审批后再办理相关财务支付手续。

第十四条　存货的采购按照下列规定执行：

（一）存货使用（管理）单位的经办人根据批准的年度预算填制《存货采购申请单》或发起"网上存货采购审批流程"，经经办人所在部门负责人审核签字确认后提交本单位负责人；

（二）存货使用（管理）单位负责人进行审查确认后，报经财务部审核同意、公司分管存货实物管理的领导同意、公司总经理批准。

（三）存货使用（管理）单位或公司××部根据采购项目的金额额度，按照公司采购管理制度的规定，分别采取公开招标、邀请招标、竞争性谈判、询（比）价或单一来源等方式进行采购。

（四）确定采购供应商后，对于不能即时清结的采购项目，由存货使用（管理）单位或公司××部根据中标（成交）价，按照公司合同管理办法的规定，填制《合同签发审批单》或发起"网上付款类合同签发审批流程"办理合同签发审批手续后采购；能够即时清结的采购项目，直接进行采购。

第十五条 公司财务部对本部、分公司存货预算执行情况进行考核，并报公司总经理。

第五章 存货的验收与领用

第十六条 公司外购存货在入库前，由使用（管理）单位履行以下验收程序：

（一）检查订货的买卖合同以及供货商提供的材质证明、合格证、运单、提货通知单等原始单据与待检验货物之间是否相符；

（二）对拟入库存货的交货期进行检验，确定外购货物的实际交货期与订购合同中约定的交货期是否一致；

（三）对待验货物进行数量复核、表观检查，核对名称、品牌、规格、型号，必要时应当测试检查其功能、性能。

对不经仓储直接投入生产或使用的存货，由现场使用（管理）单位按照上述规定进行检验。

第十七条 存货验收合格后，使用（管理）单位采购人员开具《存货验收（入库）登记单》或填报"网上存货验收（入库）登记流程"，经验收人员签字确认。《存货验收（入库）登记单》一式三联，使用（管理）单位的存货保管员与采购人员、财务部资产价值管理员各持一联；采用"网上存货验收（入库）登记流程"的，经验收人员确认，流程抄送财务部资产价值管理员，使用（管理）单位实物保管员同时将购置的存货转移至库房进行保管。

第十八条 使用（管理）单位实物保管员将存货登记至本单位《存货实物管理台账》，详细登记存货类别、编号、名称、规格型号、数量、计量单位、存放地点等内容，并报公司××部备案。

采购的存货，由采购人员按照公司财务报销规定，将《买卖合同》（不能即时清结的必须提交）、发票、《存货验收（入库）登记单》或"网上存货验收（入库）登记流程"截图一同送交财务部作为付款入账之依据。

第十九条 使用（管理）单位应当按存货保管所要求的储存条件贮存，并采取必要的防火、防潮、防鼠、防盗和防变质等措施，严格限制其他无关人员接触存货。

第二十条 存货的领用按照下列程序办理：

（一）使用（管理）单位领用存货的，领用人员填写《存货出库单》或发起"网上存货领用审批流程"，经所属部门负责人同意，本单位存货实物管理主管部门负责人批准后，到存货实物保管员处领用。

（二）《存货出库单》一式三联，一份由存货实物保管员留存，一份交财务部资产价值管理员，一份交领用人；采用"网上存货领用审批流程"的，流程抄送财务部资产价值管理员。

第二十一条 存货实物管理员应当及时核对领用手续，确保领用存货与库存存货的品名、规格、型号、数量、价格一致。

第六章 存货的盘点与处置

第二十二条 公司××部定期并至少于资产负债表日之前组织各分（子）公司进行一次存货实地盘点，各使用（管理）单位应当经常性地进行日常盘点工作，全面掌握存货的状况，及时发现存货的残、次等情况。

第二十三条 公司××部及各分（子）公司进行盘点时，应当按照不相容职务分离原则，合理安排盘点人员。

盘点人员进行存货定期盘点时，应编制存货盘点表，分析存货盘盈、盘亏结果、报废及原因，提出处理意见，经公司××部或分（子）公司的存货实物管理主管部门审核，对盘亏损失的，按照公司资产损失财务核销办法的规定报批，对盘点报废的，按照本办法规定报批后，在期末结账前处理完毕。

第二十四条 存货以转让、出售或置换方式进行处置的，其处置挂牌价或招标价的形成，应当以涉及标的的资产评估结果为依据，并按照下列规定的权限进行决策：

（一）涉及标的账面价值在100万元以下的，可以以资产评估结果为依据，也可以参照市场价确定，由公司总经理办公会集体研究决定；

（二）涉及标的账面价值虽然超过100万元，但其属于市场交易活跃、能够形成市场价格的品种或项目，可以参照市场价作价，其价格或价格区间由公司总经理办公会集体研究决定；

（三）涉及标的账面价值超过100万元且无前项规定情形的，其价格或价格区间由公司总经理办公会审议通过，报董事会集体研究决定。

第二十五条　存货进行转让、出售的，应当遵循公开、公平、公正的原则，其中：账面价值在50万元以上的，通过省国资委确认的企业国有产权交易机构公开挂牌竞价进行，账面价值在50万元以下的，通过竞价或市场询价进行；但如购买方为国有企业的，经公司董事会审核批准后，可以进行协议转让。

第二十六条　符合下列条件的存货可以由使用（管理）单位申请报废：

（一）超过使用年限，存在能耗增加、精度降低、生产（运行）效率降低或有较大安全隐患的；

（二）使用年限未到但腐蚀严重、无修复价值或继续作用易发生危险的；

（三）使用年限未到但因事故或其他灾害，遭受严重损坏且无修复价值的；

（四）其他达到应当报废条件的存货。

第二十七条　存货以报废方式进行处置的，按照下列规定的权限进行决策：

（一）涉及标的账面价值在20万元以下的，由公司分管存货实物管理的领导征得公司总经理同意后，报总经理办公会决策；

（二）涉及标的账面价值在20万元以上的，由公司分管存货实物管理的领导征得公司总经理同意后，由总经理办公会审议通过后，报董事会决策。

第二十八条 存货经过转让、出售、置换或报废处置后，公司××部或有关使用（管理）单位应将有关批准的文件或网上审批流程截图及相关合同资料一份提交至公司财务部，由财务部对存货进行相应的账务处理。

公司××部及相关使用（管理）单位应当及时对存货实物管理台账进行更新。

第七章 违规责任

第二十九条 对于违反规定，擅自出租、变卖、报废、抵押、侵占存货或对存货的被盗有过错时，按照公司有关责任追究的规定，给予责任人政纪或党纪处分。

第三十条 存货由于人为原因损坏或丢失的，由公司××部会同相关责任部门、纪检监察部、审计部等及时查明原因，分清责任，提出责任人进行经济赔偿的书面处理意见，经公司分管存货实物管理的领导同意，报总经理批准后，由公司××部监督执行。

第八章 附 则

第三十一条 分（子）公司的综合管理部门履行本单位存货实物管理职责。

全资子公司的总经理办公会应当印发关于转发执行本办法的通知，报公司办公室备案。

控股子公司的总经理办公会可以参照本办法另行制定本单位的存货管理办法，也可以印发关于转发执行本办法的通知，报公司办公室备案。

第三十二条 本办法由公司总经理办公会审议通过，自发布之日起实施。

第三十三条 本办法由公司××部负责解释。

四、固定资产管理制度

（一）定义

固定资产管理制度是指企业依据国家相关法律法规，结合自身实际情况制定的关于固定资产分类、购置、使用、维护、处置等环节的管理规范。该制度是企业固定资产管理的核心框架，旨在通过明确的管理流程和责任分工，确保固定资产的安全性、完整性和高效利用，延长资产使用寿命，提升企业运营效益，进而为企业创造更大的经济价值。

（二）写作格式

固定资产管理制度的写作格式如表4-4所示。

表4-4 固定资产管理制度写作格式

项目	基本要求
标题	由制定单位、工作内容、文种3部分组成。有的制度标题中不写制定单位，而将它写在末尾。如《××企业固定资产管理制度》
首行	条文前可加一小段引言，简要、概括地说明制定这项制度的原因、依据、目的等情况
正文	接着逐条表述各项内容。一个单位内部的制度也可以不写引文，直接写条款。条文写完后还要写明此项制度从什么时候起执行
落款	条文写完了就自然结束，写上制定单位、公布日期。单位内部的制度行文公布不必盖章，如是政府或一个系统的制度需广泛下发执行者，必须在落款处加盖公章，以增强其真实性、严肃性

【范本4-5】

××有限公司固定资产管理办法

第一章 总 则

第一条 为加强公司固定资产管理，防止资产流失，明确各部门固定资产管理及使用的权责关系，根据《企业会计准则》及国家有关法律法规和规章制度，结合公司实际，制定本办法。

第二条　本办法适用于公司及各分支机构、子公司。

第三条　固定资产管理的内容包括：固定资产管理职责界定、固定资产划分标准与分类管理、固定资产计价管理、固定资产折旧管理、固定资产减值准备管理、固定资产卡片和保管以及固定资产购置、修理、转移、转让、清查盘点、报废等管理工作。

第四条　固定资产管理的主要任务是：建立健全固定资产管理制度，及时掌握各类固定资产的质量和使用情况，保障固定资产的安全、完整，提高固定资产使用效益。

第五条　固定资产管理坚持统一政策、分级负责与归口管理相结合、责权利相结合的原则，做到责任到人，谁使用、谁维护、谁保管。

第二章　固定资产管理职责

第六条　公司固定资产管理的主要职责是：

（一）制定公司统一的固定资产管理制度和固定资产目录，建立健全公司固定资产管理制度体系，指导、协调、监督和检查企业的各项固定资产管理工作。

（二）按照公司预算管理要求和程序，审批或审定企业固定资产购建、更新改造和大修理等事项。

（三）审批分公司、公司直接管理的内部核算单位和全资子公司规定权限以上的固定资产处置，审定子公司规定权限以上的固定资产处置。

（四）审批分公司、公司直接管理的内部核算单位和全资子公司固定资产减值准备的提取和核销；审定子公司固定资产减值准备的提取和核销。

第七条　分公司、子公司固定资产管理的主要职责是：

（一）贯彻执行公司制定的各项固定资产管理制度；建立健全本企业固定资产管理的组织体系，根据具体情况，制定本企业的固定资产管理实施细则并报公司备案；指导、协调、监督和检查管理范围内企业的各项固定资产管理工作。

（二）审核所属企业固定资产购建、更新改造和大修理等事项，并报公司审批（定）。

（三）审批所属内部核算单位和全资子公司规定权限内的固定资产处置并报公司备案，审核规定权限以上的固定资产处置并报公司审批；审定所属控股子公司规定权限内的固定资产处置并报公司备案，审核规定权限以上的固定资产处置并报公司审定。

（四）审核所属内部核算单位和全资子公司固定资产减值准备的提取和核销并报公司审批；审核所属（管理）控股子公司固定资产减值准备的提取和核销并报公司审定。

第八条　企业财务部门承担固定资产的价值管理职能；有关业务部门根据业务分工不同承担固定资产的实物管理职能和使用管理职能。

第九条　固定资产的价值管理职能主要包括：

（一）负责制定固定资产管理的规章制度；

（二）负责固定资产核算，正确计量，按规定提取折旧，固定资产减值准备的提取、转回和核销，及时反映其增减变动情况；

（三）负责建立固定资产账簿和固定资产卡片，定期核查，参与固定资产清查盘点，做到账、卡、物三者相一致；

（四）负责固定资产购建、更新改造、修理、运行维护支出的预算安排，并控制其费用；

（五）会同并督促有关部门办理固定资产的增减、转移、租赁和残值回收工作；

（六）参与固定资产的评估工作，配合制定出售固定资产价格和出租固定资产租赁费；

第十条　固定资产的实物管理职能主要包括：

（一）根据所负责管理的实物资产的类别、特点，制定具体的实物资产管理办法；

（二）组织和督促使用保管部门加强固定资产实物管理；建立、保管固定资产卡片副本，并与价值管理部门核对一致；负责实施固定资产清查盘点，保证卡、物相符，对闲置多余、盘盈盘亏固定资产提出处理意见；

（三）审核和统筹安排固定资产的更新改造、大修计划，编报费用预算，按批准后的预算组织实施，并负责实物资产竣工验收工作；

（四）组织审核各项固定资产的出售、调拨、报废、停用、拆除及内部转移等技术鉴定工作；

（五）组织对出险的固定资产进行技术鉴定，收集有关资料提供给财务部门；

第十一条 固定资产使用保管管理职能主要包括：

（一）按照谁使用谁保管的原则，将固定资产的保管责任落实到人；

（二）设置专人管理固定资产卡片副本，及时办理各项增减、变动手续，并设立固定资产登记簿；

（三）制定和贯彻执行固定资产的使用、运行、维护保养、检修等各种技术管理制度和技术档案的管理办法；

（四）提出固定资产的更新改造、检修意见，提交实物管理部门统筹安排，经批准后组织实施，确保如期完成；

（五）对固定资产的报废、出售、调拨等工作，会同价值管理和实物管理部门填制固定资产报废审批表和固定资产调拨单，提出书面处理意见，经实物管理部门鉴定、核查，并报价值管理部门审核后，经有权部门审批后进行处置，并及时收回残值交财务部门入账；

（六）按价值管理和实物管理部门的要求，定期或不定期对固定资产进行清查盘点，每年至少全面清点一次，保证卡、物相符；

（七）及时做好固定资产出险通知、证据搜集、现场保护等工作，配合价值管理和实物管理部门办理索赔手续。

第三章 固定资产的划分标准和分类

第十二条 固定资产同时满足下列条件，才能予以确认：

（一）与该固定资产有关的经济利益很可能流入企业；

（二）该固定资产的成本能够可靠地计量。

第十三条 固定资产按用途和使用情况两种口径分类：

（一）按用途分类：

1. 机械设备；

2. 大型发电设备；

3. 办公设备；

4. 生活设备；

5. 测量设备；

6. 施工设备；

7. 通信设备；

8. 运输设备；

9. 房屋；

10. 建筑物；

11. 土地。

（二）按使用情况分类

1. 生产经营用固定资产；

2. 非生产经营用固定资产；

3. 基建用固定资产；

4. 租出固定资产；

5. 不需用固定资产；

6. 未使用固定资产；

7. 融资租入固定资产；

8. 土地。

第十四条　为实现固定资产的归集、统计分析、合理使用和提高使用效率等管理需要，固定资产应同时按前条规定的两种分类口径进行管理与核算，即在按使用情况分类的基础上再按用途分类。

第四章　固定资产增加与计价

第十五条　企业固定资产的增加包括购建、投资者投入、接受捐赠、融资租赁、盘盈、无偿调入固定资产等途径增加。

第十六条　固定资产的购置方式包括基本建设（含小型基建）、更新改造和外购（含零星购置）等。固定资产购建纳入企业资本性收支预算管理。

第十七条　企业新增固定资产必须履行交接验收程序，确保账、卡、物一致，财务部门、实物管理部门和使用保管部门的新增资产信息一致。

第十八条　基本建设和更新改造工程，企业应按公司规定及时组织进行项目竣工验收、编制竣工决算报告、办理资产移交手续。企业财务部门根据批准的竣工决算报告及时转增固定资产。对虽已交付使用但尚未编制竣工决算报告的工程，企业应以实际支出和工程概算为基础估计资产价值，估价转入固定资产，待竣工决算编制完成后，根据竣工决算报告调整固定资产价值。

第十九条　企业购置（含零星购置）固定资产，经办部门应及时办理资产交接手续，填制固定资产验收报告单，连同有关批准文件、合同、协议、发票单证等，报送财务部门办理固定资产入账手续；需要安装的固定资产，安装完成后转增固定资产。

第二十条　投资者投入、接受捐赠、融资租赁、无偿调入固定资产比照前款规定办理资产交接和入账手续。

第二十一条　盘盈的固定资产，使用保管部门要查明情况，并填制固定资产盘盈报告单，经实物管理部门鉴定后，根据权限履行相关报批程序，报财务部门入账。

第二十二条　除下列情况外，企业对于已经入账的各种固定资产的账面价值不得随意变动。

（一）根据规定进行资产评估；

（二）根据批准的竣工决算报告调整暂估价值；

（三）经公司批准的其他调整资产价值的情况。

第五章　固定资产折旧、修理和减值准备

第二十三条　固定资产采用平均年限法分类计提折旧。固定资产的折旧年限、折旧率和预计残值率由公司统一规定。折旧政策一经确定，任何企业不得自行更改。因特殊原因确需执行与公司不同的折旧政策，必须报公司批准。

第二十四条　企业财务部门应当根据固定资产目录、账簿和固定资产卡片记录等，编制固定资产分类折旧表，作为计提折旧的依据。

第二十五条　下列固定资产应当提取折旧：

（一）所有的房屋和建筑物；

（二）生产经营用和非生产经营用的固定资产；

（三）不需用和未使用固定资产，包括季节性停用和大修理停用的固定资产；

（四）融资租入和以经营租赁方式出租的固定资产；

（五）基建用固定资产。

第二十六条　下列固定资产不计提折旧：

（一）已提足折旧仍继续使用的固定资产；

（二）按规定单独估价作为固定资产入账的土地；

（三）已经全额计提减值准备的固定资产；

（四）处于更新改造过程而停止使用的固定资产。

第二十七条　企业固定资产折旧应按月计提，计提折旧的依据为月初应计提折旧的固定资产原价。当月增加的固定资产，当月不计提折旧，

从次月起计提折旧；当月停用的固定资产，当月照常计提折旧，从次月起停止计提折旧。

第二十八条　企业对固定资产实施检修按公司有关规定执行，修理费用纳入财务预算管理，并按实际发生额直接计入当期损益。企业应当严格执行批复的检修项目计划，对于超出预算的修理费用应事先办理项目审批手续。

第二十九条　以融资租赁方式租入的固定资产，应当采用与自有应计折旧固定资产相一致的折旧政策；能够合理确定租赁期满时将会取得租赁固定资产所有权的，应当在租赁固定资产尚可使用年限内计提折旧；无法合理确定租赁期满时将会取得租赁固定资产所有权的，应当在租赁期与租赁资产尚可使用年限两者较短的期间内计提折旧。

第六章　固定资产减少与清理

第三十条　固定资产减少主要是指固定资产的转让、盘亏、毁损、报废、固定资产无偿调拨等。

第三十一条　固定资产转让包括出售各类固定资产（但不包括已报废固定资产的残值回收），以固定资产对外投资、对外捐赠、抵偿债务，及其他转让固定资产所有权的行为。

第三十二条　企业固定资产转让行为必须报公司审批（定），实行有偿转让，并应按规定对转让固定资产进行资产评估，以评估价值为基础合理作价。

第三十三条　固定资产转让由企业内部经办部门根据有关批准文件组织实施，及时填制固定资产转让核销单，连同有关批准文件、合同、协议、单证等，报送财务部门办理固定资产清理手续。经办部门负责催收转让价款。

第三十四条　发生固定资产盘亏，使用保管部门要负责查明原因，根据固定资产盘点表及时填制固定资产盘亏审批单，按规定权限履行相关审批程序后，送财务部门办理固定资产清理手续。

第三十五条　固定资产在下列情况下，企业可申请报废处理：

（一）达到设计使用年限；

（二）达到规定折旧年限并提足折旧；

（三）遭受自然灾害或突发意外事故等情况造成主体设备毁损，无法修复；

（四）国家规定强制更新淘汰；

（五）由于技术进步失去使用价值。

第三十六条　固定资产的报废应按照规定的程序办理报废手续。

（一）企业权限范围内的资产报废，由企业固定资产使用保管部门与实物管理、价值管理部门核对确认后，填制固定资产报废审批单，注明固定资产基本情况及报废原因等有关信息，经固定资产实物管理部门进行技术鉴定；报请总经理批准后，送企业财务部门办理固定资产清理手续。报送公司实物管理部门及价值管理部门。

（二）需要报经审批（定）的资产报废，由企业按前款规定填制固定资产报废审批单、进行技术鉴定并经内部决策机构同意后，在每月10日前汇总报送上级企业或公司；上级企业或公司负责相关固定资产实物管理的部门对技术鉴定结果进行复核（如必要可以重新组织进行技术鉴定）后出具审批（定）意见，企业财务部门按照上级企业或公司审批（定）意见办理固定资产清理手续。

第三十七条　企业应加强报废固定资产的残值回收工作，及时回收变现资金。固定资产报废未经批准之前，任何企业和个人不得擅自处理。

第三十八条　固定资产无偿调拨原则上只能在公司系统内部核算企业之间进行。固定资产无偿调拨时，应填制固定资产调拨单，调拨单由资产转出企业填写，资产转入企业负责办理有关审批手续。未经公司批准，任何企业不得将固定资产无偿调拨给公司系统外的单位。

第七章　固定资产日常管理

第三十九条　企业应根据固定资产目录，按照每一固定资产登记对象建立固定资产卡片。固定资产卡片至少一式三份,其中财务部门保存正本一份,固定资产实物管理和使用保管部门各保存副本一份,并定期核对一致。

第四十条 固定资产卡片记录的内容应包括但不限于:

(一)资产名称、编码、分类、规格型号、生产制造单位、计量单位及数量。

(二)资产原值及其变动情况。

(三)主要附属设备的名称、规格型号、生产制造单位、计量单位及数量。

(四)资产启用日期、预计使用年限、使用保管单位、存置处所、保管人及验收人。

(五)折旧率、残值率、累计折旧、资产净值及其变动情况。

第四十一条 固定资产价值发生变动时,财务部门应及时通知实物管理和使用保管部门,对固定资产卡片副本做相应变动记载;固定资产实物形态发生变动时,实物管理和使用保管部门应及时通知财务部门,对固定资产卡片正本做相应变动记载。

第四十二条 企业要按照谁使用谁保管的原则,落实管理责任部门、单位和责任人,规范管理程序,保证资产的安全完整和正常运行,防止资产损失。由于管理不善导致固定资产盘亏、毁损、闲置并造成重大损失的,应追究有关责任人员的经济及法律责任。

第四十三条 固定资产使用保管人员辞职、调离工作岗位、离退休,应在办理离职手续前,将其保管使用的固定资产移交完毕。

第四十四条 企业应建立固定资产清查盘点制度。企业财务部门应定期或不定期组织实物管理部门对企业固定资产进行全面或局部的清查盘点,保证账、卡、物相符。每年年末应当进行一次全面清查。企业对盘盈、盘亏、毁损的固定资产原因进行认真分析,提出整改措施并对相关责任人提出具体处理意见,发现重大资产损溢,或有其他重要问题的,要按程序报送决策机构审批。在清产核资工作中进行的资产清查，按照清产核资有关规定执行。

第四十五条 企业应在公司财务管理信息化的统一指导下，推进和加强固定资产管理信息化工作，提高固定资产管理工作的效率。根据信息资料及时分析固定资产结构、分布、利用效率以及管理状况，总结经验教训，不断改进固定资产管理工作。

第八章 附　则

第四十六条 本办法由公司财务与产权管理部负责解释。

五、货币资金管理办法

（一）定义

货币资金是企业资产中流动性最强、控制风险最高的一种资产，包括现金、银行存款及其他货币资金。货币资金管理办法是为保证货币资金的安全、完整和收付程序的合规合法而制定的货币资金收付的具体规章制度和控制措施。

（二）写作格式

货币资金管理办法的写作格式如表 4-5 所示。

表 4-5 货币资金管理办法写作格式

项目	基本要求
首部	包括标题、制发时间和依据等内容。标题，由发文机关、事由、文种构成。制发时间、依据，一般在标题之下用括号注明。有的办法这一项目内容可不用写
正文	正文，一般由依据、规定、说明这 3 项内容组成。办法中的各条规定，是办法的主体部分，要将具体内容和措施依次逐条写清楚。办法的结尾，一般是交代实施的日期和对实施的说明
落款	一般为制定单位、公布日期

【范本 4-6】

资金管理办法

第一章 总 则

第一条 为加强公司的资金监督和控制,确保资金安全,提高资金使用效益,发挥理财优势,使资金管理工作更好地适应公司战略发展要求,实现资金安全性、流动性和收益性的有机统一,并通过控制资金流动掌控公司的经营和财务活动,实现公司整体最大效益,依据国家财经法律法规,特制定本办法。

第二条 资金是指法人所拥有的现金、银行存款、应收票据和其他货币资金。

第三条 本办法适用于公司及所属全资、控股子公司。

第四条 资金管理原则:

(一)合规性原则。

公司的资金管理工作应遵守有关法律、法规及公司相关管理制度,各项资金收支业务必须合法、真实、准确。

(二)安全性原则。

公司资金管理要遵循"资金安全第一"的原则,对现金存储、借款归还、融资、对外投资等财务活动必须按授权进行审批,并选择国有商业银行和国家政策性银行进行操作,确保资金安全。

(三)风险控制原则。

通过提前还贷等方式降低资产负债率,减轻利息负担,合理控制财务风险。

(四)计划性原则。

资金管理工作以资金预算为依据,各项资金收支应严格遵守预算。

(五)整体利益最大化原则。

制定资金政策、进行资金调度时应做好统筹规划,在平衡各单位利益的基础上确保公司整体利益最大。

第二章 机构及职责

第五条 公司财务管理部负责制定公司系统的资金政策，对资金收支实行预算管理。

第六条 财务管理部在公司的统一领导下，作为资金管理的具体执行机构。

第七条 财务管理部负责实施公司的资金政策，制定资金运作方案，协调各单位资金管理事宜。

第八条 财务管理部每月召开资金调度会，协调平衡公司资金筹措、支付等管理工作。

第九条 各单位财务部门负责落实公司制定的各项资金政策和年度资金预算，开展本单位的资金支付、预算等日常管理等工作。

第三章 资金预算管理

第一节 资金预算管理原则

第十条 资金预算管理的内容涵盖所有与生产经营及投融资活动有关的资金收入和支出。

第十一条 资金预算的编制和管理按照公司《预算管理制度》的规定进行。

第十二条 资金预算要以经营计划为依据，准确预测各项现金收入、支出及现金盈余缺口，为资金管理工作提供可靠依据。

第十三条 各单位的营运资金收支应按照相应的预算执行，一般不得突破预算；涉及预算调整，要上报公司批准后执行。

第十四条 各单位应合理安排现金流量，严格保证月平均现金余额必要的资金储备。

第二节 资金预算编制

第十五条 季度、月度资金预算的编制及报送：

（一）季度资金预算编制。

各单位按照本单位年度预算结合实际生产经营及基本建设情况分解编制；季度资金预算总体不应超过年度资金预算。

（二）季度资金预算报送。

各单位应分别于每年的1月25日、4月1日、7月1日、10月1日编制下季度资金预算并上报财务管理部。

（三）月度资金预算编制。

各单位按照本单位各级责任中心实际生产经营、基本建设的业务计划情况编制，月度资金预算总体不应超过季度资金预算。

（四）月度资金预算报送。

各单位应分别于次月1日前编制下月资金预算并上报财务管理部。

第十六条 季度、月度资金预算主要编制项目由财务管理部定期发布。

第三节 资金预算分析

第十七条 季度、月度预算的分析及报送：

（一）季度资金预算分析。

各单位每季度末应根据本单位上季度的资金业务实际发生情况，编制《季度资金执行报表》。

对预算数与实际数偏差10%以上或金额超过100万元的预算项目（除各合计行外），需单独附页进行详细说明。（如：差异影响因素包括产量差异、产品结构差异、价格差异、结算周期差异及其他欠收或超收因素，支出差异影响因素包括产量差异、单耗差异、价格差异、结算周期差异及其他节支和超支因素。）

（二）季度资金预算报送。

各单位应分别于每年的1月4日、4月4日、7月4日、10月4日前编制完成上季度的《季度资金执行报表》并上报财务管理部。

（三）月度资金预算分析。

各单位每月末应做好与银行、公司本部的资金对账和汇总工作，及时充分地搜集相关信息，根据本单位上月度的资金业务的实际发生情况，编制《月度资金执行报表》。月度资金执行分析具体要求同季度资金执行分析。

（四）月度资金预算报送。

各单位应分别于每月 4 日前编制《月度资金执行报表》并上报财务管理部。

第四章 资金收支管理

第一节 资金收支管理原则

第十八条 严格按照《中华人民共和国票据法》和中国人民银行颁布的《支付结算办法》办理各项收支结算业务。

第十九条 按照审定的资金预算安排付款；凡未纳入预算的支出，财务部门有权拒绝付款。

第二十条 公司内部各单位之间的往来交易要及时结算，保证公司系统内资金流转通畅。

第二十一条 通过银行网上结算系统进行结算的单位应严格执行付款复核程序和对账制度，相关结算操作人员应妥善保管付款卡及密码。

第二节 货币资金支付审批流程及权限

第二十二条 货币资金支付权限如下：

（一）1 万~50 万元（含 50 万元）的支出，由各单位的财务部经理核准，财务负责人加批。

（二）50 万~1 000 万元（含 1 000 万元）的支出，由财务负责人审批，总经理加批。

（三）1 000 万元以上的支出，由财务负责人核准，总经理审批，董事长加批。

（四）归还银行借款及财务费用、支付国家税费的支出由财务负责人直接审批。

第二十三条　各单位应对出纳人员定期进行岗位轮换，可以实行强制休假制度，并在最长不超过五年的时间内进行岗位轮换。

第二十四条　各单位要严格执行授权制度和审核批准制度，并按照规定的权限和程序办理货币资金支付业务。

（一）支付申请。单位有关部门或个人用款时，应当提前向经授权的审批人提交货币资金支付申请，注明款项的用途、金额、预算、限额、支付方式等内容，并附有效经济合同、原始单据或相关证明。

（二）支付审批。审批人根据其职责、权限和相应程序对支付申请进行审批。对不符合规定的货币资金支付申请，审批人应当拒绝批准，性质或金额重大的，还应及时报告有关部门。

（三）支付复核。复核人应当对批准后的货币资金支付申请进行复核，复核货币资金支付申请的批准范围、权限、程序是否正确，手续及相关单证是否齐备，金额计算是否准确，支付方式、支付企业是否妥当等。复核无误后，交由出纳人员等相关负责人员办理支付手续。

（四）办理支付。出纳人员应当根据复核无误的支付申请，会计人员编制会计凭证后，出纳人员按规定办理货币资金支付手续，申请付款人必须与汇入名称相符。

严禁未经授权的部门或人员办理货币资金业务或直接接触货币资金。

第三节　现金和银行存款的控制

第二十五条　各单位严格加强现金库存限额的管理，各单位的库存现金不得超过5万元，超过库存限额的现金应当及时存入开户银行。

第二十六条　各单位根据《现金管理暂行条例》的规定，结合本单位的实际情况，确定本单位的现金开支范围和现金支付限额。不属于现金开支范围或超过现金开支限额的业务应当通过银行办理转账结算。

第二十七条　各单位现金收入应当及时存入银行，不得坐支现金，严禁存入个人账户。

第二十八条　各单位借出款项必须执行严格的审核批准程序，严禁擅自挪用、借出货币资金。

第二十九条　各单位取得的货币资金收入必须及时入账，不得账外设账，严禁收款不入账。

第三十条　各单位要加强对银行结算凭证的填制、传递及保管等环节的管理与控制。

第三十一条　各单位应当严格遵守银行结算纪律，不得签发没有资金保证的票据或远期支票，套取银行信用；不得签发、取得和转让没有真实交易和债权债务的票据；不得无理拒绝付款，任意占用他人资金；不得违反规定开立和使用银行账户。

第三十二条　各单位应当指定专人定期核对银行账户，每月至少核对一次，编制银行存款余额调节表，并指派对账人员以外的其他人员进行审核，确定银行存款账面余额与银行对账单余额是否调节相符。如调节不符，应当查明原因，及时处理。

第三十三条　各单位应当加强对银行对账单的稽核和管理。

第三十四条　实行网上交易、电子支付等方式办理货币资金支付业务的单位，应当与承办银行签订网上银行操作协议，明确双方在资金安全方面的责任与义务、交易范围等。网上银行UKey与登录密码必须实行分离管理。操作人员应当根据操作授权和密码进行规范操作。

第三十五条　使用网上交易、电子支付方式的单位办理货币资金支付业务，不能因支付方式的改变而随意简化、变更支付货币资金所必需的授权批准程序。各单位在严格实行网上交易、电子支付操作人员不相容岗位相互分离控制的同时，应当配备专人加强对交易和支付行为的审核。

第三十六条　各单位要严格登记银行汇票的收入、支出备查登记簿，同时要载明出票人、出票行、出票日期、到期日、票号等。

第三十七条　各单位应当定期和不定期地进行现金盘点，确保现金账面余额与实际库存相符。发现不符，及时查明原因，做出处理。

第四节 票据及有关印章的管理

第三十八条 各单位必须严格加强与货币资金相关的票据的管理，出纳人员负责各种票据的购买、保管、领用、背书转让、注销等环节的职责权限和处理程序，并专设登记簿进行记录，防止空白票据的遗失和被盗用。

第三十九条 因填写、开具失误或者其他原因导致作废的法定票据，应当按规定予以保存，不得随意处置或销毁。对超过法定保管期限、可以销毁的票据，在履行审核批准手续后进行销毁，但应当建立销毁清册并由授权人员监销。

第四十条 设立专门的账簿对票据的转交进行登记；对收取的重要票据，要留有复印件并妥善保管；不得跳号开具票据，不得随意开具印章齐全的空白支票。

第四十一条 各单位应当加强银行预留印鉴的管理。财务专用章应当由专人保管，个人名章应当由本人或其授权人员保管，不得由一个人保管支付款项所需的全部印章。

第四十二条 按规定需要由有关负责人签字或盖章的经济业务与事项，必须严格履行签字或盖章手续。

第五章 银行账户管理

第四十三条 银行账户设立规定：

（一）各单位根据实际需要确定办理资金收支业务的银行系统，各单位必须在集团公司确定的银行系统内开立银行账户，并开通网上银行业务，建立网上银行系统。

（二）集团公司统一规范银行账户的开立行为，各单位银行账户的开立必须上报公司财务管理部，再由财务管理部统一呈报集团公司，由集团公司批准后办理开户手续。

第六章 应收款管理

第四十四条 各单位应从销售合同签订的源头开始，力争缩短结算周期，并争取有利的结算方式。

第四十五条 加大应收账款催收工作力度，各单位应指定专人负责应收账款的回收，缩短应收账款周转时间。

第四十六条 各单位要及时对其他应收款、预付款、备用金等进行清理，及时进行账龄分析，控制资金占用，避免形成呆坏账。

第七章 融资管理

第四十七条 融资管理部门为各单位的财务部门。

第四十八条 各单位根据年度生产经营预算、项目预算编制本年度融资计划，报××批准后执行。

第四十九条 公司的对外融资本着效益优先，降低成本；综合权衡，择优选择；适度负债，防范风险的原则，从企业的整体经济效益出发，以合理、需要、节约为指导，严格控制筹资规模。

第八章 专项资金管理

第五十条 专项资金管理原则：单设账户、专款专用、单独核算。

第五十一条 机构与职责：

（一）财务管理部负责公司的专项资金监督管理工作。

1. 协调平衡各项目的资金预算，编制公司的专项资金总预算。

2. 监督指导各单位的专项资金使用。

3. 评价考核各单位的专项资金使用情况，考核结果纳入各单位的经营绩效考核。

（二）各单位财务部门负责本单位的专项资金管理工作。

1. 专项资金的单独核算，定期向公司汇报专项资金使用情况。

2. 严防专项资金挪为他用，一旦发现，应及时向财务管理部汇报。

第五十二条 专项资金预算管理：

（一）项目单位每年度根据企业发展和生产实际需要，拟定专项资金预算，报公司主管部门审核。

（二）各项目单位的专项资金预算经公司主管部门审核后，财务管理部协调平衡，形成公司的专项资金预算，纳入公司年度总体预算，报公司总经理审批。

（三）专项资金预算经审批后，项目单位严格遵照执行，一般不作调整。确有必要调整时，项目单位应按项目预算审批程序重新报批。

第五十三条　专项资金支出管理：

（一）专项资金的开支范围和标准严格按照既定预算或公司有关规定执行。

（二）凡纳入公司统一采购的支出项目，必须按照公司统一采购的有关规定，经过招投标、比价采购等规范程序后方可列支。

（三）专项资金不得用于与项目无关的各种费用开支。

第五十四条　专项资金决算管理：

（一）年度终了，项目单位应将专项资金收支情况纳入单位年度决算统一编报，经主管部门审核汇总后报财务管理部，由财务管理部审核后，报公司总经理审批。

（二）项目单位上报决算时需对专项资金使用情况进行必要的文字说明，文字说明的主要内容包括：预算执行情况、资金使用效益情况、资金管理情况、存在的问题和建议等。

（三）项目单位应确保项目预算的执行进度，年末结存的专项资金可结转下年按规定继续使用，不得挪作他用。

第五十五条　专项资金监督检查与考核管理：

（一）专项资金实行定期检查制度。公司财务管理部对项目单位的专项资金预算执行、资金使用效益和财务管理等情况进行监督检查，如发现有截留、挤占、挪用专项资金的行为，以及因管理不善导致资金浪费、资产毁损、效益低下的，将暂停其后续拨款。项目单位限期整改后并经核查确已纠正的，可恢复或适当调整拨款，否则将取消项目并终止拨款，对情节严重的责任人员，将按照公司有关规定追究其责任。

（二）项目单位应建立健全专项资金管理责任制，对审批确定的项目实行项目负责制。项目单位法定代表人、项目负责人、财务负责人以及相关责任人员对资金使用的合法性、合理性和有效性负责。

（三）项目单位应严格遵守国家财经纪律，自觉接受财务管理部、审计等有关部门的监督和检查，发现问题，及时纠正。

（四）各单位的项目实行绩效考评制度。绩效考评以批复的可行性研究报告和项目预算文本确定的绩效目标为考核依据，对专项资金使用效益进行评估，考评结果纳入各单位的经营绩效考核。

第九章 资本金管理

第五十六条 资本金拨付计划纳入预算管理，与融资预算、营运资金预算等协调一致。

第五十七条 资本金应根据公司投资计划和各单位股东会通过的资本金计划到位。资本金拨付应符合公司规定的权限和程序；应配合工程进度要求及债务融资到位情况，充分发挥资金使用效率，避免资金闲置。

第五十八条 各单位股权变更、清产核资或资产评估等可能影响公司出资权益的事项，须按规定程序报批。

第五十九条 各单位拟以资本公积、盈余公积转增资本的，应经公司同意并由各单位股东会审议通过。

第六十条 被投资单位应于公司的资本金拨付到位30日内向公司出具股东出资证明书。

第十章 收益分配管理

第六十一条 公司通过制定统一的会计政策、实施盈余管理策略、收益分配决策来实现收益控制。

第六十二条 公司根据发展战略、公司资金需求以及下属各单位的运营情况，统一安排下属各单位的收益分配。

第十一章 附 则

第六十三条 本办法由财务管理部负责制订和解释。

第六十四条 本办法自××××年××月××日起生效。

六、资产评估报告

（一）定义

资产评估报告是评估机构完成评估工作后出具的具有公正性的结论报告。该报告经过国有资产管理部门或有关主管部门确认后生效。

（二）写作格式

资产评估报告的写作格式如表 4-6 所示。

表 4-6 资产评估报告写作格式

项目	基本要求
标题	一般为《××企业资产评估报告》
正文	正文应具备如下内容： （1）企业概况 （2）评估目的 （3）评估范围和对象 （4）评估标准 （5）评估依据 （6）评估方法 （7）评估过程 （8）评估结果
落款	一般为制定单位、公布日期

【范本 4-7】

改制为股份有限公司项目的资产评估报告书

K 评估公司接受 S 公司的委托，根据国家有关资产评估的规定，本着客观、独立、公正、科学的原则，按照公认的资产评估方法，对 S 公司改制为股份有限公司所涉及的整体资产进行了评估。本公司评估人员按照必要的评估程序对委托评估企业的经营状况、财务状况、投资环境、整体资产的使用效果、获利能力和企业的发展进行了客观、全面、科学的预测、核算，对该整体资产截至＿＿年＿＿月＿＿日所表现的市场价值作出了公允反映。现将资产评估情况及评估结果报告如下。

一、委托方及资产占有方概况

委托方、资产占有方：＿＿＿＿＿＿

注册地址：＿＿＿＿＿＿

法定代表人：＿＿＿＿＿＿

注册资本：＿＿＿万元整

企业类型：＿＿＿＿＿＿

经营范围：＿＿＿＿＿＿

S公司成立于＿＿年＿＿月，投资总额＿＿万美元，注册资本＿＿万美元，后增资至＿＿万美元。＿＿年＿＿月产品正式开始生产。公司经营范围为＿＿＿＿＿＿＿。现行业务范围以生产及销售＿＿＿＿＿＿为主，产品包括：＿＿＿＿＿＿＿。公司先后通过ISO 9001质量管理体系和ISO 14001环境管理体系认证，并被有关评估公司评定为AAA级企业。

长期以来，S公司秉持公司一贯的经营方针及经营理念，积极深入和开发中国市场。公司成立以来，公司经营规模、资产规模逐年增大，盈利总额也逐年增加，保持资产利润双增长的局面。＿＿年公司被授予"上一年度最佳外商投资企业"荣誉称号。

二、评估目的

根据S公司董事会决议，拟改制为股份有限公司。

本次评估目的即为S公司改制为股份有限公司所涉及的整体资产提供价值参考依据，不用于企业调账等其他用途。

三、评估范围和对象

本次资产评估范围系截至＿＿年＿＿月＿＿日S公司所拥有的该公司整

体资产，其中包括流动资产＿＿万元、固定资产＿＿万元、无形资产＿＿万元、其他资产＿＿万元、总资产共计＿＿万元，流动负债＿＿万元、长期负债＿＿万元、负债总计＿＿万元，净资产＿＿万元。以上均为经营性资产，评估对象为企业的整体资产。

纳入评估范围的资产与委托评估时申报的资产范围一致。

四、评估基准日

本次评估基准日为＿＿年＿＿月＿＿日。确定评估基准日的理由为：

（1）月末会计报表完整准确。

（2）尽可能接近评估目的的实现日期。

评估基准日的价格是本次评估中一切取价的唯一有效的价格标准。

五、评估原则

根据国家国有资产管理及评估的有关法规，我们遵循的工作原则是独立性原则、科学性原则、客观性原则、专业性原则。评估适用的经济原则是贡献原则、替代原则、预期原则、持续经营原则以及最佳使用原则。

六、评估依据

（一）法规依据

（1）国务院国有资产监督管理委员会 2005 年第 12 号令发布的《企业国有资产评估管理暂行办法》。

（2）原国家国有资产管理局制定的《国有资产评估管理办法施行细则》。

（3）财政部《企业会计制度》。

（4）其他有关法规和规定。

（二）经济行为依据

《S 公司董事会决议》。

（三）产权依据

（1）外观设计专利证书＿＿件。

（2）外观设计专利申请受理通知书___件。

（3）商标注册证___件。

（4）注册商标许可使用合同___件。

（5）房权证___件。

（6）国有土地使用证___件。

（四）评估预测参数及选取依据

（1）S公司___—___年度财务报表。

（2）S公司评估基准日财务报表。

（3）S公司历史经营状况分析资料。

（4）S公司提供的营运计划书。

（5）S公司提供的其他相关资料。

（6）评估人员收集的各类与评估相关的佐证资料。

七、评估方法

本次评估采用收益现值法。

（一）评估技术思路和程序的理论基础

收益现值法是指通过估算被评估资产的未来预期收益并折算成现值，借以确定被评估资产价格的一种资产评估方法。所谓收益现值，是指企业在未来特定时期内的预期收益按适当的折现率折算成当前价值（简称折现）的总金额。

采用收益法评估出的价值是企业整体资产获利能力的量化和现值化，而企业存在的根本目的就是为了盈利，因此运用收益法评估能够真实地反映企业整体资产的价值，更能为市场所接受。收益法能弥补成本法仅从各单项资产价值加总的角度进行评估，未能充分考虑企业整体资产所产生的整体获利能力的缺陷，避免了成本法对效益好或有良好发展前景的企业价值低估、对效益差或企业发展前景较差的企业价值高估的不足。

$$P=\sum_{i=1}^{t}\frac{F_i}{(1+r)}+\frac{F}{r(1+r)^t}$$

其中，P——评估值（折现值）；

r——所选取的折现率；

t——收益年限（收益期）；

F_i——未来和 i 个收益期的预期收益额；

F——未来等额预期收益额。

本次评估使用该公式，是基于企业正常持续经营条件下，通过对企业未来收益的折现来确定评估值。其特点是资产经营期间每年的收益额不等且收益期较长，在对企业未来五年的产品销售收入、各类成本、费用等进行预测的基础上，自第六年起以后各年的收益额水平假定保持在第五年的水平上。

（二）适用性判断

1. 总体情况判断

S 公司主要开发、生产、销售中高档产品。截至去年，公司在市场占有率位居前列，销售网络辐射东北、华北、华南、西南和中南等地区。本次采用收益现值法的原因分析如下：

（1）本公司接受委托后对 S 公司资产进行清查核实，至___年___月___日公司拥有的各类资产基本为经营性资产，为持续经营提供了必备的条件。

（2）S 公司进入中国市场已___年，积累了丰富的经营经验，建立起了可观的企业规模和市场网络，进入了高速发展的时期，未来收益可以量化预测，未来风险也可以加以衡量，基本具备了采用收益现值法评估的前提条件。

2. 评估目的判断

本次评估的目的是为 S 公司改制为股份有限公司所涉及的整体资产提供价值依据，重置成本法仅能反映资产本身的重置价值，不能全面、科学地体现企业的市场价值。本次评估委托方要求我公司在评估时，对 S 公司的市场公允价值予以客观、真实的反映，不仅仅是对各单项资产价值予以简单加总，而是要综合体现企业各单项资产的价值以及企业经营规模、行业地位、成熟的管理模式所蕴含的整体价值，即把企业的各单项资产作为一个有机整体，以整体资产的获利能力来评估企业整体资产价值。

3. 企业会计报表判断

根据 S 公司提供的会计报表，公司前几年的营业收入、净利润等均为正值，平稳增长且波动幅度不大，表明公司的经营活动比较稳定，企业整体资产的获利能力从前 3 年的实际运行来看是可以合理预期的。

八、评估过程

我们根据资产评估的有关原则和规定，对评估范围内的资产进行了评估和权利鉴定，具体步骤如下：

（1）___年___月___日接受 S 公司的委托对其整体资产进行评估，业务约定书编号为：_____。

（2）听取关联方及资产占有方有关人员对委估对象历史和现状的介绍；根据评估目的和评估对象及范围，选定评估基准日，拟订评估方案。

（3）评估人员在对企业填报的资产评估申报内容进行征询、鉴别，并与企业有关财务记录数据进行核对的基础上，对资产进行了清查核实，并收集了各类与未来年期收益预测相关的资料以及企业产权证明文件，确定企业收益有效年限。

（4）深入了解企业的生产、管理和经营情况，如人力配备、物料资源供应情况、管理体制和管理方针、财务计划和经营计划等。

（5）对企业前几年的财务资料进行分析，并对经营状况及发展计划进行分析。

（6）对由该企业整体资产可带来的未来收益进行预测。

（7）对与该未来收益有关的各项成本费用进行预测。

（8）根据各类风险预测，选定合理的风险报酬率，进而确定折现率。

（9）对未来年期的收益按选定折现率进行折现，得出整体资产的现值。

（10）根据评估工作情况，得出初步结果，听取专家意见，确认无重评、漏评事项，分析意见，修改完善。

（11）起草资产评估报告书，经本公司三级复核完成报告书，向委托方提交正式资产评估报告书。

九、评估结论

S公司账面资产总额为___元，账面负债总额为___元，账面净值元，经评估S公司整体资产价值为___元（大写：_____万元整），增值___元，增值率为___%。

评估结果汇总表

金额单位：万元

资产项目	账面值	调整后账面值	评估值	增值额	增减率
流动资产					
固定资产					
无形资产					
其他资产					
总资产					
流动负债					
长期负债					
负债总计					
净资产					

十、特别事项说明

（1）由于地方城市规划的需要，公司生产经营场所在未来1年内极大可能面临搬迁，这将对公司的生产经营活动产生一定的不利影响。本次评估中对此事项已进行了审慎的考虑，并假定公司搬迁产生的损失可由地方政府予以补贴。

（2）对企业存在的可能影响资产评估值的瑕疵事项，在企业委托时未作特殊说明而评估人员根据专业经验一般不能获悉的情况下，评估机构及评估人员不承担相关责任。

（3）本公司不对委托方提供的有关经济行为批文、营业执照、权证、会计凭证等证据资料的真实性负责。

（4）本公司声明现在及将来与贵公司委托评估的资产或其评估价值概无利益关系。

（5）本公司对所采用的信息资料来源的真实性、可靠性负责。

十一、评估报告基准日后重大事项

（1）评估基准日后至出具评估报告日，S公司一切经营活动正常，不存在需披露而未披露的重大事项。

（2）评估基准日后至报告有效期内，资产数量和作价标准发生明显变化时，或委托方发生期后事项并对评估价值产生显著影响时，不能直接使用本评估结论。

十二、评估报告的法律效力

（一）评估报告成立的前提条件和假设条件

（1）本报告所称"评估价值"，是指所评估的资产在现有用途不变并继续经营以及在评估基准日的外部经济环境前提下，根据公开市场原则确定的现行公允价，没有考虑将来可能承担的抵押担保事宜，以及特殊的交易方式可能追加付出的价格等对评估价值的影响。

（2）国家宏观经济、政治政策变化对企业预期情况的影响，除已经出台尚未实施政策之外，假定其将不会对企业预期情况构成重大影响。

（3）不可抗拒的自然灾害或其他无法预测的突发事件，不作为预期企业未来情况的相关因素考虑。

（4）企业持续经营，仍按原先设计使用，保持原有要素资产，保持原有正常的经营方式；并假定企业在工商登记经营期期满后，仍继续经营无期限。

（5）企业经营管理者的某些个人的行为未在预测企业未来情况时考虑。

（6）预期收益的测算是以企业评估基准日的资产正常经营管理为前提，假定搬迁不会对企业的生产经营造成影响，并假定企业按照原定投资计划进行追加投资。

（7）收益的计算以会计年度为准，假定收支均发生在年末。当上述条件发生变化时，评估结果将会失效。

（二）本评估报告的作用依据法律、法规的有关规定发生法律效力

（三）根据国家的有关规定，评估结论的有效使用期为一年，从资产评估基准日___年___月___日起计算，至___年___月___日止

（四）资产评估报告的使用范围

本报告仅供委托方为本报告所列明的评估目的服务和送交财产评估主管部门审查使用，本评估报告的使用权归委托方所有。除按规定报送有关政府管理部门或依据法律需公开的情形外，未征得委托方的许可，本公司承诺不向他人提供或公开本报告的全部或部分内容。

十三、评估报告提出日期

本评估报告提出日期为___年___月___日。

K 评估公司

法人代表：_____

总评估师：_____

项目负责人：_____

注册评估师：_____

___年___月___日

七、股权分置改革说明书

（一）定义

股权分置改革是指对某个企业的组成股份进行调整，从而使股权分配更趋于合理。股权分置改革说明书是这一个改革的书面说明。

（二）写作格式

股权分置改革说明书的写作格式如表 4-7 所示。

表 4-7 股权分置改革说明书写作格式

项目	基本要求
标题	一般为《××企业股权分置改革说明书》
正文	正文应具备如下内容： （1）企业概况 （2）股权情况 （3）改革原因 （4）改革办法 （5）预估效果 （6）预估困难
落款	一般为制定单位、公布日期

【范本 4-8】

股权分置改革说明书

股票简称：_____

股票代码：_____

注册地址：_____

签署日期：___年___月___日

一、前言

本股权分置改革说明书根据《中华人民共和国公司法》《中华人

民共和国证券法》《上市公司股权分置改革业务操作指引》《上市公司股权分置改革管理办法》(证监发〔2005〕86号发布)等法律、法规、规则和本公司章程,结合本公司实际情况编制而成。本说明书的目的旨在帮助投资者能够迅速、全面了解本次股权分置改革试点的内容和程序、流通股股东的权利和义务。本公司全体董事确信本说明书不存在任何虚假记载、误导性陈述或重大遗漏,并对其内容的真实性、准确性、完整性负个别的和连带的责任。

中国证券监督管理委员会、其他政府部门对本次股权分置改革所作的任何决定或意见,均不表明其对本次股权分置改革方案及本公司股票的价值或者投资人的收益作出实质性判断或者保证。任何与之相反的声明均属虚假不实陈述。

除本公司及保荐机构外,不会委托其他任何机构和个人就本次股权分置改革方案及其相关文件作出解释或说明。

二、释义

本公司:_____股份有限公司。

本集团:_____集团有限公司。

非流通股股东:本方案实施前,所持本公司的股份尚未在交易所公开交易的股东,包括集团有限公司、××有限公司、××有限公司、××制造有限公司和××有限公司等5名股东。

流通股股东:持有本公司流通股的股东。

股权分置改革试点:中国证券监督管理委员会根据公司非流通股股东的改革意向和保荐机构的推荐确定的进行股权分置改革的行为。

证监会:中国证券监督管理委员会。

交易所、上交所:××证券交易所。

保荐机构:_____公司。

董事会:_____股份有限公司。

三、公司历次股本变动情况

股东名称	××股份数量（万股）	股份比例	股份性质
××公司			境内法人股
××公司			国有法人股
××公司			境内法人股
××公司			国有法人股
××公司			境内法人股
合计			

公司设立：本公司系___以___号文批准，由原_____集团有限公司依法变更而设立的。经___集团有限公司___年___月___日股东会决议通过，_____集团有限公司以___年___月___日为基准日经审计的净资产___万元，按___的比例折为___万股，由原有限公司股东___公司、_____公司、_____公司比例持有。公司于___年___月___日在___注册登记并领取企业法人营业执照，注册资本____万元。公司设立时的股本结构如下表：

首次公开发行及上市：经中国证券监督管理委员会证监发行字____号文核准，___年___月___日，公司采用向二级市场投资者定价配售的方式，向社会公众公开发行人民币普通股___万股，每股发行价为___元，该次发行实际募集资金___万元，其中___万元计入公司资本公积金，使公司每股资本公积金增加___元，该次发行的___股票于___年___月___日在上海证券交易所挂牌上市，上市时股本结构如下：

股东	股份数量（万股）	股份比例	股份性质
法人股			境内法人股
已上市流通股份			人民币普通股
合计			

截至___年___月___日，公司的股本结构没有发生改变。公司已公布去年年度 10 转增 5 派 1 元现金的分配预案，尚需公司年度股东大会批准后实施。

四、非流通股东持股比例及相互之间的关联关系

股东名称	持有股份（万股）	持股比例
××公司		
××公司		
××公司		
××公司		
××公司		

五、非流通股股东持有公司流通股的情况

截至___年___月___日及最近 6 个月非流通股股东持有和交易公司流通股的情况：

根据非流通股东的陈述和查询的结果，公司所有非流通股股东在公司股票停牌前的最后交易日（___年___月___日）不持有公司流通股股票，在最近 6 个月内，也没有买卖过公司流通股票。

六、股权分置改革试点方案

为了贯彻落实国务院《国务院关于推进资本市场改革开放和稳定发展的若干意见》的精神，中国证券监督管理委员会于___年___月___日发布了证监发〔2005〕32 号《关于上市公司股权分置改革试点有关问题的通知》（简称"通知"）。根据本公司非流通股股东的改革意向和保荐机构的推荐，本公司被确定为首批股权分置改革试点公司。本公司已在获悉成为试点公司后于___月___日发布公告，并向上交所申请公司股票停牌。

本方案的核心内容是承认在股权分置市场中的股票价格受部分股票不流通的特定因素影响，我们称之为流通权价值，因此必须向流通股股东支付一定的对价购买其所拥有的流通权价值,该对价并不具备任何弥补流通股股东损失的作用。非流通股股东支付对价后其所持非流通股股票才获得在交易所挂牌交易的权利,公司的所有股份都成为流通股,但非流通股股东承诺其所持股份逐渐上市交易。请关注本说明书的非流通股东的承诺部分。

为了保护投资者尤其是社会公众投资者的利益,根据中国证监会通知精神,本次股权分置改革方案由非流通股股东提出,将由公司临时股东大会采用分类特别决议的形式审议通过,即本次改革方案必须由全体出席股东大会的股东所代表的表决权的2/3同意通过,同时方案还必须获得参加临时股东大会的流通股股东所代表的表决权的2/3同意通过。换言之,流通股股东对本方案实际上拥有否决权。

(一)流通股股东的权利与义务

1. 权利

公司流通股股东除公司章程规定权利外,就本次审议本次股权分置改革方案的临时股东大会有特别的权利:

(1)可以现场投票或委托公司独立董事或通过网络投票行使投票权。

(2)本次股权分置改革方案须由出席股东大会的流通股股东所代表投票权的2/3以上同意通过。

2. 义务

公司流通股股东除公司章程规定义务外,还需特别注意,一旦本次股权分置改革方案获得股东大会通过,无论股东是否出席股东大会或出席股东大会但反对股权分置改革,均须无条件接受股东大会的决议。

(二)对价方案

1. 对价标准

本方案的测算以___年___月___日公司总股本___万股为基础。确定方案实施的股权登记日后,由非流通股股东向方案实施的股权登记日登记在册的流通股股东共支付总额为___万股本公司股票和___万元现金对价后，非流通股股东所持有的原非流通股全部获得流通权并按本说明书"七、非流通股股东承诺"逐渐上市流通，流通股股东获得的股票对价自方案实施的股权登记日的次日开始上市流通交易，对价的来源由非流通股股东按持股比例支付，对价的分享由流通股股东按持股比例分享；本次股权改革方案通过并实施后，公司再实行上年利润分配方案。以____年____月____日公司总股本____万股为基数，方案实施的股权登记日的流通股股东将按每10股流通股取得3股股票和8元现金对价的比例进行分配，方案实施后公司的总股本依然为____万股，公司资产、负债、所有者权益、每股收益等财务指标全部保持不变，实施对价支付前后的公司股权结构如下：

项目	方案实施前		方案实施后	
	股数（万股）	比例	股数（万股）	比例
1.非流通股				
2.流通股				
合计				

现有非流通股股东所持有的股份自本方案实施日起，获得流通权，成为流通股，但根据现有非流通股股东作出的承诺，××公司、××公司、××公司和××公司共计持有的____万股在取得流通权后的12个月内不得交易或转让。

集团有限公司承诺其所持有的____万股股份自获得"上市流通权"之日起，在12个月内不上市交易或者转让，在前述承诺期满后，通过证券交易所挂牌交易出售股份，出售数量占公司股份总数的比例在12个月内不超过5%，在24个月内不超过10%。

2. 对价标准的制定依据

公司董事会聘请了××证券有限责任公司对对价标准的制定进行了评估，××分析认为：

在一个完全的市场里面，股票价格会受到诸如市场预期（例如大盘走势）、对公司的未来的预期、同类公司的股价、宏观经济走势等各种因素的影响。而在一个股权分割的市场，股票价格还会受到一个特定的因素影响，这种特定的因素就是流通股股东对于非流通股股东所持股份不流通的一种预期，我们可以称之为流通股的流通权价值。而且只要这种市场格局不被打破，这种市场预期将一直存在。也就是说，流通股的流通权价值也将一直存在。既然这种预期从发行时就存在，那么就可以将股票发行市盈率超出完全市场发行的市盈率倍数作为一个计算流通权价值的参考。而且，流通权的价值只要流通股股本不发生变化，那么流通权的价值也不会发生变化。

本次股权分置改革，公司非流通股股东提出要获得其所持股票的流通权，这将打破流通股股东的稳定预期，从而势必影响公司流通股股东的流通权价值，理论上，流通权的价值将归于零。因此，非流通股股东必须为此支付相当于流通股股东流通权价值的对价。

（1）流通权的价值计算公式。每股流通权的价值＝超额市盈率的倍数×公司每股税后利润。

（2）超额市盈率的估算。如果参考完全市场经验数据，我们认为××至少获得10倍发行市盈率的定价。在发行时，市场处于一个股权分置的状态，××的实际发行市盈率为13.5倍。因此，我们可以估算出用来计算××流通股流通权的超额市盈率的倍数约为3.5倍。

（3）流通权的价值的计算。流通权的总价值＝超额市盈率的倍数×公司每股税后利润×流通股股数。

（4）流通权的总价值所对应的××流通股股数。流通权的总价值所对应的××流通股股数＝流通权的总价值÷市价。

以公司＿＿＿年＿＿＿月＿＿＿日为计算参考日，该日公司收盘价＿＿＿元静态计算，流通权的总价值所对应的××流通股股数为＿＿＿万股。

（5）结论。根据上述分析，××机构认为，公司非流通股股东为取得所持股票流通权而支付的＿＿＿万股高于流通权的总价值所对应的流通股股数___万股，加上非流通股股东同时支付的___万元现金。因此，非流通股股东支付的对价合理。

3.非流通股股东支付对价的具体情况

现有非流通股股东实施本方案需要支付对价及支付前后的持股情况如下：

股东名称	方案实施前（股）	支付对价（万元）	方案实施后（股）	股份（股）
××公司				
××公司				
××公司				
××公司				
××公司				
合计				

××公司所持本公司股份为国有法人股，其支付对价的方案将需要按照国家有关规定上报国家有关机关审批，××集团有限公司承诺在××公司获得国家有关机关批准前将先行代为支付对价。

4.其他情况

（1）关于年度分红方案的实施。在审议本次股权分置改革方案的临时股东大会以前，本公司将召开去年度股东大会并审议以去年末总股本___万股为基数进行10股转增5股派现金1元的议案，如果该议案获得批准并在本方案实施的股权登记日前实施，将改变公司的股本总数并对实施方案产生影响。因此，如果本次股权改革方案获得股东大会的批准，则公司将在实施完成本次股权改革方案后，再实施去年分配方案。

（2）关于流通股股东分享对价的结算。流通股股东在取得对价时均按各独立的股票账户为核算单位，对价中支付的现金部分按四舍五入精确到人民币分，如果合计的现金需求量因四舍五入原因而与___万元有差额，当存在不足部分时由××集团有限公司补足；当存在多余部分时，该多余的部分由××享有。对价支付中股份的支付精确到1股，不足1股的零股部分由××集团有限公司按方案实施的股权登记日收盘价折算的现金对价进行支付，相应的全部余股由集团有限公司持有。

（三）方案实施程序

（1）公司聘请保荐机构对本次股权分置改革发表保荐意见，独立董事就股权分置改革方案发表意见。

（2）董事会就股权分置改革作出决议后，公开披露独立董事意见、董事会决议、股权分置改革方案说明书、保荐机构的保荐意见、独立董事征集投票权的具体方案、召开临时股东大会的通知等信息，并申请公司股票复牌。

（3）自临时股东大会股权登记日至决议公告日公司股票申请停牌。临时股东大会审议股权分置改革方案。

（4）实施股权分置改革方案。在方案实施的股权登记日的次日，流通股股东取得非流通股股东支付的对价，原非流通股股东所持有的公司股份自该日起全部获得了流通权，股权分置改革方案实施完毕。

（四）本方案保护流通股股东权益的系列措施

本方案在设计、表决、实施等不同阶段采取了多种措施，形成有机的体系来保护流通股股东的权益，具体如下：

（1）为流通股股东参加股东大会创造便利的条件。主要采取了通过独立董事征集投票权和延长网络投票表决时间，且不少于3次的催告通知。

（2）赋予流通股股东对方案的单独否定权。本方案获得批准不仅需要股东大会2/3的全部表决权通过，还需要经出席股东大会的2/3流通股股东表决权通过，流通股股东可以独立否决该方案。

（3）非流通股股东向流通股股东支付对价。对价为总数___万股股份和___万元现金，流通股股东获得的这部分股份对价没有锁定期。

（4）对非流通股股东持有的获得流通权的股份设定了交易的限制条件。所有非流通股股东承诺其所持有的获得流通权的股份在获得流通权后的第一个 12 个月内不得上市交易和转让，在前述承诺期满后通过交易所出售的股份在 12 个月内不超过＿＿万股，在 24 个月内不超过＿＿万股。

＿＿＿＿有限公司财务部
＿＿＿年＿＿＿月＿＿＿日

八、买卖赊账合同

（一）定义

买卖赊账合同是指对某个企业与企业之间货物交易后，关于回款的协议。

（二）写作格式

买卖赊账合同的写作格式如表 4-8 所示。

表 4-8 买卖赊账合同写作格式

项目	基本要求
标题	一般为《××企业买卖赊账合同》
正文	正文应具备如下内容： （1）交易物品名称 （2）双方权利与义务
落款	一般为双方的签字与署名、盖章、时间

【范本 4-9】

买卖赊账合同

出卖人：＿＿＿＿＿＿（简称甲方）

承买人：＿＿＿＿＿＿（简称乙方）

兹为××货物欠款买卖，经双方协商，缔结契约如下：

第一条 甲方愿将___货___件卖与乙方，约定___年___月___日交付完毕。

第二条 货价议定每件人民币____元整（或以交货日交货地的市价为标准）。

第三条 乙方应自交货日起___日内支付货款给甲方，不得有拖延短欠等情形。

第四条 甲方如果不能如期交货，或仅能交付一部分时，应于___日前通知乙方延缓交货日期。乙方如果不同意，可解除买卖契约。但须在接到通知日起___日内答复，逾期即视为承认延期。

第五条 甲方如果不能如期交货又未按照前条约定通知乙方时，乙方可限定甲方___日内交货，甲方如果逾期仍不交货时，乙方可解除契约。

第六条 如因天灾地变，或其他不可抗力原因，致使甲方不能按期交货或一部分货品未能交清的，可延缓至不能交货原因消除后___日内交付。

第七条 乙方付款之期以甲方交货之期为准。

第八条 乙方超过付款日期不付款的，甲方可限定乙方___日内付款，并自约定交款日期起，至交款日止，按___折算迟延付款利息。

第九条 甲方所交付的货品，如有不合格、品质恶劣、数量短少的，甲方应负责更换或补充，或者冲减相应的货款。

第十条 乙方发现货品有瑕疵时，应立即通知甲方并限期要求履行前条的义务，如果甲方不履行义务时，乙方除可以解除契约外，还可要求损害赔偿，甲方不得有异议。

本契约一式两份，甲、乙双方各执一份为凭。

出卖人（甲方）：　　　　　　承买人（乙方）：
地址：　　　　　　　　　　　地址：
___年___月___日　　　　　　___年___月___日

九、专项资金借款合同

（一）定义

专项资金借款合同是指企业向银行借款时签订的合同。

（二）写作格式

专项资金借款合同的写作格式如表 4-9 所示。

表 4-9 专项资金借款合同写作格式

项目	基本要求
标题	一般为《××企业专项资金借款合同》
正文	正文应具备如下内容： （1）借款目的 （2）借款数额 （3）借款时间 （4）利息 （5）还款数额
落款	一般为双方的签字与署名、盖章、时间

【范本 4-10】

专项资金借款合同

贷款方：_____   借款方：_____

地址：_____   地址：_____

邮政编码：_____   邮政编码：_____

电话：_____   电话：_____

法定代表人：_____   法定代表人：_____

职务：_____   职务：_____

双方根据《中华人民共和国合同法》的规定，经平等协商签订此合同。

第一条 根据____（项目计划批准机关及文号）批准借款方（项目名称及主要内容）___项目，总投资___万元，其中自筹___万元，其他___万元，向贷款单位申请（贷款种类）___贷款___万元。

第二条 贷款方根据借款方以下借款用途同意贷款____万元。贷款期限：自___年___月___日至___年___月___日。贷款方按照各项贷款办法规定的利率档次、计算时间，向借款方计收利息。

借款用途：购置设备___台（大）___万元___土建 平方米___万元；其他___万元。

第三条 贷款方保证在核准的贷款额度内，根据贷款合同约定的期限，及时供应资金。如因本身责任，不能按时提供贷款，应按违约数额和延迟天数付给借款方违约金。违约金由贷款方按本项贷款利率档次加付___%。

第四条 借款方保证按照如下期限归还本金：___年___月___万元、___年___月___万元、___年___月___万元、___年___月___万元、___年___月___万元、___年___月___万元。

第五条 借款方还本付息的资金来源，双方同意按有关规定用下列资金还款：

（1）贷款项目投产后新增加的所得税前的利润___万元。

（2）贷款项目投产后新增加的税金___万元。

（3）自有资金（包括更新改造资金、新产品试制费和生产发展基金）___万元。

（4）新增固定资产折旧___万元。

（5）贷款项目交主管部门的费用___万元。

（6）其他资金___万元。

第六条 贷款方有权监督借款方按照批准的项目实施计划、设计方案和合同规定使用借款，未经贷款方同意，借款方不得随意变更项目内容和借款用途；否则贷款方有权收回或停止借款，并对挪用的贷款部分加收利息___%。

第七条 如借款方不能按期归还借款，由保证人或担保单位承担偿还本息的责任。

第八条 本合同经借款方、贷款方、保证方签章后生效。第九条 本合同正本三份，具有同等法律效力。

借款方（单位）：_____ （公章）法定代表人：_____

贷款方（单位）：_____ （公章）法定代表人：_____

保证人（单位）：_____ （公章）法定代表人：_____

签订日期：___年___月___日

第五章 成本控制类文书

成本控制是企业利润的一个增长点，成本控制通常是由企业的其他部门来负责实施，而财务部门负责监督的一项工作事务。涉及这方面的文本主要是财务部给企业的成本建议书与成本报告类文书。

一、成本管理建议书

（一）定义

成本管理建议书是企业财务部门根据企业成本分析结果，对企业成本构成提出一些改革建议的文书。

（二）写作格式

成本管理建议书的写作格式如表 5-1 所示。

表 5-1 成本管理建议书写作格式

项目	基本要求
标题	一般在第一行中间写上"建议书"字样。有的建议书还写上建议的内容
开头	建议书要求注明受文单位的名称或个人的姓名，要在标题下隔两行顶格写，后加冒号
正文	正文应具备如下内容： （1）阐明提出建议的原因、理由以及自己的目的、想法。这样往往可以使受文单位或个人从实际出发，考虑建议的合理性，为采纳建议打下基础 （2）建议的具体内容。一般建议的内容要分条列出，这样比较醒目。建议要具体明确、切实可行 （3）提出自己希望被采纳的想法，但同时也应谨慎虚心，不说过激的话，不用命令的语气

续表

项目	基本要求
结尾	结尾一般是表达敬意或祝愿的话
落款	落款要署上提建议的单位或个人的名称，并署上成文日期

【范本 5-1】

关于加强日常成本管理的几点建议

总经理：

　　我公司生产的 ×× 产品，近几年由于成本高，市场竞争能力已相对减弱，经与____、____等地同类、同规格商品在价格上进行比较，公司生产的产品价格都高于____和____。对此，我们认为首先应从加强公司日常成本管理入手，逐步扭转成本过高的局面。现结合本厂实际，提出以下几点建议：

　　第一，应建立健全生产耗用材料目录，尤其是对材料库存数量和金额应制定出最高库存限额标准。目前，公司积压材料较多。据查，总额已达____万元，其中仅油漆一项，按生产耗用可使用____年之久，因而严重影响了企业资金的周转。这表明，没有材料库存最高限额而给企业带来的经济损失是严重的。

　　第二，对现有的生产材料耗用定额应定期进行修订，以杜绝材料耗用上的损失浪费。现阶段所用的材料耗用定额偏高，仅铜料一项耗费量就十分惊人，现有定额每件产品耗铜料____千克，经我们实地测验，每件产品实际耗用铜料为____千克。若在责任心强的工人手中，其耗费还可下降，实耗仅为____千克。若按每月产量____件计算，每月可节约铜料____千克，节约金额可达____万元。由于材料消耗定额偏高，操作中不注意铜材的节约，大料加工成小的，损失浪费很大。有的用铜料加工各种民用品，也有个别人将节余的铜料窃为己有。故我们建议材料消耗定额应尽早修订，使之合理化，既不浪费，又可满足产品用料要求。对材料消耗定额超定额部分应实行限额议价处理，以加强有关生产岗位的责任感。

第三，建议实行成本标准控制。这种控制可从两方面进行：一是劳动定额标准，即制定劳动作业时间标准，以及单位时间的产量；二是成本预算标准，凡是订有岗位责任的场所，均应按业务量，制定出相应的费用支出预算，在执行中如有超过预算的，要单独办理追加预算的报批手续。

第四，建议实行制度上的控制。根据有关法规和财务会计制度，并结合我厂的经营情况，制定出有关成本控制的制度。诸如"物资出入门制度""材料节约奖励办法""物资出入库制度"和"计件超额奖励办法"等制度。这些制度的建立，在成本控制、保证标准成本的执行上都可起到积极作用。

第五，建议实行反馈控制。在成本控制过程中，应强调反馈责任，建立反馈制度。各有关部门应定期向厂部报送"成本计划执行情况报告""材料消耗定额执行情况报告"等，以考核各岗位业绩，评议奖罚。

第六，加强产品质量检测工作，消除废品的产生，将废品率降至＿＿＿以内，直至无废品。

第七，在健全和完善厂内银行内部资金管理核算的基础上，进一步完善厂内"购料"制度，实行一手钱、一手货、钱货两清的核算制度，以杜绝材料消耗上的损失浪费。

以上建议妥否，请审定。

＿＿＿＿有限公司财务部
＿＿＿＿年＿＿＿月＿＿＿日

二、财产清查制度

（一）定义

财产清查是会计核算的专门方法之一，是会计核算方法体系的一个有机组成部分。财产清查制度是对实物、现金的实地盘点和对银行存款、往来账款的核对、各项财产物资和往来账款的实有数是否相等等方面作出的具体规定。

（二）写作格式

财产清查制度的写作格式如表 5-2 所示。

表 5-2 财产清查制度写作格式

项目	基本要求
标题	由制定单位、工作内容、文种 3 部分组成。有的制度标题中不写制定单位，而将它写在末尾
正文	这是制度的主体部分。条文前可加一小段引言，简要、概括地说明制定这项制度的原因、依据、目的等情况。接着逐条表述各项内容。一个单位内部的制度也可以不写引文，直接写条款。条文写完后还要写明此项制度从什么时候起执行
落款	一般为制定单位、公布日期

【范本 5-2】

财产清查制度

第一章 总 则

第一条 为提高××有限公司的经营管理水平，保证各类财产的安全与完整，确保账实相符、会计资料真实可靠，根据《中华人民共和国会计法》及相关制度的规定，结合本单位实际情况，制定本制度。

第二条 本制度适用于××有限公司。

第三条 各单位财产清查坚持统一领导、归口管理的原则，由公司财务处牵头，其他部门配合。

公司负责人为财产清查工作的负责人，有关处室（单位）按照各自担负的职能进行分工，领导、监督本系统和本部门的财产清查工作。

第二章 财产清查的组织程序

第四条 公司在进行财产清查时，应根据财产清查的需要成立相应的财产清查机构，指定财产清查人员。财产清查必须有公司主要负责人、各职能部门负责人参加。

第五条 公司应在财产清查工作开始前，制定财产清查方案，经公司负责人批准后实施。财产清查方案一般包括：财产清查的目的、方法、步骤、人员及要求等。

第五条 为保证财产清查工作的顺利进行，公司内部与财产清查有关的财会、实物保管等部门要在实施财产清查前做好各项准备工作。

第六条 对在财产清查工作中发现的问题，财产清查机构或财产清查人员要查明原因、及时处理；无权处理的，应立即向公司负责人报告。

第七条 通过清查、核实，要查明财产物资的实存数量与账面数量是否一致、各项结算款项的拖欠情况及其原因、材料物资的实际储备情况、各项投资是否达到预期目的、固定资产的使用情况及其完好程度等。在清查、核实后，财产清查机构或财产清查人员要出具清查报告，将清查、核实的结果及其处理办法向上级报告。

第三章 财产清查范围

第八条 财产清查范围如下：

1. 流动资产

（1）存货类：原料、燃料、辅助材料、产成品、自制半成品、备品备件、仪器仪表、低值易耗品、委托加工材料。

（2）往来账项：包括应收账款、预付账款、其他应收款、应付账款、预收账款、其他应付款等。

2. 固定资产

包括房屋及建筑物、机器设备、运输设备、工具器具、电子设备及其他，以及在建工程、工程物资等。

3. 无形资产

包括专利权、著作权、商标权、商誉权、非专利权、土地使用权。

4. 长期投资

包括长期股权投资、长期债权投资等。

第四章 财产清查时间

第九条 财产清查时间如下：

财产清查采用定期清查和不定期清查两种方法：

（1）定期清查以每年11月30日（存货类以12月31日零点）为时点；

（2）不定期清查根据公司安排或各部门需要可随时进行。

第五章 财产清查归口

第十条 财产清查归口部门：

1. 物资供应部门：原材料、燃料、边角料、辅助材料、低值易耗品、包装物、备品备件、不构成固定资产的小型机电产品、在低值易耗品中核算的大宗件等。

2. 生产部门：自制半成品。

3. 销售部门：产成品。

4. 工程管理部门：在建工程、工程物资。

5. 设备管理部门：固定资产。

6. 技术管理部门：无形资产。

7. 财务部门、销售部门、物资供应部门：共同负责应收账款、预付账款、其他应收款、应付账款、预收账款、其他应付款等。

8. 财务部门：长期投资、货币资金、应收票据、应付票据、长期应付款、专项应付款等。

第六章 财产清查的方法

第十一条 财产清查要实事求是，如实填报。属核算不规范的，要在清查之前进行账务调整。

第十二条 财产清查的方法，可采用实地盘点法和技术推算法。

1. 实物财产的清查：物资管理人员首先对各项财产逐项盘点，进行账、物、卡三方核对，分细类汇总，然后与财务账面核对，尤其要对未达账项认真核对、调整，经财务部门确认后盖章。对盘盈、盘亏、积压、需报废的财产，要分析原因，列出明细单独上报。属于人为因素造成的不良资产要追究当事人责任，并附处理意见。

2. 货币资金的清查包括现金、银行存款和其他货币资金的清查。

现金清查要通过实际盘点法确定库存现金的实存数，并与现金日记账的金额相核对；

银行存款的清查要把银行对账单和银行存款日记账相核对，查明经过未达账项的调节后是否相符。

其他货币资金的清查可参照银行存款的清查方法，与银行进行核对。

3. 往来款项的清查：要与对方单位核对账目的方法进行清查。

清查时，要按明细填报，同时标明发生时间。已确定无法收回的应收账款、预付账款、其他应收款，要写明原因。经法律部门确认的坏账，要附上法律文书复印件或破产、关闭等有关说明。有关单位清欠或抵账回收的各类资产，能办理入库进账的，必须在11月30日之前办妥；不具备办理入库条件的，要填报物资清单，注明交货单位、原欠款金额、拟抵账金额等事项。

4. 长期投资的清查：主要包括被投资单位的资金去向、经营状况和盈利水平等。

第七章 财产清查结果的处理

第十三条 财产盈亏、报废处理方法：

对于盘盈、盘亏、毁损及报废的各类财产，须编制清查盈、亏、毁损报告表，并及时查明原因，写出文字专题分析，并根据管理权限，经公司总经理、董事会批准后，在期末结账前处理完毕。

审批权限规定如下：

1. 一次性处理流动资产账面价值在10万元以下，公司总经理行使审批权；一次性处理流动资产账面价值在10万元以上20万元以下，公司经理行使审核权，并报××上级部门总经理和财务部长审批联签；一次性处理流动资产账面价值在 20 万元以上，××上级部门总经理和财务部长行使审核权，并报××上级部门董事会审批通过。

2. 一次性处理固定资产账面价值在 50 万元以下，公司经理行使审批权；一次性处理固定资产账面价值在 50 万元以上 100 万元以下，公司经理行使审核权，并报××上级部门总经理审批联签；一次性处理固定资产账面价值在 100 万元以上××上级部门总经理行使审核权，并报××上级部门董事会审批通过。

3. 在期末结账前尚未经批准的，在对外提供财务会计报告时应按上述规定进行处理，并在会计报表附注中作以说明；如果其后批准处理的金额与已处理的金额不一致，要按其差额调整会计报表相关项目的年初数。

4. 流动资产盘盈、盘亏的处理：

（1）原材料库、成品库、辅料库、备件库盘盈、盘亏、毁损和报废扣除过失人或保险公司赔偿和残料价值后，计入管理费用。

（2）物资盘盈、盘亏，属于内部计量误差形成的，调整生产成本或制造费用，属于管理不善形成的，调整管理费用。

（3）非正常损失部分，扣除过失人或保险公司赔偿后计入营业外支出。

5. 固定资产盘盈、盘亏的处理。

（1）盘盈的固定资产，需填报固定资产盘盈报告，说明盘盈原因以及资产的重置价值和预计可使用的年限等，估算累计折旧和净值，将原值计入"固定资产"科目、已提折旧计入"累计折旧"科目，净值计入"待处理财产损溢"科目，待上报批准后，由"待处理财产损溢"转入"营业外收入"科目。

（2）固定资产的盘亏，要查出盘亏原因和责任并填报固定资产盘亏报告，根据公司的管理权限，经董事会、××上级部门总经理、本公司总经理批准后，在期末结账前处理完毕。

（3）公司财务处要按照××上级部门规定的时间和要求将清查结果上报，并写出书面分析报告，针对查出问题，制定出相应的改进措施。

第十四条 相关责任人员的处理：

> 由于人为原因给单位造成损失的,由有关部门视情节轻重对相关责任人给予通报批评、经济处罚、调离岗位、解除劳动合同等处分;给单位造成重大损失,构成犯罪的,移交司法部门依法追究其刑事责任。
>
> **第八章 附 则**
>
> 第十五条 本制度由××公司财务处负责解释、修订。
>
> 第十六条 本制度自发布之日起执行。

三、成本分析报告

(一)定义

成本分析报告是企业为获取成本优势,寻求改善成本的有效途径而对企业内部成本发生的相关环节进行分析总结的文书。

(二)写作格式

成本分析报告写作格式如表 5-3 所示。

表 5-3 成本分析报告写作格式

项目	基本要求
标题	一般为《××企业财务成本分析报告》
首行	一般顶格写企业董事会
正文	正文应具备如下内容: (1)融资成本 (2)研发成本 (3)制造成本 (4)存货成本 (5)营销成本 (6)管理成本 (7)财务成本 (8)税收成本 (9)服务成本
落款	一般为制定单位、公布日期

【范本5-3】

成本分析报告

_____董事会：

　　我公司根据集团加强成本控制的统一部署，采取各种措施强化内部管理，增收节支。半年来，通过增产增收措施，在提高劳动生产率、加速资金周转、增加盈利方面取得了较好效果。根据我公司的具体情况，现对生产、利润、成本三方面的经济活动进行初步分析。

　　一、经济指标完成概况

　　1.工业总产值：完成____万元，为年计划的____%，比上年同期增长____%。

　　2.产品产量：甲产品完成____套，为年计划的____%，比上年同期增产____%；乙产品完成____根，为年计划的____%，比上年同期增产____%；丙产品完成____件，为年计划的____%，比上年同期增产____%；丁产品完成____副，为年计划的____%，比上年同期增长____%。

　　3.员工劳动生产率：为____元/人，比去年同期提高____%。

　　4.产品销售收入：实现____万元，占工业总产值的____%，比上年同期上升____%。

　　5.利润。

　　（1）实现利润总额____万元，为年计划的____%，比上年同期增长____%。

　　（2）应交利税____万元，为年计划的____%，其中应缴所得税____万元（已按期缴纳）；资金占用费____万美元，已全部按期缴纳。应交上半年利润____万元，已全部按期缴纳。

　　（3）企业留利　万元，比上年全年实际所得增长____%，其中，分配上年超收尾数____万元。

　　6.成本：全部商品总成本____万元，比上年同期上升____%；百元产值成本____元，比上年同期上升____%。

7.资金：定额流动资金周转天数____天，比计划加速____%，比上年同期加速____%。百元产值占用金额流动资金____元,比上年同期下降____%。定额流动资金平均占用金额____万元，比上年同期下降____万元。

在以上各项指标中，工业总产值、利润、资金周转已分别超过了历史最高水平。

二、生产任务完成情况分析

从产品结构变化看（见下表）：

产品结构对比表

产品名称	本年～月占比	上年同期占比	本年比上年
甲			
乙			
丙			
丁			
其他			

从增产比重看（见下表）：

产品增产情况

产品名称	本年比上年增产（万美元）	占增产百分比
甲		
乙		
丙		
丁		
合计		

从完成供货合同来看，乙、丙产品均在____%以上，而甲仅完成____%。以上数值表明，我公司上半年紧抓乙产品和丙产品的增产，效果较好，

成绩显著。这两种产品产值的增长占全部增产的____%。甲产品虽然亦有增产，但幅度不大，同年计划相比还未过半。在结构上，它在全厂产值中的比例由去年____%下降到今年的____%，同时由于不能严格执行供货合同，拖期交货情况较为突出，从而影响了经济效益的全面提高。因此，如何组织好甲产品生产，按时保质完成供货合同，不断满足市场需要，成为下半年摆在我公司面前最为紧迫的任务。

三、利润指标分析

1. 产品销售利润因素分析（见下表）

产品销售利润因素分析表

影响因素	本年 ~ 月实际	上年同期实际	本年比上年	影响利润总额
销售收入（元）				
销售成本率				
销售现金率				
销售利润率				

2. 其他销售利润及营业外支出因素分析（见下表）

其他利润及营业支出因素分析表

单位：元

影响因素	本年 ~ 月实际	上年同期实际	影响利润
其他销售利润			
营业外支出			
合计			

以上数据表明：今年我公司产品销售利润与上年相比是下降的。主要原因是销售税率的上升，上半年我公司由于税率上升____%，多缴税____元，减利____元。同时销售成本率上升____%，减利____元。但是，上半年我

公司大抓了产品销售工作，同上年相比，增加销售收入____元，收入增加使利润实现额上升____元，增减因素相抵后，净增利润____元。因此，今年利润总额上升的主要因素是销售收入的增长。同时要看到，虽然我公司今年增产和销售上升幅度较大，但是产品销售成本并没有下降，经济效益并没有提高，这就应进一步从产品成本上分析原因。

四、成本分析

1. 从百元产值成本指标对比分析说明公司成本升降原因（见下表）

产品成本分析

单位：元

项目	本年 ~ 月实际	上年同期实际	本期比上年
商品产值			
全部产品总成本			
百元产值成本			
其中：材料			
工资			
费用			

增产、提高劳动生产率使百元产值中的工资成本相对下降。其中，工资相对下降____%，费用下降____%。突出的因素是材料成本上升____%，从而抵消了工资、费用的下降，净升____%。

2. 按产品类别分析单位产品平均材料成本（见下表）

单位产品平均材料成本

主要产品名称	单位	本年实际	上年实际	本年比上年
甲	元/套			
乙	元/根			
丙	元/件			

> 从上表看出，每一种产品的原材料上升幅度都较大。其中甲产品每单位量上升____元，乙产品每根上升____元，丙产品每件上升____元，按总产量计算，材料总成本共上升____元。
>
> ____有限公司财务部
> ____年____月____日

四、成本预测管理制度

（一）定义

成本预测管理制度是批企业在进行成本预测时，用以规范预测工作的书面文本。

（二）写作格式

成本预测管理制度的写作格式如表5-4所示。

表5-4 成本预测管理制度写作格式

项目	基本要求
标题	一般为《××企业成本预测管理制度》
正文	正文应具备如下内容： （1）成本预测的程序 （2）成本预测的内容
落款	一般为书写单位与公布时间

【范本5-4】

> **成本预测管理制度**
>
> **第一章 成本预测内涵**
>
> 第一条 为规范企业成本预测管理工作，合理控制企业成本费用，提

高企业盈利能力和市场竞争力，保证企业可持续发展，特制定成本预测管理制度。

第二条 所谓预测，是根据反映客观事物的资料信息，运用科学的方法来预计和推测客观事物发展的必然趋势和可能性。成本预测是指运用一定的科学方法，对未来成本水平及其变化趋势作出科学的估计。通过成本预测，可以掌握未来的成本水平及其变动趋势，有助于减少决策的盲目性，使经营管理者易于选择最优方案，作出正确决策。

第三条 本制度适用于公司内部所有部门和单位，包括子公司和关联企业。

第四条 成本预测的特征。

（1）任何情况的成本预测都涉及未来，并直接涉及时间。必须对时间上某一特定的点做出分析，改变这个时间点往往会影响成本预测的性质。

（2）成本预测中存在着不确定性。必须收集各种资料作为成本预测的依据，从而做出判断。

（3）各种成本预测都在不同程度上依靠了历史资料中所包含的信息，即在大多数情况下，成本预测是直接或间接地以历史资料的信息为依据进行预计和推测的。

第二章 成本预测的意义

第五条 成本预测是成本管理的重要环节。成本管理包括成本预测、成本决策、成本计划、成本控制、成本核算、成本分析、成本考核等几个环节。成本预测和成本决策是不可分割的，预测是为决策服务的，它是决策的前提。

第六条 通过预测，提供一定条件下生产经营各方面未来可能实现的数据；而决策则以预测的数据为基础，通过分析比较权衡利弊得失，从中选取最优方案。

第七条 在成本预测、成本决策的基础上，成本计划、成本控制、成本核算、成本分析和成本考核就有了依据。

第三章 成本预测的程序

第八条 确定预测目标。

（1）预测要有明确的目标，才能对工作起到推动作用。

（2）成本预测的目标取决于企业对未来的生产经营活动的总目标。

（3）成本预测目标确定以后，便可明确成本预测的具体内容。

第九条 收集预测资料。

成本指标是一项综合性的指标，涉及企业的生产技术、生产组织和经营管理各个方面，在进行成本预测之前，必须尽可能全面地拥有相关资料，并应注意去粗取精、去伪存真。

第十条 建立预测模型。

在进行预测时，必须对已收集到的有关资料，运用一定的科学方法进行科学的加工整理，建立科学的预测模型，借以揭示有关变量之间的规律性联系。

第十一条 评价与修正预测值。

以历史资料为基础建立的预测模型可能与未来的实际状况有一定的偏差，且数量的方法本身就有一定的假定性。因此还必须运用一定科学的方法对预测结果进行综合的分析判断，对存在的偏差应及时予以修正。

第四章 成本预测工作具体要求

第十二条 成本费用预测的基本要求。

（1）预测时间：预测时间为一年，每一季度进行修订。

（2）预测范围：预测范围包括所有成本费用，如生产成本、销售费用、管理费用和研发费用等。

（3）预测方法：采用多种方法进行预测，如历史数据分析、市场调研和专家咨询等。

（4）预测精度：预测精度要求高，预测误差率不得超过5%。

第十三条 成本费用预测的组织和实施。

（1）成本费用预测的组织：由财务部门牵头，各部门和单位提供相关数据和意见，形成成本费用预测报告，由公司领导审批。

（2）成本费用预测的实施：各部门和单位要按照预测结果制订具体的预算计划和控制措施，确保成本费用控制在预算范围内。

第十四条 成本费用预测的监督与评估。

（1）监督责任：由财务部门对成本费用预测的实施情况进行监督，并向公司领导和各部门汇报。

（2）评估方法：采用多种评估方法，如成本费用控制指标、预算执行情况等，对成本费用预测的准确性和实施效果进行评估。

（3）评估结果：评估结果作为公司领导和各部门优化管理和决策的依据，提高成本费用预测的准确性和实施效果。

_____有限公司财务部

_____年_____月_____日

五、商品销售成本核算制度

（一）定义

商品销售成本核算制度是指企业在进行商品核算时，用以规范商品核算工作的书面文本。

（二）写作格式

商品销售成本核算制度的写作格式如表5-5所示。

表5-5 商品销售成本核算制度写作格式

项目	基本要求
标题	一般为《××公司商品销售成本核算制度》

续表

项目	基本要求
正文	正文应具备如下内容： （1）商品销售成本核算方法 （2）商品销售成本核算内容 （3）商品销售成本核算程序
落款	一般为书写单位与公布时间

【范本 5-5】

商品销售成本核算制度

第一条 零售企业商品成本的核算。

1. 零售企业商品购销活动的主要特点。

（1）商品品种和规格繁多，库存数量不大，销售数量零星，金额较小，购销活动频繁，购销关系不稳定。

（2）根据上述特点和经营管理的要求，零售企业除鲜活商品外，一般宜采用售价金额核算法。

2. 售价金额核算法的主要内容。

（1）建立实物负责制。零售企业采用售价金额核算法，库存商品明细账只记金额，不记数量，因此不利于商品实物的管理。为了避免这一缺陷，需要按照经营期保管商品的品种类别，划分若干不同的营业柜组，对其所经营的商品的数量、质量负责。

（2）库存商品按售价金额入账。库存商品总账按照售价金额登记，按售价金额总括反映商品的增减变化及其结果。库存商品明细账按营业柜组设置，并用售价金额控制。

（3）设置"商品进销差价"账户。

①"商品进销差价"账户，是"库存商品"账户的调整账户，用来核算含税的售价与不含税的进价之间的差额。

②该账户贷方登记购入、加工收回以及销售退回等增加的库存商品售价大于进价之间的差额,借方登记已销商品应分配的进销差价。贷方余额为结存商品售价大于进价的差额。

③该账户明细账的设置应与库存商品明细账的设置一致,按营业柜组设置并进行明细核算。

(4)加强实地盘点制度。每月应对库存商品进行盘点,将各营业柜组所经营的各种商品盘存数量分别乘以各商品售价的积数总和与账面核对相符,以考核营业柜组岗位责任制执行情况并加强对库存商品实物的管理。

(5)建立健全各业务环节手续制度,明确经济责任,加强管理。

第二条 零售企业商品采购成本的核算。

(1)企业购入商品时,根据增值税专用发票上列示的价款,借记"商品采购"账户;根据专用发票上注明的增值税额,借记"应交税费——应交增值税(进项税额)"账户;根据应付或实付的金额,贷记"应付账款""应付票据""银行存款"等账户。

(2)待商品验收入库时,由各营业柜组根据供货单位的发货单所列品种、规格、数量和单价进行验收,填制"收货单"。收货单中不仅应填列商品品种、规格、数量和进价,还应填列商品的售价以及进销差价,以便对商品的售价和进销差价分别核算。

(3)商品验收入库后,根据收货单,按商品的售价借记"库存商品"账户,按商品的进价贷记"商品采购"账户,按商品售价大于进价的差额贷记"商品进销差价"账户。

第三条 零售企业商品销售成本的核算。

(1)采用售价金额核算法的零售企业,在商品销售后按售价借记"商品销售成本"账户,贷记"库存商品"账户。为了简化核算工作,平时不随商品的销售随时计算和结转已销商品进销差价,购进商品的进销差价平时在"商品进销差价"账户中归集。

（2）"商品销售成本"账户，平时反映不出已销商品进价成本，因而平时账面上也就反映不出销售商的盈利情况。为了正确反映商品销售成果以及期末结存商品的实际成本，每月月末需将全部商品进销差价在已销商品和结存商品之间分配，将已销商品应分配的进销差价月末一次转入"商品销售成本"账户的贷方。

（3）"商品销售成本"账户按售价反映的借方发生额减去其贷方反映的应分配进销差价，就得出按进价反映的商品销售成本。已销商品应分配的进销差价即是销售商品实现的毛利。

第四条 批发企业商品成本的核算。

1. 库存商品按售价进行核算。

（1）商品购进以后能及时确定其售价，以便及时按售价入账。

（2）同一种商品在同一时间的售价要统一。

（3）商品售价要比较稳定，不能经常变动，以便提供有关的可比信息。批发企业一般不具备这些条件，因此批发企业库存商品采用进价核算。

2. 按进价进行库存商品核算。

（1）商品验收入库后，根据收货单等有关凭证及时登记入库数量和进价金额。

（2）销售商品时，根据发货单等有关凭证及时登记销售数量，已销商品的进价金额采用适当方法计算并登记，并随时结出结存数量。

（3）库存商品采用数量进价金额核算时，"库存商品"账户的借贷方及其余额均按进价金额反映。

（4）商品验收入库后，按其进价金额借记该账户，商品销售时，按其进价金额贷记该账户，该科目期末余额，表示期末结存商品进价金额。

第五条 批发企业商品采购成本核算。

（1）商业企业在采购商品过程中除了商品的进价，还要发生与商品采购有关的进货费用。为了便于计算已销商品的毛利，进货费用不计入购进商品采购成本，而是作为期间费用直接列入当期损益。

（2）按规定可以作为进项税额抵扣的增值税，不包括在采购成本中。

（3）商业企业应该设置"商品采购"账户，核算购入商品的采购成本。

（4）企业为了供应和销售给外单位而购入的各种商品，不论是否通过本企业仓库储存，凡是通过本企业结算货款的，都应当在该账户核算商品采购成本。

（5）企业购入商品时，根据增值税专用发票上列示的价款，借记"商品采购"账户；根据专用发票上注明的增值税额，借记"应交税费——应交增值税（进项税额）"账户；根据应付或实付的金额，贷记"应付账款""应付票据""银行存款"等账户。

（6）待商品验收入库时，按进价借记"库存商品"账户，贷记"商品采购"账户。该账户如有期末余额在借方，表示企业在途商品的采购成本。该账户应按供货单位、商品类别等设置明细账进行明细核算。

第六条 批发企业商品销售成本核算。

（1）商品销售成本是指已销商品的进价成本。

（2）商品销售成本可供选择的计算方法主要有先进先出进价法、后进先出进价法、加权平均进价法、移动加权平均进价法、个别进价法和毛利率法等六种方法。

（3）企业应根据自身的实际分析采用销售成本的计算方法，但方法一经确定，为了保证会计信息可比，不能随意变更。

____有限公司财务部
____年____月____日

六、成本计划编制制度

（一）定义

成本计划编制制度是指企业在进行成本计划编制时，用以规范成本计划编制工作的书面文本。

(二)写作格式

成本计划编制制度的写作格式如表 5-6 所示。

表 5-6 成本计划编制制度写作格式

项目	基本要求
标题	一般为《××企业成本计划编制制度》
正文	正文应具备如下内容： （1）成本计划的实施 （2）成本计划的作用 （3）成本计划的编制程序 （4）成本计划的费用计划
落款	一般为书写单位与公布时间

【范本 5-6】

成本计划编制制度

第一章 成本计划的实施

第一条 主要商品产品单位成本计划。

根据本企业所生产的主要产品的目录，每种产品编制一张成本计划表，分别按照成本项目确定计划期内每种产品的单位成品。它反映计划期内各种商品产品的成本水平。

第二条 全部商品产品成本计划。

全部商品产品成本计划又分为按产品和成本项目汇总编制的两种商品产品成本计划。

（1）按照产品编制的成本计划，反映各种产品的总成本以及可比产品成本比上年的降低状况。

（2）按照成本项目编制的成本计划，反映全部商品产品总成本和可比产品成本降低状况。

第三条 期间费用预算。

期间费用预算是企业在计划年度内对不计入产品成本的期间费用进行总额控制的标准，包括管理费用预算、财务费用预算和销售费用预算。

第二章 充分利用成本计划的作用

第四条 成本计划作为过程成本控制的依据。

只有编制出合理的、切实可行的成本计划，才能科学地落实到各职能部门，明确经济责任，才能作为日常生产费用支出的控制目标。

第五条 利用成本计划为编制企业财务计划提供资料。

（1）企业核定年度的财务支出，预计年度利润水平，都必须以成本的确切数值为基础。

（2）在翔实的成本计划基础上，才能准确地测算利润，编制利润计划，才能测算年度各项支出总额，编制年度财务收支计划。

第六条 利用成本计划为企业节约挖掘潜力。

正确编制成本计划，可以促使企业充分挖掘企业内部潜力，制订增产节约措施，使企业在正确目标下，合理使用人力、物力、财力。

第三章 成本计划的编制

编制成本计划是一项非常复杂的工作，必须在既定步骤之下进行充分准备才能顺利完成。

第七条 调查和成本有关的因素，为编制成本计划做资料准备。

编制成本计划必须在国家有关政策规定下，调查掌握如下几部分资料：

（1）上期实际成本核算资料和成本分析资料。

（2）先进合理的技术经济定额。

（3）厂内有关计划价格目录。

（4）生产计划、销售计划、工资计划、折旧计划等相关计划。

第八条 进行初步目标成本的试算统计

（1）在上述准备工作的基础之上，根据企业内部有关部门和员工提出的各项措施，测算可比产品成本的降低程度，拟定计划年度目标，并将目标分解到各职能部门再充实、反馈，努力达到先进水平。

（2）各职能部门依据分解后修订的目标，编制本部门、本车间的成本计划和费用预算。

第九条 综合编制企业全部成本计划

由企业财务部门对各车间、各部门的成本计划进行综合平衡，再正式编制整个企业的成本计划。

第四章 成本计划编制要求

按照企业规模和核算体制的不同，成本计划一般有分级和集中两种编制方法。

第十条 分级编制适用于规模较大、分级核算体制的企业采用。

第十一条 集中编制适用于规模较小、一般核算体制的企业使用。

第五章 编制辅助生产车间成本计划

辅助生产车间是为基本生产车间提供产品和劳务的车间，辅助生产车间的费用最终要分配到基本生产车间和管理部门，构成基本生产车间产品成本和管理费用的一部分。

第十二条 编制辅助生产车间费用预算

辅助生产车间的材料、燃料等能够确定消耗定额的费用，应按计划期计划提供劳务总量和消耗定额确定。

（1）不能够确定开支标准的费用，与产量没有直接关系的费用等，根据上年的资料，加以调整确定。

（2）对于折旧、工资等其他计划已确定的费用，根据其他计划确定其数额。

第十三条 辅助生产车间费用的分配。

辅助生产车间费用的分配以各部门的受益大小为原则，采用直接分配法、交互分配法、计划成本分配法等向受益部门分配。

第六章 编制基本生产车间费用计划

基本生产车间的费用计划由直接费用计划和制造费用预算两部分构成。

第十四条 基本生产车间直接费用计划基本生产车间的直接费用由直接材料、燃料动力、直接人工费三部分构成。它们的计划费用应该按照单位产品的消耗定额、工时定额以及计划价格和计划小时工资率来确定。

第十五条 编制制造费用预算。

生产车间的制造费用预算，应该按照规定的项目确定计划期内车间为组织和管理生产所发生的各项费用。

____有限公司财务部

____年____月____日

七、材料费用控制管理办法

（一）定义

材料费用控制管理办法是指企业在进行材料费用控制时，用以规范这一工作的书面文本。

（二）写作格式

材料费用控制管理办法的写作格式如表 5-7 所示。

表 5-7 材料费用控制管理办法写作格式

项目	基本要求
标题	一般为《××企业材料费用控制管理办法》
正文	正文应具备如下内容： （1）材料费用控制方法

续表

项目	基本要求
正文	（2）材料费用控制内容 （3）材料费用控制程序
落款	一般为书写单位与公布时间

【范本5-7】

材料费用控制管理办法

第一章 严格控制材料消耗数量

第一条 改进产品设计，采用先进工艺

（1）产品设计是否合理，不仅关系到产品质量的好坏，也关系到生产过程中材料消耗数量的多少。

（2）产品设计合理，在同等质量条件下，可以在产品全部寿命周期内长期地节约原材料消耗，这是减少材料消耗数量最有效的途径。

（3）生产工艺是指为生产产品而制定的加工操作方法，它对原材料消耗量也有很大的影响。

第二条 制定材料消耗定额，实行限额发料制度。消耗定额是指在一定的生产技术条件下，生产单位产品或零件需要耗费的材料数量。它既是确定材料费用计划指标的基础，又是对材料消耗进行日常控制的主要依据。

第三条 控制运输和储存过程中的材料损耗

财务部门应配合有关部门制定途耗定额，并严格执行材料验收制度，以查明损耗和短缺数量。对仓库储存过程中的材料损耗，一般采用下列方法加以控制：

（1）制定仓库损耗定额并据以进行控制。

（2）严格执行仓库保管制度和盘点制度，根据材料的不同性质，采用适当的方法合理装卸，科学堆放，妥善保管，防止丢失、毁损、变质等不合理的损耗。

（3）在日常材料的收发过程中，计量和计算要力求精确，减少误差。

（4）回收废旧材料，搞好综合利用。

第二章 努力降低材料采购成本

第四条 严格控制材料购买价格。

材料购买价格是材料采购成本的主要组成部分。严格控制材料买价，特别是在市场发育还不够完善、价格不尽合理的情况下，更有重要意义。控制的方法主要有：

（1）采购比例控制。根据实际情况确定不同价格材料的采购比例，即规定按调拨价格的采购量和按市场价格的采购量各占一定的比例，按此比例加以控制。

（2）平均采购价格控制。对一些质量差价比较突出的原材料，应当根据优质优价、低质低价的原则，在确保原材料必要质量的前提下，定出一个适当的不同等级的采购比例，进而确定材料的平均采购价格。

（3）预测采购价格控制。对那些价格比较稳定的原材料，以上年度最后一个季度的实际采购价格作为计划年度的采购价格，或者在此基础上，结合计划年度新的情况作出必要调整，形成预测采购价格，并据此进行控制。

第五条 加强材料采购费用管理。

（1）材料采购费用，包括应由购货部门负担的运输费用、装卸费用、定额范围内的途中损耗和入库前的整理挑选费用等。

（2）财务部门除协助供应部门做好有关工作外，还应要求供应部门编制采购费用预算，以控制某些经常性采购费用，并定期进行检查和考核。

第六条 合理采用新材料和廉价代用材料，既有利于发展新产品、新技术，又有利于材料的节约使用。

_____有限公司财务部
____年____月____日

八、综合费用控制管理办法

（一）定义

综合费用控制管理办法是指企业在进行综合费用控制时，用以规范这一工作的书面文本。

（二）写作格式

综合费用控制管理办法的写作格式如表 5-8 所示。

表 5-8 综合费用控制管理办法写作格式

项目	基本要求
标题	一般为《××企业综合费用控制管理办法》
正文	正文应具备如下内容： （1）综合费用控制方法 （2）综合费用控制内容 （3）综合费用控制程序
落款	一般为书写单位与公布时间

【范本 5-8】

综合费用控制管理办法

第一章 销售、管理费用控制

第一条 广告、宣传费用控制。

（1）广告形式能否满足整体的认知与说服的战略，以何种形式做广告，各种形式应占的比例，以及是做企业广告还是做商品广告，都应该服从于企业广告策略的需要，并要做出精确的预算，以利于提供费用控制依据。

（2）要以强硬的态度拒绝做惯例广告及其他应酬性广告。

（3）要有测定广告效果的手段。如果没有测定广告效果的手段，只知道使用广告费，是不可能促进企业销售额的增加。

（4）广告经费预算要充分讨论，重点支持有效果的广告支出。杜绝没有价值的、毫无意义的广告。

第二条 接待交际费控制。

接待交际费一般有接待费、庆典费及赠答费等。

（1）制定基本预算和开支标准。

（2）按一定的额度控制。

（3）讲究合适的形式和实际的效果。

第三条 差旅费、交通费控制。

（1）要减少出差，严禁无正当理由出差，乱报出差费用。

（2）严禁奢侈旅行和游山玩水。

（3）不准住豪华旅馆和出入娱乐场所。

（4）尽可能利用最便宜的交通工具，不论职务高低不自带公车。

第四条 通信费用控制。

通信费用控制的重点是电话费用控制，尤其是对移动电话费的控制。任何企业均要采取强硬的态度节约电话费用。

第五条 汽车费用控制。

要控制汽车费用，汽车费用包括购置费、燃料费、修理费、保险费、养路费、年检费、停车费以及驾驶员工资、补助等。

第六条 运送费用控制。

运送费用主要是指仓库的保管费与出入库费用，或打包材料费、装卸费及运费等。

（1）要对运送费用进行控制，应考虑用自家车运输还是用运输公司的车辆运输，要认真地进行成本比较。

（2）对于装卸来说，要设法减少劳动时间与劳动强度，要认真地对打包和发送进行工作研究。

（3）对于保管来说，要认真地拟定出入库计划，尽可能做到减少库存时间与仓库费用。

第七条 事务用消耗品费用控制。

随着办公现代化的发展，事务用消耗品费用也越来越大，加强对现代化办公用具的管理及压缩这方面的开支显得十分必要。如加强复印机、电脑的管理。同时，对事务用消耗品，尽可能由中央集中管理。

第八条 水电费控制。

企业应采取积极的措施，节约每一度电、每一吨水。

第九条 会议费控制。

尽可能减少可开可不开的会议，尽可能缩短会议时间，尽可能减少参加会议的人数，尽可能降低住宿、饮食标准，减少车辆、文件资料费用，不送礼品、不办招待等。

第十条 杂费控制。

（1）凡是不属于会计科目应列入的杂费，说明其开支不是十分必要的。

（2）如果是非开支不可的，应设置科目进行预算，使其开支制度化。

第二章 业务费用控制

第十一条 费用由业务人员自行负担采取纯佣金制的业务代表，其业务费用由其自行负担。

第十二条 逐项报销法。

逐项报销法是指允许业务人员就其所支用业务费用的逐项列举，不限额地予以报销。

第十三条 限额报销法。

（1）逐项限制法。该法是指对业务人员可能开支的所有费用，逐项制定一个最高限额。

（2）总额限制法。总额限制法规定在一定期间内，业务人员所报销的费用总额，不得超过某一限额，至于各项费用的额度则不予以硬性规定，以使业务人员具有适当的自主权。

_____有限公司财务部

_____年_____月_____日

第六章 税费管理类文书

税费管理是企业财务管理的一个重点。如何纳税、合理避税都是企业财务部必须掌握的原则，涉及企业税费管理一般都是税务策划类的文书。

一、税务、涉税会计顾问协议书

（一）定义

税务、涉税会计顾问协议书是企业为了做好税务筹划，特聘请外部税务师做企业的纳税顾问，税务、涉税会计顾问协议书即企业与外部税务师之间的一种劳务使用协议。

（二）写作格式

税务、涉税会计顾问协议书的写作格式如表6-1所示。

表6-1 税务、涉税会计顾问协议书写作格式

项目	基本要求
标题	一般为《××企业税务、涉税会计顾问协议书》
开头	合约双方的当事人
正文	正文应具备以下内容： （1）事由 （2）服务期限 （3）双方责任 （4）工作方式 （5）劳务支付 （6）违约责任
落款	一般为当事人双方的签字盖章以及签约时间

【范本 6-1】

涉税会计顾问协议书

委托人（甲方）：_____

受托人（乙方）：_____税务师事务所

兹有　（甲方）因经营管理的需要，特聘请_____税务师事务所（乙方）的中国注册税务师、会计师为本企业办理税务、涉税会计事务的常年顾问。经双方协商，达成如下协议：

一、服务期限

为期___年，自___年___月___日起至___年___月___日止。

二、工作范围

（1）现行税收法律、法规、规章咨询，最新税收政策释疑。

（2）办税实务指导、税收自查指导。

（3）协调税务关系、调解税务争议、开展税法许可范围内的纳税筹划。

（4）指导企业处理涉税会计事务，解答疑难问题。

三、双方责任

甲方的责任：

（1）及时向乙方提供履行顾问工作职责所需要的协议、合同、章程、文件、凭证等相关资料，并对所提供的有关业务资料的真实性、合法性负责。如果甲方提供的资料不真实、不合法、不完整，致使乙方提供错误的咨询意见，从而招致第三方追究时，应由甲方承担全部责任。

（2）为乙方委派人员的工作提供必要的条件及合作。

（3）按照本合同约定及时足额支付顾问费用。

乙方的责任：

（1）咨询顾问意见必须符合国家法律、法规及行政规章的有关规定。

（2）对履行顾问职责过程中所获得的相关信息负有保密义务，该保密义务不受本协议约定服务期限的限制而持续有效。

（3）在执行业务过程中应充分照顾到甲方的合法利益。

（4）对甲方提出的有关咨询问题负有及时解释的责任。

（5）按照本合同约定及时完成各项工作任务。

四、工作方式

（1）乙方每月保证____至____次定期到甲方所在地接受咨询；临时咨询事项双方另行约定时间。

（2）对甲方涉及与政府有关部门及其他社会中介机构的需要乙方出面办理的委托联系事项，根据甲方的授权及时办理。

（3）乙方在服务期间向甲方出具的书面资料，仅限于前述委托项目之用，不得另作他用，由于使用不当所造成的后果，乙方不承担任何责任。

五、服务费用

1.甲方同意按下述规定向乙方支付顾问服务费

（1）每年服务费总额：人民币____元。

（2）服务费每半年结算一次，每次结算金额____元。结算方式为：_____；结算时间为：首期收费为本协议签订生效后的次月，后期收费时间顺延6个月。

（3）如甲方无故终止履行协议已收的顾问费不退，如乙方无故终止协议已收的顾问费全部退还甲方。

（4）如因委托代理的事项遇到重大问题，致使乙方实际工作量有较大幅度增加，甲方应在了解实际情况后，与乙方协商酌情调增顾问费用。

2.其他相关费用

（1）乙方在与相关政府部门协调联系时，如需必要应酬的必须经甲方同意并由甲方主持，该项应酬费用由甲方承担。

（2）乙方到外埠为甲方办理业务所发生的必要的交通、住宿及饮食费用由甲方承担。

六、特别约定

（1）乙方受托帮助甲方向政府有关部门争取优惠政策的，根据委托项目的受益总金额的一定比例由甲方向乙方支付服务费，支付方法双方另行签订补充协议予以明确。

（2）_____。

七、违约责任

按照《中华人民共和国民法典》的规定承担违约责任。

八、未尽事宜另签补充协议

补充协议与本协议具有同等法律效力。本协议期满后，若双方无异议，本协议继续有效。

九、本协议一式两份，双方各执一份，自签字盖章后生效

甲方（公章）：_____ 乙方（公章）：_____
代表（签字）：_____ 代表（签字）：_____
签订日期：_____ 签订日期：_____

【范本6-2】

税务顾问服务协议

甲方：_____

乙方：_____

为了适应工作的需要，甲方聘请乙方税务顾问提供专业服务。根据《中华人民共和国合同法》的有关规定，经双方协商订立如下合同：

一、乙方指派专人为甲方提供税务专业服务。指派人员应取得国家注册会计师资格（或会计师职称或其他同等资格）、拥有相关从业经验，

以税务顾问的身份在本合同规定的工作范围内为甲方提供税务服务。如被派的税务顾问因故不能履行职务时，经甲方同意，可由乙方的其他税务顾问暂时代替职务。双方同意，税务顾问的全部职责在于运用一切可能的手段最大限度地维护客户的合法利益，工作贯彻"预防为主，补救为辅"的原则。同时，甲方有义务为税务顾问全面、客观、及时地提供有关情况，以便保持税务意见的客观性、准确性和完整性。

二、税务顾问受甲方委托办理下列税务事宜：

（1）为甲方提供相关的税收法规及信息，以使甲方及时了解国家有关政策，为甲方财务部门做好税收计划及税收核算工作提供帮助；提供税法及相关法律、法规、信息的咨询。

（2）协助甲方进行税收筹划，在不违反税收法律法规的前提下，对甲方经营、纳税情况进行分析，设计合理纳税方案，使其享受到应享受的税收优惠政策，降低税负，实现应纳税最小化。

（3）对企业财务人员进行税收基础知识、税收新政策、纳税程序、行业税收知识等方面的专业培训。

（4）双方商定的其他税务事宜。

三、税务顾问应享的权利：

（1）查阅与承办的税务事宜有关的甲方内部文件和资料；甲方应提供乙方要求的全部资料并保证资料的真实，合法，完整。如果因甲方提供资料不及时、不全面而给乙方工作造成重复，由此产生附加工作量，甲方有义务支付额外费用；如果甲方提供的资料不真实，造成偷税、欠税以及由此而受到处罚，由甲方负完全责任。

（2）了解甲方在企业税务和投资融资等业务方面的实际情况。

（3）列席甲方领导人的生产、经营、管理和对外活动中的有关会议。

（4）获得履行税务顾问职责所必需的办公、交通及其他工作条件和便利；履行税务顾问职责的差旅费和调查取证等必要费用由甲方负责实报实销。

四、税务顾问应尽的责任：

（1）应当及时承办委托办理的有关税务事宜，认真履行职责。

（2）应根据本合同规定和甲方委托授权的范围进行工作，不得超越委托代理权限。

（3）承诺不接受任何针对甲方的恶意业务委托，并将尽最大努力维护甲方的利益。

（4）接触、了解到的有关甲方生产、经营、管理和对外联系活动中的业务秘密，负有保守秘密的责任。

五、甲方认为乙方指派的税务顾问不能适应工作需要，可以要求乙方另行指派，乙方应予满足。

六、甲方遇有紧急税务事宜，可随时与税务顾问联系处理，并有责任向税务顾问详细真实地介绍有关情况，乙方应及时给予帮助和解决。

七、经双方协商，由甲方每年（月）向乙方支付顾问费人民币＿＿。支付方式为：＿＿。

八、甲方的重大税务事宜，如涉税刑事案件、民事争议、行政争议代理，出具"税务审计报告"，根据甲方企业情况制作"税务备忘录"等，如需委托税务顾问参与的，应办理委托手续，按照有关规定另行收费。

九、合同变更、中止和解除本合同内容经甲乙双方协商一致后可以进行修改、变更，以及中止和提前解除；当发生以下情况时合同可提前解除且合同双方均不承担责任：

（1）根据税务、法规、规章、行政命令规定和实施本合同无法继续履行的。

（2）由于订立本合同时所处的外部客观情况发生重大变化，合同无法继续履行的。

（3）由于战争、自然灾害和其他不可抗力而使合同无法继续履行的。

十、合同争议与解决合同。双方就合同内容发生争议时应本着相互谅解的原则协商解决，当无法协商一致时，指定由中国国际经济贸易仲裁委员会仲裁解决。

十一、本合同自签订之日起生效，从___年___月___日起，到___年___月___日止。

十二、本合同一式四份，甲乙双方各持两份，具有同等税务效力。本合同规定内容之未尽事宜依照中华人民共和国有关税务规定及行业惯例执行

甲方：_____　　　　　乙方：_____
代表人：_____　　　　　代表人：_____
地址：_____　　　　　地址：_____
日期：_____　　　　　日期：_____
签字地点：_____　　　　　签字地点：_____

二、注销税务登记申请书

（一）定义

税法规定，凡纳税人由于联营协议终止、改组、分设、合并等原因而宣告撤销，经营期满，改变经济性质，歇业破产和自行停止生产经营6个月以上、脱离原税务管辖区、被吊销营业执照的，应于有关部门批准或宣告废业之日起30日内，到主管税务机关申报注销登记，办理注销登记。注销税务登记申请书是办理注销登记时提交的申请书。

（二）写作格式

注销税务登记申请书的写作格式如表6-2所示。

表6-2　注销税务登记申请书写作格式

项目	基本要求
标题	有两种写法：一种是直接写"申请书"；另一种是在"申请书"前加上内容。一般采用第二种

续表

项目	基本要求
首行	顶格写明接收申请书的单位、组织或有关领导
正文	首先提出要求，其次说明理由。理由要写得客观、充分，事项要写得清楚、简洁。特别重要的是应写清注销登记的理由，如经营不善、经营期满、经营场所拆迁等，还要写清尚在办理中的纳税事宜和发票用存情况等
落款	一般为申请单位及申请时间

【范本 6-3】

注销税务登记申请书

＿＿＿＿＿＿税务局：

　　我公司＿＿＿＿＿＿有限公司，税务登记号：＿＿＿＿＿＿＿＿＿＿。由于＿＿＿＿＿＿＿＿＿＿，因此经股东会决议，决定注销该公司，望贵所给予批复！

＿＿＿＿有限公司

＿＿＿年＿＿＿月＿＿＿日

三、减税、免税申请书

（一）定义

减税是指从纳税人应征税额中减征部分税款，免税是指免征纳税人全部税款。减税、免税申请书是指需要办理减、免税业务的纳税义务人向有减、免税审批权的税务机关报送的有关减、免税事由的书面申请材料。

（二）写作格式

减税、免税申请书的写作格式如表 6-3 所示。

表 6-3 减税、免税申请书写作格式

项目	基本要求
标题	有两种写法：一种是直接写"申请书"；另一种是在"申请书"前加上内容。一般采用第二种
首行	顶格写明接收申请书的单位、组织或有关领导
正文	必须有充足的理由。减、免税申请书的理由有：政策性减免、社会减免、灾情减免、企业因经营困难申请减免等
落款	一般为申请单位及申请时间

【范本 6-4】

减免××税申请

××税务局：

  我单位（或我厂）于____成立，是××性质的单位，坐落在_____，主要经营_____，有职工____人。自成立以来，经营成果一直不好，某年亏损了____元，近年来由于_____原因，使我单位的产品严重滞销，截至____时候产品的销量只有去年同期的____，职工已经长时间没有开过工资，经营十分困难，为使我单位早日渡过难关，恢复生产，特向贵局提出申请，免除____税金。

申请单位：_____有限公司
____年____月____日

四、发票领取协议

（一）定义

  发票领取协议是指某企业在另外一家企业领取发票而签订的协议，协议规定领取单位不得违法开具发票。

（二）写作格式

发票领取协议的写作格式如表6-4所示。

表6-4 发票领取协议写作格式

项目	基本要求
标题	一般为《××企业发票领取协议》
首行	首行书写协议双方
正文	正文必须明确双方的义务与权利
落款	一般为协议双方盖章、签字并且标上日期

【范本6-5】

发票领取协议

甲方：_____　　乙方：_____

为了方便乙方核对数字，双方通过友好协商，就先取得"____专用发票的发票联"（以下简称"发票"）后付款的事项，达成以下协议：

第一条 为了确保甲方开具给乙方的发票不被人冒领，乙方每次领取甲方的发票时，均须出具领取发票函并附有签名式样。领取发票函均要盖乙方的公章，每张函自签发之日起三天内有效。

第二条 乙方须在每月五日前至甲方签领发票，不得以未签领发票为由延迟或拒绝向甲方付款。

第三条 甲方提供发票的汇总表要以通知单格式为准。

第四条 乙方所指定人在领取发票时，应核对所领取的发票与通知单是否一致；若无异议，将在登记表上登记相关项目。

第五条 乙方承担自乙方指定人在登记表签字领取发票后遗失的一切责任。乙方不得以遗失发票为由而拒绝向甲方付款。

第六条 乙方应自乙方指定人在登记表签字后三天通过银行转账将相关费用如数地支付给甲方。

第七条 乙方自乙方指定人在登记表签字后对发票有异议须在两天内提出；否则，甲方将按发票汇总表上所记录的金额进行结算。若发生异议，将对无异议部分的发票进行先付款，然后才对有异议部分的发票协商解决。

第八条 乙方只有在结清上一次领取发票的款项后，才能领取新的发票。

第九条 如果乙方不按本合同的操作规程领取发票，甲方有权随时终止此协议而不负任何法律责任。

第十条 本协议书为《费用结算协议》的必需附件，具有同等的法律效力。

第十一条 未尽事宜，双方可共同协商解决。本协议是费用结算协议的附件，其效力一样。

第十二条 本协议一式二份，双方签字盖章后生效，双方各执一份。

甲方（盖章）：_____ 乙方（盖章）：_____
法定代表人（签字）：_____ 法定代表人（签字）：_____
___年___月___日 ___年___月___日
签订地点：_____ 签订地点：_____

五、纳税审查制度

（一）定义

纳税审查制度是指企业为保障税务合规性而建立的自我监督机制，旨在通过系统性的内部流程或委托第三方机构，对涉税事项（如纳税申报、税款计算、税收优惠适用等）进行全面核查，确保企业依法履行纳税义务并防范税务风险。

（二）写作格式

纳税审查制度的写作格式如表6-5所示。

表 6-5 纳税审查制度写作格式

项目	基本要求
标题	一般为《××企业纳税审查制度》
正文	正文应具备如下内容： （1）纳税审查目的 （2）纳税审查范围 （3）纳税审查程序 （4）纳税审查的考核
结尾	一般为书写单位与公布时间

【范本 6-6】

纳税审查制度

纳税审查的基本程序指将整体的审查工作，从时间上划分为不同的阶段。在明确了各阶段应做工作的基础上，确定各阶段工作在实施中的先后顺序和起讫标志，以使整个审查工作有序进行的一系列活动过程。审查分为审查的准备阶段、审查业务的实施阶段和审查工作的结束阶段。各阶段都有其具体的内容和表现方式。但在实际业务中，纳税审查又有着简单业务与大型复杂业务之分。因此，其程序也会随之而有区别。

一、简单纳税审查业务的程序和内容

简单纳税审查业务是指税收工作的征管人员对纳税单位纳税申报的核实，税收稽查人员或其他方面人员对小型企业年度、季度所得税及其他税种缴纳情况的审查。这类工作一般进行频繁，内容单一，方法也比较固定。因此，这类审查往往在企业的会计资料整理完毕，作出了与审查单位有关经济业务的基本处理后发生，如税收征管部门的审查是在申报纳税提交之后，税收稽查和其他方面人员对所得税等的审查又在年度会计报表编出之后，这类审查的实施过程常采用顺查的方法进行。其工作的基本目标就是对被查单位所做的账务处理的认定和否定。

二、统一纳税审查的程序和内容

这里的统一纳税审查特指在一定范围内有着统一时间、目的以及同一经济内容的审查。这类业务的很大一部分是由法律、法规、制度规定的，是国家对企业单位进行控制的有力手段。例如，每年一次的财务、税收大检查时的企业纳税审查和对某一行业、某一有较严重问题地区企业进行的统一纳税审查等。这样的工作有着很强的原则性，需要认真对待。

按纳税审查的过程分为审查前的准备阶段、审查工作实施阶段和审查结束阶段三个步骤，并分别阐述其内容。

1. 审查工作开始前的工作

这一阶段以接到审查任务后，到进入审查前为时间界限，以了解被查单位各方面的情况，定出审查方案为中心内容。具体要做的工作有：

（1）组织查账人员学习各种政策、法规、制度及有关的各种文件，提高查账人员的素质。学习资料包括税法、其他财政法规、财务会计制度、当前宏观经济中普遍存在的各种不良倾向，需要查找的焦点问题，以及与这些问题相关的账务处理。其目的是力求在较短的时间内较快地提高审查人员的政治、业务素质。

（2）收集有关资料，了解被查单位的情况。收集资料是指将被查单位近期的财务报表与企业纳税相关的会计资料进行仔细的审阅、分析，以找出查账的线索；也包括对被查单位历史资料的收集，如以往年度财税检查的定案书、审计结论、经济效益状况、财经法纪的执行情况等；还包括了解审查单位会计核算的组织状况，如记账程序、成本核算方法、内部控制制度等的基本状况。这样，能使审查人员对应查事项有一定的认识，摸准企业的脉搏。

（3）制订审查方案，按人、按时间落实审查任务。进行此项工作时常先确定是否让企业单位先进行自查，若需自查，要定出自查的时间、自查的内容及自查报告的形式。这一步骤的核心内容是将审查任务按内容分配给各审查人员，并规定出完成任务的时间。例如，财税大检查时要明确专门审查销售税金的人员，专门审查成本、利润和所得税的人员，年终审计时要指定专人负责税收情况的审计，并取得充分、足够的证据以证明企业纳税的情况等。

2. 审查工作开始后的工作

这一阶段以进入被查单位至查清基本问题为止作为时间界限，以确实弄清被查单位存在的问题（或不存在问题），并得出初步结论为中心内容。要做的工作有：

（1）掌握被查单位的具体情况。其包括听取被查单位的领导、财会人员对纳税情况的介绍（或听取自查汇报），对被查单位各种会计资料进行审阅，听取各方面的反映等。

（2）核对、复算各种会计资料。对一些账表衔接的资料要进行认真的核对；而对一些重要的、以发生额为基本内容的购入、销售以及成本和费用等数额要进行复算。在这一步骤中，要做好审查记录，清楚列示每一项需要进一步核实问题的账页号码、凭证编号、经办人员等，为落实问题打好基础。

（3）检查各种凭证，调查发现的问题，得出基本结论。通过账簿检查确定线索后，还必须从最初的会计资料、凭证入手，才能最后确定问题；对确定出的问题有时又必须通过调查当事人、函证与该事项有关的外企业，才能最后落实问题。

也有的事项在会计资料中难以发现，如加大成本、隐瞒收入等，对此类事件，应在听取群众的反映，或查出某些迹象后，进行对当事人的调查、询证。这些都是作出审查结论前所必不可少的工作环节。

3. 审查工作结束前的工作

这一阶段以核实问题至作出审查结论为时间界限，以确定查出问题的性质并形成系统的书面材料为中心内容。具体应包括下列的内容：

（1）反复核实查出的各种问题，以税收法规、管理制度为依据予以定性。这是因为，一方面，审查工作是由各组分头进行的，这就要求在工作结束前进行汇总、对比分析并确定出实际的数据；另一方面，纷乱的经济事项一定要以法规、制度为准绳，才能进行准确的判别。只有做好这两个方面的工作，才能对查出的问题作出恰当的结论。

（2）与被查单位交换意见，为解决问题奠定良好的基础。与被查单位交换意见是审查结束前的一项重要工作。做好这项工作，能使被查单位心悦诚服，吸取教训，体现出审查工作所具有的宏观制度化管理的作用。这就需要被查企业对查出问题的数据进行再核实，对问题的性质有所认识，并写出对审查结果的书面认定材料。

（3）撰写审查报告，结束审查工作。这是审查工作的最后一环，也是对审查工作的全面总结。报告的内容要包括被查单位的基本情况和审查的基本过程、被查单位存在的问题、对问题处理的建议等。审查报告一般还应附有被查单位对审查结果认定的书面材料，以及对性质严重的偷税、漏税、逃税等问题的交代材料和必要证据。

整理好书面材料，上报下达审查任务的部门和有关企业后（也包括被查企业），审查工作即告结束。

_____有限公司财务部
_____年_____月_____日

六、增值税审查制度

（一）定义

增值税审查制度是指企业为保障增值税的税务合规性而建立的自我监督机制，旨在通过系统化的内部流程或委托第三方机构，对增值税涉税事项进行全面核查，确保企业依法履行纳税义务并防范税务风险的审查制度。

（二）写作格式

增值税审查制度的写作格式如表6-6所示。

表 6-6 增值税审查制度写作格式

项目	基本要求
标题	一般为《××企业增值税审查制度》
正文	正文应具备如下内容： （1）纳税审查目的 （2）纳税审查范围 （3）纳税审查程序 （4）纳税审查的内容
落款	一般为书写单位与公布时间

【范本 6-7】

增值税审查制度

一、增值税的审查

增值税审查是对销售和进口应税货物和提供应税劳务的企业的纳税情况所进行的审查。

增值税查账的内容包括：

（1）审查应税货物和应税劳务所取得的销售收入的计算是否正确，有无弄虚作假等违法行为。

（2）审查按专用发票计税的应税货物和劳务，其扣除项目和扣除金额是否符合规定；按专用发票计税货物和劳务，其扣除项目和扣除税款是否计算正确，有无虚报、多报等现象。

（3）审查应税货物及劳务的适用税率是否正确。有无故意降低税率等现象。

（4）审查进口应税货物的计税价格的计算内容是否符合增值税条例的规定，应缴纳的增值税是否已由海关代征，有无漏报和少报的情况。

（5）审查减税、免税货物是否符合增值税的减免税规定范围，有无越权免税的情况。

（6）审查是否遵守纳税纪律，上缴税金是否及时足额，有无拖欠和偷漏税款等行为。

二、应税销售额的审查程序

（一）审查销售的内部控制制度

为了有效地对销售进行审查，应首先对其内部控制制度进行审查。以了解企业在销售方面存在的问题和取得的成绩，从而对销售业务作出初步评价，这有利于深入审查销售业务。

（二）收集有关销售业务审查所需的资料

收集有关销售业务资料，对其进行对比分析，能够保证查账工作的顺利进行。

（三）编制销售业务分析表

抽查分析表中的若干内容，以检验分析表的正确程度，并根据分析表中所反映的问题，决定查账的重点和突破点。

（四）实施常规审查

收集到有关资料的基础上，可对有关会计凭证、账簿、报表的合规性和合法性进行审查，为深入地进行销售业务审查打好基础。

（五）对销售业务的各环节进行审查

对销售部门、仓库、财会部门、门卫等销售业务执行环节中存在的问题或者有疑问的地方，进行重点审查。

三、应税销售额审查的具体内容

（一）销售计划完成情况的审查

销售计划完成情况的审查主要应以下列内容为重点：

（1）审查产品销售明细账中各种主要产品的实际销售额与销售计划中销售指标是否一致。

（2）审查按产品归类的销货发票的销售数量与产品销售明细账中各该产品的销售量是否相等。

（二）对销售业务合规性、合法性的审查

销售计划审查后，还应对企业销售业务的合规性、合法性进行审查。其主要审查内容为：

（1）审查产品销售是否遵守国家规定的价格政策，有无私自提价或以降低产品质量，或以改变产品名称等手段搞变相涨价的情况。

（2）审查企业是否用不正当手段推销不对路、不适销、质量差、无竞争力的产品，有无以馈赠纪念品、支付佣金、给予回扣等手段拉拢购买单位及其采购人员的情况。

（3）审查企业是否用本单位生产的紧俏产品搞不正当交易，有无向购买单位索取回扣、佣金、补助费及收受贿赂的情况。

（4）对于需要削价出售的产品，对于试用、试穿、试看需要作价处理的新产品，应审查是否按规定程序报经主管部门批准，有无自行作价处理，或馈赠、行贿等情况。

（5）审查企业有否以搞职工福利为名私分产品等违法活动，即把国家计划产品或正品作为副品，削价售给员工或专为员工制造某些生活用品，象征性地收取少量货款的情况。

（6）审查企业是否将正品按副品、次品低价出售给"关系户"，注意有无从中收取"好处费"的情况。同时，还要查清低价售出产品而减少的销售收入数及偷漏的税金数。

（7）审查企业是否将本企业计划内产品转给企业所属"三产"销售，并以低价结算，以减少企业销售收入。

（8）对企业附设的销售部，应审查销售收入是否及时解缴入账，有无贪污、盗窃、挪用现金等情况。

（三）对产品销售收入账务处理的审查

1. 产品销售收入入账时间的审查

（1）对于采用托收承付结算方式销售产品的企业，应审查尚未收到货款的发出商品是否已作为销售处理，有无作为销售入账。

（2）对于采用赊销、分期收款结算方式销售产品的企业，应审查收到的货款已经达到相当于一个计量单位的价款，或按合同规定分期付款期限已到，是否作为销售处理，有无未入销售账而漏记销售收入的情况。

（3）对于采用非托收承付结算方式销售产品的企业，应审查产品已经发出，是否已作为销售处理，有无不作销售入账，漏记销售收入的，或者对尚未收到的货款没有通过应收账款处理的情况。

（4）对于销售退回，在查明退货属实，退货已验收入库，退款已付给对方的情况下，应审查产品退库和退款是否及时入账，是否及时作当期销售收入的减项处理，有无经办人从中进行贪污的情况。

2. 产品销售收入入账错误的审查

（1）审查是否有意将产品销售业务借记货币资金科目，或者应收款项科目，贷记产成品科目，或者生产费用账户，而不通过产品销售收入账户，从而达到偷漏税款或其他非法目的。

（2）审查是否为了偷漏税金，购销双方相互串通，以物易物，互相不开发货票，都不通过销售收入账户入账，从而漏记产品销售收入。

（3）审查是否将本企业产品用于职工福利，是否用于调拨到本企业办的"三产"，以达到避税、减税的目的。

（4）审查在建工程使用本企业产品是否通过销售收入入账，有无直接冲减产成品账户，从而漏记产品销售收入。

（5）审查是否将自产、委托加工或购买的货物作为投资，提供给其他单位或个体经营者，而不通过销售收入入账。

（6）审查将自产、委托加工或购买的货物无偿赠送他人，是否不视为销售，不增加企业销售收入。

（7）审查自销计划外产品是否隐含了销售收入，将一部分收入不通过销售收入账户核算，而直接转入其他有关账户，从而少计了销售收入。

（8）审查委托代销产品的销售收入，是否已记入销售收入账户、有无直接冲减代销商品账户，从而漏记产品销售收入。

（9）审查是否为了虚报完成销售计划和利润计划，而在决算时通过销售收入账户和应收款项账户等虚增销售收入。

四、销售成本的审查

（一）对产品销售成本计算口径的审查

审查工业企业结转产品销售成本的品种、批别、数量，应与计算产品销售收入的品种、批别、数量相一致。

（二）对产品销售成本结转的审查

（1）审查企业产品销售成本结算的方法前后各期是否一致，有无经常变动计算方法，从而影响产品销售成本的结转。

（2）审查结算产品销售成本数额是否正确、真实，有无多转或少转产品销售成本的情况。

（3）企业以前月份发出的商品，在本月中回笼作为销售收入时，应审查是否在产品销售收入实现时，已结转了销售成本。

（4）企业销货退回时，在退回商品入库后，是否在减少收入的同时，减少了销售成本。

五、对销项税额的审查

（一）销售额审查的目的

（1）通过对销售额的审查，能够正确计算出销售收入，有利于及时反映销售计划的执行情况，促使企业全面完成产品销售计划。

（2）能够查明企业是否及时办理货款结算，有利于加速资金周转，保证企业再生产资金的需要。

（3）能够发现企业销售内部控制的强弱和完善程度，有利于健全销售内部控制制度的建立和完善，防止销售错弊的发生。

（4）有利于扩大销售规模，发展企业生产。

（二）销售额审查的资料来源

审查这个过程的主要资料来源有：产品销售合同、产品出库凭证、银行对账单、发出商品登记簿、托收承付等结算凭证、现金日记账、银行存款日记账、销售明细账、产成品明细账、发出商品明细账、其他往来明细账以及其他有关账户等。

（三）对销售内部监控的审查

（1）建立合同控制。要同购买单位签订销售合同，按合同规定组织生产，按合同规定的交货期、质量、规格、数量向购买单位供货。

（2）健全销售业务分管控制。

六、对进项税额抵扣的审查

（1）审查被审单位是否按国家规定的范围进行扣除，有无任意扩大扣除范围、增加扣除项目的情况。

（2）审查原材料扣除项目是否符合规定的条件。审查时，着重检查有无将不属于扣除范围的原材料列入扣除项目的情况。

（3）对燃料扣除额的审查，着重审查扣除额是否正确，有无将非生产应税产品所用燃料计入进项税额予以扣除的情况。

（4）审查是否按照规定取得并保存增值税扣除凭证，增值税凭证上是否按照规定注明增值税额及其他有关事项，其进项税额也从销项税额中抵扣。

（5）审查是否将购进固定资产的进项税额在销项税额中抵扣。

（6）审查是否将用于非应税项目的购进货物或者应税劳务的进项税额在销项税额中予以抵扣。

（7）审查被审单位是否将用于免税项目的购进货物或应税劳务的进项税额从销项税额中抵扣。

（8）审查被审单位是否将非正常损失的购进货物的进项税额从销售税额中扣除。

（9）审查被审单位是否将用于集体福利、基建工程和个人消费的购进货物或应税劳务的进项税额从销项税额中抵扣。

（10）审查被审单位是否将非正常损失的在产品、产成品所耗用的购进货物或者应税劳务的进项税额从销项税额中扣除。

（11）审查被审单位是一般纳税人还是小规模纳税人。

_____有限公司财务部

_____年_____月_____日

七、消费税审查制度

（一）定义

消费税审查制度是指企业为保障消费税的税务合规性而建立的自我监督机制，旨在通过系统化的内部流程或委托第三方机构，对消费税涉税事项进行全面核查，确保企业依法履行纳税义务并防范税务风险。

（二）写作格式

消费税审查制度的写作格式如表6-7所示。

表6-7 消费税审查制度写作格式

项目	基本要求
标题	一般为《××企业消费税审查制度》
正文	正文应具备如下内容： （1）消费税审查目的 （2）消费税审查范围 （3）消费税审查程序 （4）消费税审查的考核
落款	一般为书写单位与公布时间

【范本6-8】

消费税审查制度

第一条 审查被查单位的消费税税率是否依税法规定，有无从低纳税。

第二条 审查纳税人是否将自产应税消费品转移到生活福利费等方面，长期欠税。

第三条 审查被查单位是否将计税依据仅仅包含收入，而不包含其收取的价外费用，这是新税法规定计税依据的一个变化点。

第四条 审查纳税人进口消费品应纳的消费税是否于报关进口时纳税，有无拖后欠缴行为。

第五条 审查纳税人的出口消费品折让、退回时，是否在对内销售时补交消费税。

第六条 审查纳税人销售消费品价格是否偏低而无正当理由，或者是否无固定定价。

第七条 审查纳税人是否有减免税的行为。根据税法规定消费税除出口应税消费品外，一律不得减免税。

第八条 审查纳税人是否有意改变或掩饰应税消费品的档次、规格，以达到漏税目的。

_____有限公司财务部
_____年_____月_____日

八、所得税审查制度

（一）定义

所得税审查制度是指企业为保障所得税的税务合规性而建立的自我监督机制，旨在通过系统化的内部流程或委托第三方机构，对所得税涉税事项进行全面核查，确保企业依法履行纳税义务并防范税务风险。

（二）写作格式

所得税审查制度的写作格式如表 6–8 所示。

表 6–8 所得税审查制度写作格式

项目	基本要求
标题	一般为《××企业所得税审查制度》
正文	正文应具备如下内容： （1）所得税审查目的 （2）所得税审查范围 （3）所得税审查程序 （4）所得税审查的考核
落款	一般为书写单位与公布时间

【范本 6-9】

所得税审查制度

第一条　对应纳税所得额的审查。

审查应纳税所得额是否根据实现利润减去按税法规定中允许扣除的不纳所得税项目的金额的正确计算，有无截留、挪用、虚列成本、瞒报收入等违法行为，具体应从以下几个方面进行审核：

（一）审查成本费用的开支是否符合税法及财经法规规定。

1. 审查有无以定额成本、估算成本来代替实际成本或将产品成本差异全部计入销售成本的情况。

2. 审查有无虚增期末结存产品成本，少计本期产品销售成本的情况。审查方法是：查核销售明细账、产成品明细账、审查期末结存产品成本、本期产品销售成本计算是否正确；审查产品销售利润明细表和商品产品成本表，其单位成本计算是否正确。

3. 结合审查产品库存数量、单位成本，审查是否有由于多转销售成本造成金额盘亏，或是由于漏转或少转销售成本造成金额盘亏情况。

4. 审查销售成本与销售收入的计算口径是否一致。

企业计算销售成本的产品品种、规格、数量与计算销售收入的产品品种、规格、数量必须一致。其审查方法是：核对应收账款、应收票据及结算凭证、销货明细账、产成品明细账，如有不符，应予追查。

5. 审查构成销售成本的其他费用。

审查固定资产的折旧费，应重点审查被审单位有无将购建固定资产所发生的运输费、安装费、利息支出、汇兑损益等支出列入生产费用；审查有无将固定资产按低值易耗品入账，从而直接列入生产费用；有无将自营工程项目发生的人工费用、材料费用列入生产成本；有无任意变更固定资产折旧计提方法；有无将不应计提折旧的固定资产提取了折旧费用等。

（二）审查销售费用的开支是否合理。

1. 审查入账的销售费用是否符合成本开支范围的规定。

应审查是否将不属于销售费用的支出列入销售费用；有无将代购代买单位垫付的运输费、装卸费、包装费等列入销售费用；有无将业务招待费中超支部分列入销售费用。

2. 审查销售费用的分配是否合理、正确。

在销售过程中，对于数额较大，不应一次计入成本费用的销售费用，应审查是否通过待摊费用进行合理分配。

（三）审查销售收入是否真实，有无隐瞒收入的行为。

（四）审查财务成果的真实性、合法性。

第二条 对税率的审查审查税率的选用是否适当，计算是否有擅自降低税率、缩小税款的行为。

第三条 审查被审查单位遵守纳税纪律的情况。

（一）审查纳税人是否在规定的时间内缴纳和结清所得税。

（二）审查纳税人是否有偷漏欠税的行为等。

（三）审查纳税人是否在当地主管税务机关缴纳所得税。

（四）审查纳税人是否将与有关联企业之间的业务往来，不按照独立企业之间的业务往来收取价款、费用，而减少其应纳税所得额。

（五）审查纳税人依法进行企业清算时，其清算终了后的清算所得，是否按规定缴纳了企业所得税。

（六）审查纳税人对实行税收优惠地区的企业投资联营分得的利润，是否应按规定的税率补缴所得税。

第四条　审查所得税减免是否符合税法规定。

第五条　对个人应纳税所得额的审查。

应纳税所得额的大小，直接关系到缴纳个人所得税的多少，应纳税所得额计算的准确与否，是个人所得税审查的重点。因此，对个人应纳税所得额的审查应从以下几个方面进行：

（一）审查纳税人所得是否来源于中国境内的所得。

（二）审查个人所得税的征税对象是否符合税法规定，有无漏税行为。

（三）审查应纳税所得额计算是否准确，有无任意采用扣除法，少计应纳税所得额，以达到偷税漏税的目的。

第六条　对税率的审查。

审查纳税人在中国境内所得是否按税法规定的税率，有无隐瞒所得的性质，以低税率缴纳个人所得税的现象；有无任意扩大减征范围的行为。

第七条　对遵守纳税纪律情况的审查。

（一）审查支付单位代为扣缴是否及时、足额，有无少扣、欠交或迟交的现象。

（二）审查自行申报缴纳的时间是否及时。

按税法规定的个人所得税的纳税期限：境内收入实行按月征收，境外收入按年征收。

（三）审查个人所得税纳税人是否在税法规定的纳税地点缴纳所得税，有无利用两处以上的收入地点，以达到欠税、漏税的目的。

第八条 对减免个人所得税的审查。

审查是否为照顾纳税人在某些特殊情况下所规定的减免税，具体审查如下：

（一）审查是否为省、部、军以上单位，以及国外组织、国际组织颁发的奖金。

（二）审查是否为储蓄存款的利息、国债和国家发行的金融债券的利息收入。

（三）审查是否为军人的转业费、复员费所得。

（四）审查是否为按照国家统一规定发给干部、职工的安家费、退职费，退、离休工资，离休生活补助所得。

（五）审查是否为按照国务院统一规定发给的补贴、津贴所得。

（六）审查是否为福利费、抚恤金、救济金所得。

（七）审查是否为保险赔款所得。

（八）审查是否为中国政府参加的国际公约、签订的协议中规定免税所得。

（九）审查是否为根据国家规定应予免税的各国驻华机构的外交人员所得。

（十）审查是否为经国务院财政部批准的所得。

（十一）审查是否为因严重自然灾害造成重大损失的纳税人所得。

（十二）审查是否为残疾、孤老人员和烈属所得。

第九条 对外商投资企业和外国投资企业所得税审查的特点。

（一）所得税审查侧重于核实企业缴纳所得税的所得，而不仅是账面的盈余额。

（二）所得税审查应遵循以下依据：

1. 中国的税法、条例及其他有关法令。

2.《企业财务通则》《企业会计准则》和《企业会计制度》。

3. 企业董事会决议、章程及其财务会计制度、规定。

（三）必须编制出符合税法要求的企业年度会计报表。

（四）当企业结账后，再查出问题，企业账面不能调整时，应编制企业应纳税所得额的调整表。

第十条 对外商投资企业和外国投资企业所得税审查。

（一）审查应纳税所得额是否真实、准确。

1. 审查确定营业收入的真实性。

2. 审查营业成本、费用和损失列支量是否符合税法和有关法规。

（二）审查税率及减免税是否符合税法。

审查企业在华设有经营企业或经营机构场所取得的所得，税率是否为25%；审查在华虽设有企业或经营机构，但其所得与其经营企业或场所无关，或者在华未设经营企业或营业场所机构但来源于中国境内的所得，税率是否为20%。

1. 对降低税率缴纳企业所得税的审查。

（1）审查其企业的注册地是否同经营地相符。

（2）审查被审单位的生产经营项目是否与注册项目相符。

（3）审查被审单位的生产经营性质是否与降低税率条件相符。

2. 对定期减免缴纳所得税企业的审查。

（1）审查被审单位的经营性质是否与税法规定的优惠措施与企业相一致。

（2）审查被审单位享受定期减免税是否已过期。

（3）审查被审单位享受定期减免税所规定的提入资本的数额是否符合税法要求。

（4）审查被审单位享受定期减免税的税率是否符合税法规定。

（5）审查被审单位有无将应从开业时间算起的减免税期限，擅自改为自盈利年份算起。

3. 对实行再投资退税企业的审查。

（1）审查被审单位是否有外方投资者将其从企业分得的利润用于增加本企业注册资本，或者投资开办企业，且经营期不少于五年的。

（2）审查上述外方投资者是否将其所得，投资在中国境内新建、扩建出口企业或者技术先进企业。

（3）审查外方投资者是否将从本经济特区的企业所得的利润，直接再投资到本特区的基础设施项目和农业开发企业。

4. 对实行预提所得税的减免税企业的审查。

（1）审查被审单位享受预提所得税减免量是否符合税法规定。

（2）其适用范围是否符合税法。

（3）审查其减税的税率是否正确。

（4）审查其享受的时间是否符合要求等。

_____有限公司财务部

____年____月____日

第七章 会计出纳类文书

财务会计出纳是企业财务管理的一个分支，但也是财务管理的核心。涉及会计业务方面的文书比较多，常用的文书主要是会计出纳工作总结、会计出纳管理制度等。

一、会计人员工作交接书

（一）定义

会计人员工作交接书是用于财务人员实施工作交接时，清点交接物品的一种文书。

（二）写作格式

会计人员工作交接书的写作格式如表 7-1 所示。

表 7-1 会计人员工作交接书写作格式

项目	基本要求
标题	一般为《××企业会计人员工作交接书》
正文	正文应具备如下内容： （1）移交事项 （2）移交时间 （3）移交物品 （4）是否清点无误
落款	一般为移交人、接管人、监交人，公司印章与时间

【范本 7-1】

会计人员工作交接书

　　移交人×××因工作调动，经公司财务部决定，将其担任的存货核算会计岗位工作移交给×××接替。现按《会计人员工作规则》的规定，办理如下交接手续：

　　一、移交前业已受理的全部存货核算业务会计凭证，已由移交人填制完毕。

　　二、截至交接之日，凡应登记的账簿，业已登记完了，并在明细账最后一笔余额之处加盖了移交人印章，以示负责。

　　三、对尚未处理材料核算往来账，已开列出应付购货款明细表和包装物租金明细表，并写出长期挂账的情况说明。

　　四、对采购材料经济合同登记簿中已履行合同与未履行的合同，均按顺序逐笔交代清楚。采购合同的印花税，也已全部缴纳。

　　五、保管期内材料采购入库单和出库单的存根，已装订成册，编号为材字第＿＿册至第＿＿册，共＿＿册（按月份装订，保存期3年），经点收无误。

　　六、本月末各种材料明细账记载的库存数量、金额，经与总账、仓库保管账核对，都完全相符。

　　七、采购合同专用章一枚，经点交无误。

　　八、移交的账簿有：

　　（1）材料采购明细账本。

　　（2）应付购货款明细账本。

　　（3）应付包装物料押金明细账本。

　　（4）包装物明细账本。

　　（5）暂估入库明细账本。

　　（6）材料计划价格目录本。

　　九、移交人对会计核算程序、工作中应注意的问题、材料价格分析计算程序、公式和近期的一些优惠政策等，在移交过程中已向交替人做了详细介绍。

十、交接日期：＿＿＿年＿＿＿月＿＿＿日

十一、移交后，如发现原经营的会计业务中有违反财会制度和财经纪律等问题，仍由移交人负责。

十二、本交接书一式四份。移交人、接管人、监交人各执一份，送公司文档存档一份。

移交人：×××（签章）

接管人：×××（签章）

监交人：×××（签章）

总会计师：×××（签章）

＿＿＿有限公司财务部（公章）

＿＿＿年＿＿＿月＿＿＿日

【范本 7-2】

出纳工作交接书

移交人：＿＿＿＿＿＿＿＿＿＿

接交人：＿＿＿＿＿＿＿＿＿＿

监交人：＿＿＿＿＿＿＿＿＿＿

根据事业单位轮岗的要求，出纳＿＿＿调离财务科，其工作由＿＿＿接替。需书面交接的事项如下：

（一）货币资金移交

1.现金：＿＿＿年＿＿＿月＿＿＿日，现金日记账余额＿＿＿元，实存现金＿＿＿元，双方清点核对无误。

2.银行存款：＿＿＿年＿＿＿月＿＿＿日。银行存款总账余额＿＿＿元，银行存款日记账记录的各开户银行及账户余额合计＿＿＿元，与总账相符。银行存款日记账分开户银行、账户、余额如下：

序号	开户银行名称	账号	日记账余额	银行实际余额
（1）				
（2）				
合计		—		

（二）印章

1.印章名章1枚。

2.印章名章1枚。

3.作废章1枚。

（三）空白票据

1.银行票据

（1）现金支票：＿＿＿份，编号为＿＿＿至＿＿＿。

（2）转账支票：

2.收款收据。

行政事业单位往来款收据1本50份：编号为＿＿＿至＿＿＿。

（四）账簿

1.现金日记账1本。

2.银行日记账＿＿＿本。

3.银行票据登记簿＿＿＿本。

上述账簿，移交人已经在账簿的最后一笔余额处画上红线，加盖了移交人印章。

（五）其他事项

1.保险箱钥匙＿＿＿把，密码由接交人自己更换。

2.本交接书一式3份，移交人、接交人各执1份，会计档案存档1份。

移交人：_____
接交人：_____
监交人：_____
____年____月____日

【范本 7-3】

财务主管工作交接书

移交人原任财会科长王××因另有任用，厂部决定将财会科的工作移交给新任科长尚××接替。现按《会计人员工作规则》的规定，办理如下交接事项：

一、科内人员与分工

1. 郭××：分管综合财务。

2. 马××：分管成本核算。

3. 郑××：分管损益与所有者权益、固定资产核算。

4. 徐××：分管投资、债权、存货、负债核算。

5. 苏××：分管货币资金核算。

二、会计账簿、凭证及报表

1. ××年度总分类账和各类明细账共36本，详见会计账簿移交明细表（略）。

2. ××年度"会计凭证"106册。

3. ××年1、2、4、5、7、8月份和1、2季度会计报表各1份。

三、印鉴

1. ××精密仪表厂财会科印章壹枚。

2. ××精密仪表厂财务专用章壹枚。

3. ××精密仪表厂银行往来专用章壹枚。

4. ××精密仪表厂现金付讫印章壹枚。

5.××精密仪表厂现金收讫印章壹枚。

6.厂长杨××公用名章壹枚。

四、会计档案

1.××××年至××××年度各种会计账簿×××本。

2.××××年至××××年度会计凭证共计×××册。

3.××××年至××××年度各月、季、年会计报表已分别按年度册，共计9册。

4.××××年至××××年各季度、年度财务计划和财务情况说明书，均按年度装订成册，共计9册。

五、其他事宜

1.空白现金支票×××张（自×××号至×××号）；空白转账支票×××张（自×××号至×××号）。

2.全厂发展规划（财务部分）草稿1份，需提交总会计师和厂务会议、职代会讨论修改定稿后，再上报主管局。

3.本厂清理"三角债"实施方案（草稿）1份，亦需提交总会计师和厂务会讨论审定。

六、交接日期

交接工作于××××年至××××年××月××日结束。在交接过程中，因账务处理等原因出现的工作交叉，仍由科内具体经办人员负责。

七、附则

本交接书一式四份，移交人、接管人、监交人各执一份，厂部存档一份。

移交人：王××（签章）

接管人：尚××（签章）

监交人：冯××（签章）

总会计师：纪××（签章）

××××年××月××日

二、会计工作总结

（一）定义

会计工作总结是在年末时企业会计人员对自己工作的总结的一种文本。

（二）写作格式

会计工作总结的写作格式如表 7–2 所示。

表 7–2　会计工作总结写作格式

项目	基本要求
标题	一般为《××企业会计工作总结》
开头	介绍自己
正文	正文应具备如下内容： （1）今年的成绩与收获 （2）还需要改进的地方
落款	一般为企业会计员的姓名与编制时间

【范本 7-4】

会计工作总结

转眼间，＿＿＿年上半年就过去了。展望未来，我对公司的发展和今后的工作充满了信心和希望，为了能够制定更好的工作目标，取得更好的工作成绩，我把参加工作以来的情况总结如下：

一、前期财务工作总结

对于企业来说，能力往往是超越知识的，××公司对于人才的要求，同样也是能力第一。物业管理公司对于人才的要求是多方面的，它包括：组织指挥能力、决策能力、创新能力、社会活动能力、技术能力、协调与沟通能力等。

第一阶段（＿＿年至＿＿年）：

＿＿年毕业之初，在无任何工作经验且对××行业更是一无所知的情况下，我幸运地加入了××管理团队。账单制作、日常收费、银行对接、建立收费台账、与总部财务对接，这些看似简单的工作，我一切都是从零开始。我自觉加强学习，虚心求教释惑，不断理清工作思路，总结工作方法。在各级领导和同事的帮助指导下，从不会到会，从不熟悉到熟悉，我逐渐摸清了工作中的基本情况，找到了切入点，把握住了工作重点和难点，而随后财务助理兼客服代表的特殊身份更是加速缩短了我与"专业人"之间的距离。客户电话的接听、客服前台的接待，都需要很强的专业知识与沟通能力，××管理中大多是一些细小琐碎的事，协调好了大事化小、小事化了，协调不好则工作会非常被动。这就要求在服务过程中不断提高自己与外界的沟通能力，同时在公司内部的沟通也非常重要，除了本部门之间，部门与部门之间的沟通也很重要。只有沟通好了，才能提高工作效率，减少不必要的人工成本。一方面，干中学、学中干，不断掌握方法，积累经验；另一方面，问书本、问同事，不断丰富知识，掌握技巧。

"勤能补拙"，因为当时住在项目组，便利用下班后的时间总结完善自己的工作内容，建立了各种收费台账的模板；同时结合管理处实际情况先后制定了《财务收费流程》《财务对接流程》《押金退款流程》以及《特约服务收费流程》，并在各级领导的支持和同事们的配合下各项流程得到了迅速的普及，为管理处日常财务工作的顺利进行奠定了坚实的基础。

第二阶段（＿＿年至＿＿年）：

这一阶段在继续担任××财务助理的同时又介入了新接管项目××管理处前期的财务助理工作，进一步积累了财务工作经验，同时也丰富了自身的××管理专业知识。项目进入日常管理后，因为新招的财务助理是应届毕业生，我由此又接触到了辅导新人的工作内容，我将自己的工作经验整理成文字后，与新人逐一实践，共同发现问题、解决问题。经过3个月时间的努力，新招的财务助理已经能够很好地胜任财务助理工作了。____年年底我又被调往公司新接管的××管理处担任财务助理，此时正逢财务部改革，我努力学习专业知识，积极配合制度改革，并在工作中小有成就，得到了领导的肯定。

第三阶段（____年至现在）：

____年年底，我被调往公司财务部担任出纳。出纳工作首先要有足够的耐心和细心，不能出任何差错，在每次报账的时候，每笔钱我都会算两遍，点两遍；每日做好结账盘库工作，做好现金盘点表；每月末做好银行对账工作，及时编制银行余额调节表，并做好和会计账的对账工作；工资的发放更是需要细心谨慎，这直接关系到员工个人的利益，因为日常的工作量已经基本饱和，每次做工资的时候，我都会主动加班，保证及时将工资发放给员工；而公司总部出纳更大的一部分工作内容是与管理处财务助理的工作对接，由于当时管理处财务人员流动较大，面对新人更需要有耐心去指导她们的工作，细致地讲解公司的一些工作流程，使她们尽快融入××这个大家庭。

____年年底，我由出纳岗位转为会计，负责____和____管理处的主管会计工作，同时兼工资发放工作。这一期间我学习并掌握了公司财务核算的程序以及用友财务软件的操作技能，提高迅速；同时我的工作内容还包括通过对月度、季度以及年度的财务分析，及时并动态地掌握管理处营运和财务状况，发现工作中的问题，并提出财务建议，为管理处负责人决策提供可靠的财务依据。今年6月我的工作内容再次调整，工资发放工作正式移交给了出纳，主要负责____、____及____管理处的主管会计工作。

二、主要经验和收获

在××工作的____年多时间里，我积累了许多工作经验，尤其是管理处基层财务工作经验，同时也取得了一定的成绩，总结起来有以下几个方面的经验和收获：

（1）只有摆正自己的位置，下功夫熟悉基本业务，才能尽快适应新的工作岗位。

（2）只有主动融入集体，处理好各方面的关系，才能在新的环境中保持好的工作状态。

（3）只有坚持原则落实制度，认真理财管账，才能履行好财务职责。

（4）只有树立服务意识，加强沟通协调，才能把分内的工作做好。

（5）只有保持心态平和，"取人之长、补己之短"，才能不断提高、取得进步。

三、确立工作目标，加强协作

财务工作像年轮，一个月工作的结束，意味着下一个月工作的重新开始。我喜欢我的工作，虽然繁杂、琐碎，也没有太多新奇。但是作为企业正常运转的命脉，我深深地感到自己岗位的价值，同时也为自己的工作设定了新的目标：

（1）做好财务工作计划，以预算为依据，积极控制成本、费用的支出，并在日常的财务管理中加强与管理处的沟通，倡导效益优先，注重现金流量、货币的时间价值和风险控制，充分发挥预算的目标作用，不断完善事前计划、事中控制、事后总结反馈的财务管理体系。

（2）实抓应收账款的管理，预防呆账，减少坏账，保全管理处的经营成果。

（3）积极参与，配合管理处开拓新的经济增长点。

以上是我对自己工作的总结汇总，敬请各级领导给予批评指正。在今后的工作当中，我将一如既往地努力工作，不断总结工作经验；努力学习，不断提高自己的专业知识和业务能力，以新形象、新面貌，为公司的辉煌发展而努力奋斗。

会计：＿＿＿

＿＿＿年＿＿＿月＿＿＿日

三、银行承兑汇票书写错误的证明

（一）定义

银行承兑汇票书写错误的证明是企业给其他企业转账，由于书写员的书写错误，款项发错，为了更正，公司财务部以企业的名义告知银行，表示书写产生了错误的书面材料。

（二）写作格式

银行承兑汇票书写错误的证明写作格式如表 7-3 所示。

表 7-3　银行承兑汇票书写错误的证明写作格式

项目	基本要求
标题	一般为《××企业银行承兑汇票书写错误的证明》
首行	在第一段写对应的机构，一般为××银行顶格写
正文	正文描述事件的原因以及事件的过程
落款	一般为企业（需要盖章）、时间

【范本 7-5】

银行承兑汇票书写错误的证明

_____银行：

　　由我公司背书转让给_____公司的银行承兑汇票：（汇票右上角号码）出票日期：___年___月___日；出票人：_____；公司出票人账号：_____；付款行全称：_____银行；收款人：_____公司；收款人账号：_____收款人开户银行：_____行；出票金额：_____元（大小写）；汇票到期日：___年___月___日(要记载票面上所有的信息)。

　　由于我公司工作人员在填写被背书人时，误将　公司（单位全称）写成_____公司（单位全称），由此引起的一切经济责任全由本公司负责。特此证明！

_____有限公司财务部
_____年____月____日

四、财务代理协议

（一）定义

财务代理协议是一企业委托另一企业进行财务代理业务，经双方友好协商而达成的协议。

（二）写作格式

财务代理协议的写作格式如表7-4所示。

表7-4 财务代理协议写作格式

项目	基本要求
标题	一般为《××企业财务代理协议》
正文	正文应具备如下内容：代理事项、代理的时间、双方的权利与义务、其他约定事项
落款	一般为双方的签字与署名、盖章、时间

【范本7-6】

财务代理协议书

甲方：_____　　乙方：_____

兹有（甲方）委托_____（乙方）代理财务建账工作，经双方协商，达成如下协议：

一、甲方委托职责

（1）建立健全内部控制制度，保护资产的安全、完整，对提供给乙方的会计原始资料的真实性、合法性和完整性负责。

（2）配备专人负责日常货币资金（现金、银行存款、其他货币资金）、库存商品的收支和保管，并建立明细日记账。

（3）商业企业需每月月底进行库存盘点并提供盘存表，工业企业需提供原材料、在产品、产成品的领料、出库凭据及盘存表，其他企业涉及存货的也应提供盘存表，作为乙方结转或调整成本的依据。

（4）在每月月末前及时向乙方提交所有用于建账的会计原始资料。

（5）对于乙方依照企业会计制度和税法规定退回要求更正、补充的原始凭证，应及时予以补充、更正。

（6）配备专人负责与乙方进行日常工作联系，及时与乙方对账，保持实际经营与乙方受托代理的财务账一致。

（7）按本协议书的规定按时足额支付代理建账费用。

二、乙方受托职责

（1）本着独立、客观、公正原则，根据甲方提供的原始凭证和相关资料，按照企业会计制度和税法的规定，进行会计核算，具体包括审核原始资料、填制记账凭证、登记会计账簿、编制会计报表。

（2）在代理所属月份次月完成代理事项，但不能影响甲方纳税申报工作。

（3）对代理业务过程中知悉的商业秘密保密。

（4）乙方在完成建账后即将记账凭证及相关财务资料交还甲方，年度终了后一次性将会计账册移交甲方，由甲方自行保管。

（5）本协议终止后乙方有义务向甲方指定的账册接续人办理交接手续以保证账务的延续。

（6）在代理期间如甲方遇到查账或审计，乙方应予以配合，就代理所采用的会计政策等作出解释。

三、代理期间及收费

（1）委托代理建账期间自＿＿年＿＿月至＿＿年＿＿月止，共计＿＿个月。

（2）本项代理业务的收费标准为＿＿元/月，合计金额＿＿元。预付＿＿个月。

（3）如代理期间遇到企业不再继续经营等重大变动，可凭有关证明材料按实际代理时段结清代理费用，余款退还。

四、生效、违约处理及其他约定事项

（1）本协议书在签约并付费后生效。

（2）乙方承担由于代理工作失误造成的甲方损失。由于甲方未尽本协议第一款所述职责而造成的甲方损失由甲方自负。

（3）甲、乙双方按照《中华人民共和国民法典》合同编的约定承担违约责任。

（4）本协议书未尽事宜，甲、乙双方应持积极态度友好协商解决。

（5）本协议书一式二份，甲、乙双方各执一份。

甲方（盖章）：＿＿＿＿＿＿　　乙方（盖章）：＿＿＿＿＿＿
代表人（签字）：＿＿＿＿＿　　代表人（签字）：＿＿＿＿＿
　　＿＿年＿＿月＿＿日　　　　　　＿＿年＿＿月＿＿日

第八章 财务审计类文书

财务审计是指审计机关按照《中华人民共和国审计法》及其实施条例和国家企业财务审计准则规定的程序和方法对国有企业（包括国有控股企业）资产、负债、损益的真实、合法、效益进行审计监督，对被审计企业会计报表反映的会计信息依法作出客观、公正的评价，形成审计报告，出具审计意见和决定的一项财务活动。

一、审计报告

（一）定义

审计报告是指注册会计师根据中国注册会计师审计准则的规定，在实施审计工作的基础上对被审计单位财务报表发表审计意见的书面文件。

（二）写作格式

审计报告的写作格式如表8-1所示。

表8-1 审计报告写作格式

项目		基本要求
标题		审计报告的标题应当统一规范为"审计报告"
正文	收件人	审计报告的收件人是指注册会计师按照业务约定书的要求致送审计报告的对象，一般是指审计业务的委托人。审计报告应当载明收件人的全称
	引言	审计报告的引言段应当说明被审计单位的名称和财务报表已经过审计，并包括下列内容： （1）指出构成整套财务报表的每张财务报表的名称 （2）提及财务报表附注 （3）指明财务报表的日期和涵盖的期间

续表

项目		基本要求
正文	注册会计师的责任	注册会计师要明确如下责任： （1）注册会计师的责任是在实施审计工作的基础上对财务报表发表审计意见 （2）审计工作涉及实施审计程序，以获取有关财务报表金额和披露的审计证据 （3）注册会计师相信已获取的审计证据是充分、适当的，为其发表审计意见提供了基础
	审计意见	在审计财务报表时，一般要对以下两方面发表审计意见： （1）财务报表是否按照适用的会计准则和相关会计制度的规定编制 （2）财务报表是否在所有重大方面公允反映了被审计单位的财务状况、经营成果和现金流量
落款		注册会计师的签名和盖章与时间

【范本 8-1】

营业外收支情况的审计报告

_____审计局：

总公司通过审查年度决算报表，发现××分公司营业外收支与上年相比变化较异常，经审计部研究，决定派出审计小组，于____年____月____日至____日，对××分公司　年营业外收支情况进行专题审计。现将审计结果报告如下：

一、审计中发现的问题

××分公司___年决算上报实现营业外收入___万元，营业外支出___万元。经审计，存在以下几个问题：

1. 房屋租金作收入

____年____月××分公司与××公司签订为期一年的租赁协议，协议规定将闲置多余的一层办公楼租给××公司，年租金　万元。××分公司将此笔租金收入全部作为营业外收入处理。根据财政部〔　〕财会字第____号文件精神，收取的闲置房屋租金，不能作营业外收入处理，应全额转入更新改造资金。

2. 赔款挂账不作为收入

____年____月，____分公司汽车与某汽车相撞，有关部门裁决向对方付赔款____万元。××分公司除用去汽车维修费____万元外，其余____万元挂在了应付款账上，年终没有处理，按规定结余款应作营业外收入处理。

3. 扩大营业外支出范围

（1）____年____~____月，××分公司有____户员工宿舍动迁后需增加面积，共支付员工宿舍超面积补助费____万元。按规定支付员工宿舍超面积补助费，应视同购买员工宿舍处理，从福利基金中列支，但该公司却从营业外支出中核销。

（2）____年____月，××分公司购买小轿车一辆，支付车款____万元；另外，又支付车辆购置税____万元。按规定车辆购置税应从更新改造资金中列支，并相应增加固定资产原值；××分公司却从营业外支出中核销，违反了财务制度的有关规定。

（3）据统计，____年____~____月，超期提货被车站罚款____次计____万元；银行罚息____次计____万元。工业企业会计制度规定，各种罚款、滞纳金应从企业留利中列支，而××分公司却全部从营业外支出中核销，扩大了营业外支出的范围。

（4）____年____月××分公司为员工购买热水器，从营业外支出中列支____万元，违反了上级有关严禁乱发钱物的规定，而且从营业外支出中核销更是错上加错，按规定应全部从奖励基金中列支，计入奖金总额。

经过以上审查调整，××分公司＿＿＿年营业外收入为＿＿＿万元，营业外支出为＿＿＿万元，分别比决算上报数减少＿＿＿万元和＿＿＿万元。

二、处理意见

（1）收取房租收入要从营业外收入调到更新改造资金科目中，并按规定交纳"两金"；交通事故赔款结余要从往来账目中调到营业外收入账目中。

（2）扩大营业外支出范围的要全部进行调整，发放热水器应视同奖金对待，并缴纳所得税。以上各项凡涉及利润的，要通过"以前年度损益调整"科目进行调整，并补交所得税。

三、审计建议

（1）进一步加强管理，明确营业外收支范围，严格区分企业自有资金开支与营业外支出的界限，防止人为扩大营业外支出范围。

（2）控制消费基金增长，严禁乱发钱物。

（3）加强财经法规学习，自觉遵守财经纪律，防止违纪问题再次发生。

中国注册会计师：＿＿＿＿＿＿

＿＿＿＿＿＿有限公司财务部

＿＿＿年＿＿＿月＿＿＿日

【范本8-2】

设备引进情况的审计报告

＿＿＿＿＿＿省审计局：

根据局第××次会议决定，我们于＿＿＿年＿＿＿月＿＿＿日对我省××外贸公司与香港××公司合营办厂引进设备情况进行了审计，现将审计结果报告如下：

（一）基本情况

××外贸公司是我省具有进出口业务权的地方工贸企业。该公司现有职工____人，设____个科室，一个直属五金加工厂。该公司____年被批准自营出口业务，主要出口小五金产品。几年来，经过广大职工的努力，出口业务有了一定的发展，____年出口销售额达____万元，出口创汇____万美元，均比____年翻了两番。

____年初，经有关人员提供线索，该公司决定与××公司组成合营企业，合作生产经营机丝螺钉。____年____月，双方签订合营合同，其基本条款规定：合作期4年，引进国际上先进的生产工艺，由我方以租赁方式提供厂房____平方米，负责招聘生产技术人员和工人。××公司提供国际上____全套设备____台，并负责提供主要原材料和产品的外销。双方总投资____万美元，其中机器设备总金额____万美元。按投资比例，我方承担6成。

（二）存在的问题

经审计上述合作项目，从洽谈到成交，反映出的问题不少，主要表现在：

1. 项目建议书和可行性研究报告陈述的情况不真实

（1）申请理由缺乏事实根据。

（2）轻信对方谎言。

（3）可行性报告的资料来源不可靠。

2. 引进设备与合同条款及所附设备清单不符

（略）

3. 考察小组不负责任，留下隐患

（略）

4. 各经办部门把关不严，官僚主义严重

（略）

（三）处理意见

（1）_____。

（2）_____。

（3）_____。

（4）_____。

中国注册会计：_____
××会计师事务所
___年___月___日

【范本 8-3】

社会团体审计报告

〔 〕审字　第　号

（社会团体名称）：

我们审计了后附的（社会团体名称）财务报表，包括___年___月___日的资产负债表、___年度的业务活动表和现金流量表以及会计报表附注。

一、管理层对财务报表的责任

按照《社会团体管理条例》和《民间非营利组织会计制度》的规定编制财务报表是（社会团体名称）管理层的责任。这种责任包括：

（1）设计、实施和维护与财务报表编制相关的内部控制，以使财务报表不存在由于舞弊或错误而导致的重大错报。

（2）选择和运用恰当的会计政策。

（3）做出合理的会计估计。

二、注册会计师的责任

我们的责任是在实施审计工作的基础上对财务报表发表审计意见。我们按照中国注册会计师审计准则的规定执行了审计工作。中国注册会计师审计准则要求我们遵守职业道德规范，计划和实施审计工作以对财务报表是否不存在重大错报获取合理保证。

审计工作涉及实施审计程序，以获取有关财务报表金额和披露的审计证据。选择的审计程序取决于注册会计师的判断，包括对由于舞弊或错误导致财务报表重大错报风险的评估。在进行风险评估时，我们考虑与财务报表编制相关的内部控制，以设计恰当的审计程序，但目的并非对内部控制的有效性发表意见。审计工作还包括评价管理层选用会计政策的恰当性和作出会计估计的合理性，以及评价财务报表的总体列报。

我们相信，我们获取的审计证据是充分、适当的，为发表审计意见提供了基础。

三、基本情况

＿＿＿＿（社会团体名称）登记证号为社证字第＿＿＿号，组织机构代码为＿＿＿。登记证书有效期为＿＿＿年＿＿＿月＿＿＿日至＿＿＿年＿＿＿月＿＿＿日。法定代表人为＿＿＿，地址为＿＿＿＿＿＿，业务主管单位为＿＿＿＿＿＿。

四、财务状况

（1）＿＿＿＿（社会团体名称）截至＿＿＿年＿＿＿月＿＿＿日资产总额为＿＿＿元。其中：货币资金＿＿＿元，对外投资＿＿＿元，应收款项＿＿＿元（其中：应收账款＿＿＿元，其他应收款＿＿＿元），固定资产原值＿＿＿元，累计折旧＿＿＿元，固定资产净值＿＿＿元。

（2）＿＿＿＿（社会团体名称）截至＿＿＿年＿＿＿月＿＿＿日负债总额为＿＿＿元。其中：流动负债＿＿＿元、长期负债＿＿＿元、受托代理负债＿＿＿元。

（3）＿＿＿＿（社会团体名称）截至＿＿＿年＿＿＿月＿＿＿日净资产总额为＿＿＿元。其中：限定性净资产＿＿＿元，非限定性净资产＿＿＿元。

（4）＿＿＿＿（社会团体名称）＿＿＿年度收入＿＿＿元。其中：捐赠收入＿＿＿元，会费收入＿＿＿元，提供服务收入＿＿＿元，商品销售收入＿＿＿元，政府补助收入＿＿＿元，投资收益＿＿＿元，其他收入＿＿＿元。

> （5）_____（社会团体名称）____年度费用____元。其中：业务活动成本____元，管理费用____元，筹资费用____元，其他费用____元。
>
> **五、审计意见**
>
> 经审计，我们发现_____（社会团体名称）存在以下问题（违规收费、投资失误、长期应收账款等）。
>
> 我们认为，_____（社会团体名称）财务报表已经按照《社会团体登记管理条例》和《民间非营利组织会计制度》的规定编制，在所有（或未能在，加说明段）重大方面公允反映了_____（社会团体名称）____年____月____日的财务状况以及____年度的业务活动成果和现金流量。
>
> （应按审计准则的要求，发表无保留意见、保留意见及其他类型的审计意见。）
>
> 中国注册会计师：_____
××会计师事务所
____年____月____日

二、审计业务约定书

（一）定义

审计业务约定书是指企业与审计单位签订的合约，审计单位负责对企业进行财务审计，而企业为审计单位提供劳务补偿的一种方式。

（二）写作格式

审计业务约定书的写作格式如表8-2所示。

表8-2 审计业务约定书写作格式

项目	基本要求
标题	一般为《××企业审计业务约定书》

续表

项目	基本要求
正文	正文应具备如下内容： （1）签约双方的名称 （2）委托目的 （3）审核范围 （4）会计责任与审计责任 （5）签约双方的义务 （6）出具审计报告的使用责任 （7）审计收费 （8）审核业务约定书的有效期间 （9）违约责任 （10）其他有关事项
落款	一般为约定双方的盖章与签名、签约时间

【范本 8-4】

审计业务约定书

甲方：××有限责任公司

乙方：××会计师事务所

兹由甲方委托乙方进行____年度财务报表进行审计，经双方协商，达成如下约定。

一、业务范围与审计目标

1. 乙方接受甲方委托，对甲方按照企业会计准则及《企业会计制度》编制的____年____月____日的资产负债表，____年度的利润表和现金流量表以及财务报表附注（以下统称财务报表）进行审计。

2. 乙方通过执行审计工作，对财务报表的下列方面发表审计意见：

（1）财务报表是否按照企业会计准则及《企业会计制度》的规定编制；

（2）财务报表是否在所有重大方面公允反映甲方的财务状况、经营成果和现金流量。

二、甲方的责任与义务

（一）甲方的责任

1. 根据《中华人民共和国会计法》及《企业财务会计报告条例》，甲方及甲方负责人有责任保证会计资料的真实性和完整性。因此，甲方管理层有责任妥善保存和提供会计记录（包括但不限于会计凭证、会计账簿及其他会计资料），这些记录必须真实、完整地反映甲方的财务状况、经营成果和现金流量。

2. 按照企业会计准则的规定编制财务报表是甲方管理层的责任，这种责任包括：

（1）设计、实施和维护与财务报表编制相关的内部控制，以使财务报表不存在由于舞弊或错误而导致的重大错报；

（2）选择和运用恰当的会计政策；

（3）做出合理的会计估计。

（二）甲方的义务

（1）及时为乙方提供其所要求的全部会计资料和其他有关资料（在2025年1月12日之前提供审计所需的全部资料），并保证所提供资料的真实性和完整性。

（2）确保乙方不受限制地接触任何与审计有关的记录、文件和所需的其他信息。

（3）甲方管理层对其作出的与审计有关的声明予以书面确认。

（4）为乙方派出的有关工作人员提供必要的工作条件和协助，主要事项将由乙方于外勤工作开始前提供清单。

（5）按本约定书的约定及时足额支付审计费用以及乙方人员在审计期间的交通、食宿、询证等其他相关费用。

三、乙方的责任和义务

（一）乙方的责任

（1）乙方的责任是在实施审计工作的基础上对甲方财务报表发表审计意见。乙方按照中国注册会计师审计准则（以下简称审计准则）的规定进行审计。审计准则要求注册会计师遵守职业道德规范，计划和实施审计工作，以对财务报表是否不存在重大错报获取合理保证。

（2）审计工作涉及实施审计程序，以获取有关财务报表金额和披露的审计证据。选择的审计程序取决于乙方的判断，包括对由于舞弊或错误导致的财务报表重大错报风险的评估。在进行风险评估时，乙方考虑与财务报表编制相关的内部控制，以设计恰当的审计程序，但目的并非对内部控制的有效性发表意见。审计工作还包括评价管理层选用会计政策的恰当性和作出会计估计的合理性，以及评价财务报表的总体列报。

（3）乙方需要合理计划和实施审计工作，以使乙方能够获取充分、适当的审计证据，为甲方财务报表是否不存在重大错报获取合理保证。

（4）乙方有责任在审计报告中指明，所发现的甲方在某重大方面没有遵循《企业会计准则》编制财务报表且未按乙方的建议进行调整的事项。

（5）由于测试的性质和审计的其他固有限制，以及内部控制的固有局限性，不可避免地存在着某些重大错报在审计后可能仍然未被乙方发现的风险。

（6）在审计过程中，乙方若发现甲方内部控制存在乙方认为的重要缺陷，应向甲方提交管理建议书。但乙方在管理建议书中提出的各种事项，并不代表已全面说明所有可能存在的缺陷或已提出所有可行的改善建议。甲方在实施乙方提出的改善建议前应全面评估其影响。未经乙方书面许可，甲方不得向任何第三方提供乙方出具的管理建议书。

（7）乙方的审计不能减轻甲方及甲方管理层的责任。

（二）乙方的义务

1. 按照约定时间完成审计工作，出具审计报告。乙方应于2025年2月5日前出具审计报告。

2. 除下列情况外，乙方应当对执行业务过程中知悉的甲方信息予以保密：

（1）取得甲方的授权；

（2）根据法律法规的规定，为法律诉讼准备文件或提供证据，以及向监管机构报告发现的违反法规行为；

（3）接受行业协会和监管机构依法进行的质量检查；

（4）监管机构对乙方进行行政处罚（包括监管机构处罚前的调查、听证）以及乙方对此提起行政复议。

四、商定的沟通对象

双方商定，乙方在根据审计准则的规定与治理层沟通时，主要与甲方董事会或执行董事进行沟通。同时，乙方保留针对特定事项或在特定情形下与甲方董事会沟通的权利。

五、审计收费

（1）乙方预计本次审计服务的费用总额为人民币壹万伍仟元。

（2）甲方应于本约定书签署之日起五日内支付50%的审计费用，其余款项于提交审计报告时结清。

（3）如果由于无法预见的原因，乙方从事本约定书所涉及的审计服务实际时间较本约定书签订时预计的时间有明显的增加或减少，甲、乙双方应通过协商，相应调整本约定书第五条第1项下所述的审计费用。

（4）如果由于无法预见的原因，本约定书所涉及的审计服务不再进行，如上述情况发生于乙方人员完成现场审计工作，并离开甲方的工作现场之后，甲方应向乙方支付人民币壹万元的补偿费，该补偿费应于甲方收到乙方的收款通知之日起五日内支付。

（5）与本次审计有关的其他费用（包括交通费、食宿费、询证费等）由甲方承担。

六、审计报告的出具及使用限制

（1）乙方按《中国注册会计师审计准则第 1501 号——审计报告》和《中国注册会计师审计准则第 1502 号——非标准审计报告》规定的格式和类型出具报告。

（2）乙方向甲方致送审计报告一式五份。

（3）甲方在提交或对外公布审计报告时，不得修改乙方出具的审计报告及其后附的已审计财务报表。当甲方认为有必要修改会计数据、报表附注和所作的说明时，应当事先通知乙方，乙方将考虑有关的修改对审计报告的影响，必要时，将重新出具审计报告。

七、本约定书的有效期间

本约定书自签署之日起生效，并在双方履行完毕本约定书约定的所有义务后终止。但其中第三（二）2 项、第五项、第六项、第九项、第十项、第十一项并不因本约定书终止而失效。

八、约定事项的变更

如果出现不可预见的情况，影响审计工作如期完成，或需要提前出具审计报告，甲、乙双方均可要求变更约定事项，但应及时通知对方，并由双方协商解决。

九、终止条款

（1）如果根据乙方的职业道德及其他有关专业职责、适用的法律法规或其他任何法定的要求，乙方认为已不适宜继续为甲方提供本约定书约定的审计服务时，乙方可以采取向甲方提出合理通知的方式终止履行本约定书。

（2）在终止业务约定的情况下，乙方有权就其于本约定书终止之日前对约定的审计服务项目所做的工作收取合理的审计费用。

十、违约责任

甲、乙双方按照《中华人民共和国民法典》的规定承担违约责任。

十一、适用法律和争议解决

本约定书的所有方面均应适用中华人民共和国法律进行解释并受其约束。本约定书履行地为乙方出具审计报告所在地，因本约定书所引起的或与本约定书有关的任何纠纷或争议（包括关于本约定书条款的存在、效力或终止，或无效之后果），双方选择以下两种解决方式中的一种：

（1）向有管辖权的人民法院提起诉讼；

（2）提交仲裁委员会仲裁。

十二、双方对其他有关事项的约定

本约定书一式两份，甲、乙方各执一份，具有同等法律效力

甲方：×× 有限责任公司　　乙方：×× 会计师事务所
法定代表人（或其授权代表）：　法定代表人（或其授权代表）：
签约日期：＿＿年＿＿月＿＿日　签约日期：＿＿年＿＿月＿＿日

【范本 8-5】

委托审计业务协议书

甲方（委托方）：＿＿＿＿＿＿＿＿＿＿

乙方（受托方）：＿＿＿＿＿会计师事务所

一、委托目的

为加强＿＿省省级行政事业单位国有资产管理，甲方委托乙方对＿＿等家单位进行审计，甲乙双方在平等、自愿原则和充分协商的基础上签订

此协议书，用以明确乙方提供服务的性质和范围、由甲方协助的工作、有关审计收费的约定以及其他保证乙方专业服务能够达到与甲方共同商定目标的条款和条件。

二、会计责任

乙方根据《中国注册会计师执业准则》、有关资产清查法律、法规、规范性文件的规定，审计甲方指定的行政事业单位截至____年____月____日各项资产负债总额，资产损益，资产挂账的真实性、合理性以及内部控制制度的有效性。作为独立审计机构，乙方审计的目标是：对被审计单位的资产进行全面反映，对核查出的各项资产损益、资金挂账进行核实，对相关会计记录和资料进行全面的审核，并在此基础上对被审计单位核查的各项资产损失的真实性、合理性以及企业内部控制制度的有效性发表意见并出具审计报告及管理建议书。

1. 乙方还需协助甲方完成以下工作。

（1）协助甲方督导各单位实施资产清查工作，全面配合、辅导各单位履行各项资产清查工作程序。

（2）协助甲方对各行政事业单位资产清查过程中遇到的问题提供咨询服务，并就重大问题书面请示甲方。

（3）协助被审计的行政事业单位完成各单位资产清查审核汇总工作。

（4）协助被审计的行政事业单位完成资产清查结果的上报工作。

2. 乙方应于____年____月____日之前出具负责审计的行政事业单位正式审计报告，协助做好资料上报工作。审计报告报送需一式三份：一份送省财政厅资产清查工作小组，一份送被审计单位主管部门，一份送被审计单位。

如有任何可预料的延误，乙方将立即书面报告甲方。

三、审计程序

在审计过程中，乙方将实施认为必要的审计程序，包括利用询问、函证、检查盘点等方法对各项资产损失、资金挂账进行审计，从而尽到乙方作为审计人员的责任。同时，乙方可对被审计的单位会计核算系统进行了解，以便评价其是否能为各项资产损失、资金挂账的申报提供充分的基础，并确定其是否能妥善地保持及维护会计记录。乙方期望取得足够的相关可靠证据，并借以得出合理的结论。

四、审计责任

（1）乙方须严格遵守《中华人民共和国会计法》《中华人民共和国注册会计师法》，以及《国有资产评估管理办法》《企业会计准则》等有关规定开展行政事业单位国有资产调查审计等工作。

（2）乙方的审计责任是依据《中国注册会计师执业准则》对资产清查专项财务审计报告和甲方申报的损失及挂账进行经济鉴证意见的准确性、可靠性、真实性、合法性承担责任。

（3）乙方的审计责任不能替代、减轻或免除被审计单位的会计责任。

（4）由于乙方的审计旨在对甲方委托审计的行政事业单位的各项资产损失及内部控制的有效性发表意见，故审计通常不包括在被审计单位存放但不属于被审计单位的资产或与该资产有关的产权文件。

（5）此外，甲方应确保审计报告的合理使用，对甲方因审计报告使用不当产生的后果，乙方不承担相应的责任。

（6）除按法律或财务报告要求作出的必要披露外，若非已事先得到甲方和被审计单位的同意，对审计中知悉被审计单位的机密信息，乙方应严格保密，一旦泄露将追究法律责任。

五、审计付费标准及方式

（1）付费标准：经协商支付乙方审计费用＿＿万元。

（2）付款方式：甲方在乙方提交符合审计质量标准的《资产清查专项审计报告》和"管理建议书"后3个月内一次付清，乙方应向甲方出具正式税务发票。

六、违约责任及争议处理

1. 乙方有如下情况之一的视为违约并按照下列约定进行处理。

（1）审计过程中，遇到下列情况之一的，必须拒绝出具审计报告；出具虚假审计报告者，按照《会计师事务所执业许可和监督管理办法》从严处理：

①被审计单位示意其作不实或不当证明的。

②被审计单位故意不提供有关会计资料和文件的。

③因被审计单位有其他不合理要求，致使出具报告不能对财务会计的重要事项作出正确表述的。

（2）无正当理由未能在甲方规定时间内完成交付的国有资产清查审计工作，扣除应支付乙方合同总款项的5%作为违约金。

（3）乙方在正常审计中出现向被审计单位索取或收受任何额外费用或者其他形式报酬，一经发现即取消乙方参与"××省行政事业单位国有资产清查工作"资格，甲方有权解除本协议，且不予支付或要求全额退回审计费，并按照《财政违法行为处罚处分条例》从严处理。

（4）乙方未经甲方允许擅自将审计工作委托其他机构，一经发现必须立即停止其他机构的审计工作，并不再支付前期工作的所有费用。

（5）乙方出具的专项审计报告如出现重大遗漏现象，须进行重新审计，甲方不支付重新审计费用。

2. 乙方在审计工作中，对知悉的国家机密负有保密义务，并承担相应的法律责任。在审计中所形成的审计报告及有关资料所有权归财政部门，不得用于乙方的商业行为及其所属注册会计师的个人行为。否则乙方应按合同总额款项的5%向甲方支付违约金，如有其他损失，乙方还应承担相应的责任。

3. 乙方在审计工作中有违法违纪行为，乙方承担检查工作的人员及聘用的注册会计师等相关人员违反法律、法规的规定，检查人员应回避。而未回避者由甲方依照有关规定作出处理。

> **七、其他事项**
>
> （1）若审计过程中出现不可预见情况并影响到甲乙双方工作，甲乙双方应协商解决，由此而形成的文件为本协议的一部分。
>
> （2）本协议有效期为甲乙双方签字盖章生效之日起至本项目完成止。
>
> （3）在本协议执行期间，如遇国家颁布新的法律或规定与本协议有矛盾之处，以国家法律规定为准。
>
> （4）本协议一式三份，甲乙双方各执一份，省政府采购办一份，具有同等法律效力。
>
> （5）本协议在履行过程中发生争议，应友好协商解决。如协商不成，由甲方所在地人民法院管辖。
>
> 甲方盖章：＿＿＿＿＿＿　　　　乙方盖章：＿＿＿＿＿＿
>
> 法定代表人或签约人：＿＿＿　　　法定代表人或签约人：＿＿＿
>
> 联系人：＿＿＿＿＿＿＿　　　　联系人：＿＿＿＿＿＿＿
>
> 地址：＿＿＿＿＿＿＿＿　　　　地址：＿＿＿＿＿＿＿＿
>
> 电话：＿＿＿＿＿＿＿＿　　　　电话：＿＿＿＿＿＿＿＿
>
> 　　　＿＿年＿＿月＿＿日　　　　　　＿＿年＿＿月＿＿日

三、内部审计计划书

（一）定义

内部审计计划书是指企业对内部控制的有效性、财务信息的真实性和完整性以及经营活动的效率和效果等开展评价活动而制订的计划。

（二）写作格式

内部审计计划书的写作格式如表 8-3 所示。

表 8-3 内部审计计划书写作格式

项目	基本要求
标题	包括 4 项内容：计划单位的名称、计划时限、计划内容摘要、计划名称
正文	除写清指导思想外，正文大体上应包含以下 3 方面的事项： （1）目标。目标即在一定时间内所完成的任务和应达到的要求。这是计划的灵魂 （2）措施和方法。措施和方法即达到既定目标需要采取什么手段、动员哪些力量、创造什么条件、排除哪些困难等。这是实现计划的保证。措施和方法要根据客观条件统筹安排，将"怎么做"写得明确具体、切实可行 （3）步骤。步骤即执行计划的工作程序和时间安排
落款	在正文结束的后下方，写明制订计划的日期（如标题没有写作者名称，这里应一并注明）

【范本 8-6】

×××× 年度内部审计工作计划

××公司按照《上市公司规范运作指引》《企业内部控制基本规范》《××公司内部审计制度》以及国家的法律、法规、规章制度制订××××年度审计计划。内部审计工作计划以防范风险、防止舞弊行为、规范财务流程和财务纪律、提高管理水平为出发点，以对公司募集资的使用与保管、大宗固定资产购置、财务信息披露为年度重点审计项目。

一、××××年度内部审计工作目标

（1）每季度向审计委员会报告季度工作计划执行情况和季度工作报告。

（2）对公司经济活动做到事前了解情况、事中审计监督、事后总结报告。对重大合同、对外担保、关联交易、大额度资金往来进行重点监控，确保财务信息的合法性、合规性、正确性。

（3）加强公司内部控制制度的执行力度，强化公司治理结构，完善公司从事证券投资、委托理财、套期保值业务等高风险投资防范治理机制。

二、审计资源

内部审计部现有三名工作人员，工作的开展主要通过财务资料、归档文件和部门管理文件以及OA流程等资料的获取，以及对相应工作人员的访谈，获取所需资料。

三、××××年度内部审计项目

1. 对××××年度财务报告及××××年季度报、半年报财务信息进行内部审计

审计级次：一级（重点项目）。

审计安排：全年。

审计目标：××××年报、季度、半年报财务报表合法性、合规性、真实性和完整性的内部审计。

审计内容：财务报表是否遵守《企业会计准则》及相关规定；会计政策与会计估计是否合理，是否发生变更；是否存在重大异常事项；是否满足持续经营假设；与财务报告相关的内部控制是否存在重大缺陷或重大风险；各项财务信息准确完整。

2. 募集资金的使用和保管

审计级次：一级（年度重点项目）。

审计安排：每季度一次。

审计目标：募集资金按《××公司募集资金管理办法》进行管理和使用，审批控制手续完备，账务记录准确、完整。

审计内容：

（1）检查募集资金三方监管协议是否有效执行，支付款审批权限是否按公司规定执行。

（2）是否存在未履行审议程序擅自变更募集资金用途、暂时补充流动资金、置换预先投入、改变实施地点等情形。

（3）募集资金使用与已披露情况是否一致，项目进度、投资效益与

招股说明书是否相符。

（4）监督募集资金购买的大额固定资产项目是否签订合同，合同履行是否正常，合同审批权限是否符合授权规定。

3.固定资产审计

审计级次：一级（年度重点项目）。

审计安排：半年度检查一次。

审计目标：固定资产内部控制管理制度有效运行；固定资产的购置符合授权审批的规定，入账手续齐全，计价符合会计准则和会计政策要求；半年度、年度固定资产的盘点情况。

审计内容：

（1）固定资产购置的审批授权权限、签订购买合同是否经过审批程序，入账是否准确及时，核算和折旧、减值准备的计提等是否符合公司财务制度的要求。

（2）固定资产购买所签订合同是否按合同条款予以执行，每年度抽查合同××份以上。

（3）固定资产的保管、使用、管理、维护、盘点等是否符合内部控制制度的要求。

（4）检查购入资产的运营状况是否与合同所标的的功能相一致。

4.常规性审计项目

审计级次：二级。

审计安排：按季度或月度时间点进行。

审计目标：财务信息的管理控制。

审计内容：

（1）每月对公司各内部机构以及子公司的会计资料、财务收支环节及有关的经济活动的合法性、合规性、真实性和完整性进行审计。

（2）每月根据财务凭证和支付款项目抽查采购与付款、固定资产、销售与回款等环节的财务控制项目，进行合规性检查。

（3）每月抽查物料领料程序的审批、出库、使用、欠料、退料等是否符合公司内部控制管理制度。

（4）每月抽查成品出库程序，出库指令是否符合公司规定、出库单是否严格按审批流程签字确认。

5. 突发性审计或临时性审计

根据公司实际需要，按照公司董事会、审计委员会、公司管理者提出的需要，进行内部突发性审计工作或临时性审计工作。

四、内部控制程序评价

××××年度审计评估公司内部控制制度的合理性、合规性、适时性，对内部控制环境、经营风险、控制活动等进行评估和测试。

五、后续审计的必要安排

内部审计部将执行公司内部审计制度，接受公司既定的后续审计政策。我们有责任对审计报告中认为有问题的每一审计项目实施后续审计，安排相关后续审计计划、审计范围和目标，实施相关后续审计程序，其目的是确定有无采取纠正措施，向公司董事会和管理层报告这些措施，并评价它们对纠正审计过程中发现的缺陷的效果。同时，我们有责任和义务发送与后续审计有关的报告。

××公司内部审计部
___年___月___日

四、任期经济责任审计报告

（一）定义

任期经济责任审计报告是任期经济责任审计工作效果、质量等方面的综合表现，它与一般的其他审计报告相比具有一定的特殊性。其目的是反映某个企业领导人任期内的表现。

（二）写作格式

任期经济责任审计报告的写作格式如表 8-4 所示。

表 8-4 任期经济责任审计报告写作格式

项目		基本要求
标题		包括题目、编号和主送人或主送机关
正文	简序	简要说明审计依据、审计时间、审计范围、审计方式及审计实施情况
	基本情况	主要包括被审计单位的性质、隶属关系、组织机构、职工人数及其知识结构或现职人员与退休人员的比例，单位在本行业中所处地位如实力排名等，核算管理体制以及其他需要说明的情况
	审计情况	包括企业领导人任职期间单位经营管理情况，各项经营指标的完成情况、经营效益以及资产、负债、所有者权益等情况
	综合评价	要概括评价被审计人员任职期间的主要业绩，指出问题并确认或解除被审计者的经济责任。应严格按照国家有关规定，对审计范围的经济责任情况，注重数据，作出真实、客观、公正的评价，以肯定成绩，分析原因，促进管理
	对存在问题的处理意见和建议	一是一般性违纪违规、管理不善、损失浪费、资产流失、决策失误、经济效益不佳等问题，应针对审计中发现的问题提出处理意见和建议，以促进被审计单位严肃财经法纪，加强经营管理，提高经济效益 二是因玩忽职守、严重官僚主义造成重大经济损失或贪污受贿等触犯刑法的问题，应建议移交司法机关处理
落款		一般为日期、抄报抄送单位等

【范本 8-7】

××同志任期经济责任审计的报告

分公司经理室：

根据省公司《关于对××公司（营销部）原法定代表人（经理）

××同志离任经济责任审计的授权委托通知》，审计组于___年___月___日至____日对××公司××营销部（以下简称：××营销部）负责人××同志___年___月至___年____月任职期间经济责任履行情况进行了审计。我们的审计是依据《中华人民共和国审计法》并参照《党政主要领导干部和国有企事业单位主要领导人员经济责任审计规定》《××关于加强行业审计监督工作的意见》《××系统经济责任审计暂行规定》及国家、行业有关法律法规进行的。在审计过程中，我们结合××营销部的实际情况，实施了包括抽查会计记录、盘点实物资产和存货，与部分干部职工座谈等审计程序。现将审计情况报告如下：

一、基本情况

××营销部原为××公司××市公司，成立于___年，位于_____。主要经营范围：_____批发。___年___月，因全国××体制改革，取消县级法人资格，成立××营销部。隶属××公司，作为分公司的分支机构负责××地区的经营工作。××市专卖局仍然保留负责××地区的专卖管理工作。

二、基础管理状况

××同志任职期间，××营销部的管理水平取得了较大进步，我们根据××营销部的发展现状，结合××行业的实际情况，并运用财政部关于对国有企业绩效评价的标准等，来衡量和评审××营销部的基础管理工作，从整体上看处于比较好的水平。

（一）企业组织结构及管理制度建设和执行情况。

（略）

（二）网络建设情况。

（略）

（三）专卖管理情况。

（略）

（四）企业文化建设方面。

（略）

（五）党风廉政建设的执行情况。

（略）

三、××同志任职期间经济责任履行情况

（一）主要财务状况

____年____月____日××公司账面反映，资产总额为____万元，负债总额为____万元，所有者权益为____万元。截至____年____月____日，公司账面反映，资产总额为____万元，增加____万元，增长____%；所有者权益____万元，增加____万元，增长____%。

（二）主要经营成果指标情况

____年____月至____年____月期间累计实现主营业务收入合计____万元；____年____月至____年____月期间累计实现系统外××销售量合计____箱。其中____年××销售额____万元，____年××销售额____万元，____年××销售额____万元。

（1）____年____月至____年____月累计实现税利合计____万元。其中年实现税利____万元，比____年的____万元，增加____万元，增长____%；年实现税利____万元，____年增加____万元，增长____%。

（2）____年____月至____年____月期间累计发生三项费用合计____万元。其中：____年发生费用____万元，费用水平为____%；____年发生费用____万元，费用水平为____%，比____年下降了____个百分点____年发生费用____万元，费用水平为____%，比____年下降了____个百分点。

（三）主要经济指标情况

（略）

四、主要业绩和审计评价

（一）主要业绩评价

××同志任职期间，经过全体员工的努力，按行业发展总体要求并结合××公司实际做了大量的工作，取得较好的成绩。销售收入由＿＿＿年＿＿＿万元增长到＿＿＿年的＿＿＿万元，增幅为＿＿＿%；实现税利合计由＿＿＿年的万元增长到＿＿＿年的＿＿＿万元，增幅为＿＿＿%；单箱××销售由＿＿＿年的元增长到＿＿＿年的＿＿＿元，增幅为＿＿＿%。

××同志任职期间，××公司绩效得到较大提高：国有资产逐年增值，年均增值率达＿＿＿%；资产负债率由年的%下降到＿＿＿年＿＿＿月的＿＿＿%，有较强的长期及短期偿债能力；财务效益状况良好；＿＿＿年以后系统外××销售收入、销售毛利逐年呈现增长，发展能力较好；任期内平均费用率为＿＿＿%；人均实现税利＿＿＿年达到＿＿＿万元。

××同志任职期间，规范企业经营，提升网络建设，加强专卖管理，严格内部管理，努力压缩费用开支，成效比较显著。

××同志任职期间，在带领干部职工较好地完成各项工作任务的同时重视企业文化建设，"三个文明"和谐发展。××营销部＿＿＿—＿＿＿年连续三年获市文明单位称号，＿＿＿年获省文明行业称号，＿＿＿年获××标准化管理先进集体，精神文明建设先进单位。××本人获＿＿＿—＿＿＿年度××优秀党员称号。

（二）审计评价

经审计，××同志任职期间，未发现××营销部存在重大违反财经法纪现象。内部控制制度比较健全，执行也较规范。会计核算和财务管理基础比较扎实。财务管理和会计核算工作一直走在全区的前列。＿＿＿年＿＿＿月至＿＿＿年＿＿＿月该单位资产、负债、所有者权益、收入、成本、费用的确认和核算基本符合《企业会计准则》的要求，会计处理也遵循了一贯性的原则。

五、审计中发现的问题

（一）应收款

截至＿＿＿年＿＿＿月底，××营销部尚有应付××厂3年以上货款＿＿＿元，预付××厂3年以上货款____元，往来款项尚未结清。

（二）资产管理

经过抽查盘点房屋和车辆等固定资产，发现××营销部共有房产____处，房产质量和房屋利用率均较高。但有个别房产两证不全，处于闲置状况，不利于资产安全完整和日后的有关处置。

（三）工资外收入

近年来××公司工资外支出虽有大幅下降，但前年至今年仍在费用中列支"目标考核奖"合计____万元，其中前年开支____万元，去年开支____万元，今年开支____万元。

六、审计意见和建议

（1）严格履行大额资金支出审批程序，按照国家局、省局要求，对超过分公司审批限额的资金支出实行报批制度。

（2）严格执行××行业工效挂钩政策，按照省局（公司）关于工资管理的有关规定和要求，理顺渠道，加强管理。

（3）审计时，账面尚有××交易市场保证金____万元，建议抓紧时间及时收回；对长期挂账应付款建议及时清理。

（4）进一步加强资产管理，尽快办理有关房产的相关权证，对闲置房产按照分公司的统一要求进行清理登记后依法依规进行适当剥离处理。

七、事项说明

本次审计的基准日为____年____月 日，对资产、负债状况的比较选择的是基准日数据，对经营成果的比较选择的是最近的3个完整会计年度数据。

____集团审计处
____年____月____日

五、财务审计工作总结

（一）定义

财务审计工作总结是财务审计员经过一年的工作对自己工作的总结。

（二）写作格式

财务审计工作总结的写作格式如表 8-5 所示。

表 8-5 财务审计工作总结写作格式

项目	基本要求
标题	一般为《××企业财务审计工作总结》
首段	首段主要为引言，引出下面要总结的话
正文	正文应具备如下内容： （1）今年的工作成绩 （2）在这一年中不足的地方 （3）下一年的预期目标
落款	一般为书写人签名以及书写时间

【范本 8-8】

财务审计工作总结

　　_____年是集团公司推进行业改革、拓展市场、持续发展的关键年，也是财务审计部创新思路，规范管理的一年。财务审计部坚持"以市场为导向，以效益为中心"的行业发展思路，紧紧围绕集团公司整体工作部署和财务审计工作重点，团结奋进，真抓实干，完成了部门职责和公司领导交办的任务，取得一定的成绩。为了总结经验教训，更好地完成_____年的各项工作任务，我部就财务、审计方面的工作作出总结如下：

一、____年财务审计工作的简要回顾

（一）财务方面的工作

1. 增强财务服务意识

____年，我们一如既往地按"科学、严格、规范、透明、效益"的原则，加强财务管理，优化资源配置，提高资金使用效益，把为集团公司的各项工作服务好作为我部的一项重要工作。

为了适应新形势下的发展，财务审计部建立健全和完善落实了各项财务规章制度。由于公司的性质发生改变，要求公司的财务规章制度进行重新修订和完善。根据市局（公司）的财务制度，结合集团公司的实际情况，组织汇编了集团公司的财务制度。

为了更好地发挥财务职能，我们加强了对会计基础工作的规范力度，提高会计信息质量，保证会计信息的真实、准确、完整；强化财务的预测、分析及筹资功能，加强对重大投资资金的管理，为领导决策提供有效的、及时的数据与技术支持。

2. 预算管理得到稳步推进

一是细化预算内容。根据各分、子公司____年及____年明细账详细分析了收入、成本与期间费用的执行情况，按科目进行了分类统计，为各分、子公司的____年全面预算奠定基础；二是提高预算透明度。预算方案根据各分、子公司反馈回来的意见适当调整后，经总经理审议通过后形成正式文件下发至各分、子公司，使各单位对本公司的预算有一个全面的了解，增强了预算的透明度；三是增加预算的刚性。我们注重了预算执行中存在的问题和有关情况，不定期地向预算委员会反馈情况，对超预算等问题严格审批程序，对申请调整的事项，须经过专门的论证分析后，按规定的程序批准后执行。一年以来，预算的总体执行情况良好，各分、子公司的预算观念也较以前有大大地提高和增强，为做好____年全面预算工作积累了经验。

2. 充分利用税收政策

充分利用国家对企业的各项税收优惠政策，我部积极办理了××物流公司、××运输公司的税收"减、免、缓"工作，并由此取得了市国家税务局准予××物流公司、××运输公司减免____年度企业所得税合计____万元、增值税____万元的税收优惠政策的批复以及____年度××物流公司、××运输公司所得税减免的批复，为集团公司取得了实质性经济收益。

3. 切实加强财务管理

根据集团公司规范财务管理、优化财务审核程序、提升财务服务质量和职能部门更好地参与企业管理的要求，财务审计部将财务集权管理调整为财务人员试行委派制，并采用按"统一管理，分级负责"的原则进行管理。财务审计部主要具体负责集团公司各类资产的财务监督、财务分析及财务报告和各分、子公司的财务管理和财务内部会计凭证的稽核等业务，充分发挥财务审计部的职能作用。

4. 强力整顿财经秩序

根据市局（公司）财经秩序专项整顿工作的安排和财务收支自查工作方案，集团公司围绕市局"规范行业经营行为，促进××行业的健康发展，为国家创造和积累更多的财富"的工作思路，以"摸清家底、揭示隐患、促进规范、推动发展"为指导思想，严格按照市局（公司）的自查要求，认真开展财务自查工作。财务审计部从严从细，自上而下对"账外账""小金库"和虚列（乱列）成本费用、收入分配失真和会计核算失真等问题进行了自查，并实施强化经济责任审计与加强财经秩序整顿相结合，按照"边整边改"的原则，将查出来的问题根据时间、性质等分门别类，从中查找经营和管理上的漏洞，并有针对性地制定整改措施，限期整改到位。通过此次的自查，切实加强了国有资产的监管力度。

5. 加强资金管理的作用

为了规范集团公司经济运行秩序，加强各分、子公司的资金管理，降低和杜绝资金的使用风险，提高资金使用效率，促进集团公司健康发展，集团公司从____年____月份起将集团公司资金管理中心纳入市局（公司）结算中心统一管理。我们为了保证集团公司资金管理中心能顺利、及时进入市局（公司）结算中心，按照市局（公司）结算中心要求，对各分、子公司的年度和月度资金收支预算、管理费用预算、经营费用及财务费用进行了认真严格的审核和汇编。与此同时，为确保各项工作有条不紊地开展，强调各分、子公司要加大催收货款力度，保证集团公司正常的经济运行。

（二）审计方面的工作

1.根据市局（公司）财务审计工作会议精神，对财务审计部工作提出要求

（1）继续巩固推行财务管理模块，加强财务人员的管理意识和责任心，充分发挥财务管理的职能作用。在全面实施信息化管理的同时，要求我们财务人员要利用更多的时间和精力参与企业管理，每周必须到各核算公司了解业务运行情况，发挥主观能动性，多为经营者提供有参考价值的信息和建议，这一要求作为____年目标考核的主要指标来考核。

（2）全员树立财务管理是企业管理的核心思想，增强危机感、紧迫感和责任感，加强学习，努力提高自身素质，适应新形势下财务工作的要求。

（3）加强内部审计工作力度，发挥专项审计工作的作用，从而降低经营风险。随着集团公司快速发展，企业的资产越来越大，效益和权益的积累也越来越多，内控也越来越重要。作为会计不能只抓核算，更重要在管理，内部管理失控，就会造成企业资产浪费，严格遵守国家和集团公司的规章制度，确保国有资产的保值和不流失；通过加强内部管理，降低成本费用，提高资产运行质量，从资产监管中要效益，实现集团公司内涵式、集约化发展。

2.全面迎接国家审计

为了迎接审计署的全面检查，根据市局（公司）审计重点，我部门

对___年___月___日的财务收支进行了复查，并结合内部审计工作实际，紧紧围绕集团公司的热点、重点、难点问题开展工作，充分发挥财务的监督和服务职能，及时为集团公司领导提供决策依据，并对审计将涉及的财务方面的工作进行了具体的安排和布置。

3. 财务的审计、监督岗位

我们为加强集团公司财务工作的审计和监督职能，今年面向社会招聘了4位从事财务工作多年、经验丰富的财务人员，充实加强财务的审计、审核及财务管理工作岗位。明确了4位同志的工作职责和范围，要求尽快修订完善本部门各个财务岗位责任制及考核办法，为提高财务工作的质量和效率打下坚实的基础。

4. 制定并学习了《财务审计部岗位责任制考核办法》

为了更好地履行总经理赋予的职责，加强（集团）公司财务管理和稽核检查力度，规范集团公司财经秩序和调动广大财务人员的工作积极性和责任感，财务审计部特制定了《财务审计部岗位责任制考核办法》，通过大家认真的学习和讨论，积极思考，并赞同严格按照目标考核办法认真履行自己的工作职责。

二、存在的问题

____年，我部财会审计工作在许多方面均有了明显的进步，但仍然存在着较为突出的问题，主要表现在：

（1）需要加大制度建设的力度。

（2）加强对分、子公司的财务管理。

（3）财会人员的整体业务水平仍有待提高。

（4）财会人员政治素质和工作作风尚需改进。

在这即将过去的一年中，经过全部门同志的共同努力，虽然我们取得了一定经济效益和社会效益，财务审计部的工作也受到领导的认可和支持，取得了单位同事的信任。但是随着改革的纵深推进，我们将面临许多问题：财务审计制度有待进一步完善，财务审计方法需要进一步改进，财务审计力度需要进一步加强。面对这些挑战，在以后的工作中，我们将在市局（公司）的指导下，按照公司领导的总体部署，结合公司实际，开创性工作，努力使财务审计工作再上新台阶。

　　____年我公司股本结构将发生较大的变化，公司财务管理制度也将随时作出相应的调整，成本管理、资金预算、费用管理等也将遇见许多新的要求和新的矛盾，财务审计部将在公司领导的正确领导下，充分发挥全部员工的主观能动性，不断转变工作作风，调整工作思路，根据实际开展工作，为公司财务管理做好服务。

_____集团财务审计部

____年____月____日

六、财务审计整改报告

（一）定义

财务审计整改报告是财务审计后，发现的部分财务问题，相关部门针对这些问题实施整改，整改完成后便绘制财务审计整改报告。

（二）写作格式

财务审计整改报告的写作格式如表 8-6 所示。

表 8-6 财务审计整改报告写作格式

项目	基本要求
标题	一般为《××企业财务审计整改报告》
首行	首行顶格，写汇报对象
正文	正文为分条款，对出现的问题一一解答，并写出整改方法与整改效果
落款	一般为书写人签名与书写时间

【范本 8-9】

财务审计整改报告

_____：

自收到审计局对我公司《××（人）××（职务）期间经济责任审计的报告》后，主要领导和财务人员认真检讨了我公司在日常财务管理上存在的问题。虽然我公司在执行财经法规方面是严格的，但在"预（决）算执行、财务管理及内部控制制度、部门收费"方面还存在未按财经法规去做的现象。公司主要领导和财政所对这次经济责任审计非常重视，立即组织相关人员针对存在的问题再次进行自审并以积极的态度加以整改，将整改情况汇报如下：

针对存在的具体问题逐一整改：

一、对在预（决）算执行中存在的问题，我们做了认真细致的分析，存在的问题坚决予以纠正。虚列的财政收支、空转税收已经调整了有关预算科目；挤占截留的××转移支付已列明计划，并逐步按计划拨付到位。

二、对于财务管理及内部控制制度存在的问题，也已做了全面的整改。已加强了现金和银行存款的管理，把私人名义的存款已转入单位的银行存款账户；对库存白条进行了清理清查，公务借款，基本收回，并已做了账务处理，个人借款已发了催款通知书，限期收回；对业务费已建立了开支制度，今后业务费严格执行开支制度，特别是从严掌握业务招待费的开支；固定资产已按照《事业单位财务规则》（财政部令第68号）健全了固定资产账簿，并把已有的固定资产登记入账；加强完善内部控制制度，杜绝不合理开支；应缴纳的个人所得税已足额补缴入库。

三、对部门收费存在的问题。公司××办公室已把违规收费所得全部上缴公司财政，并加强了对部门收费的管理，坚决杜绝类似的情况再次发生。

四、对停收租金的水泥厂，我公司经过调查核实，制定了租金征收

· 238 ·

办法，保证了集体资产的增值和收益，不断增加公司财力。

在积极整改的同时，认真自我反省，吸取教训，在今后的工作中着重加强以下几个方面的工作：

一是加强财务队伍建设。组织财会人员学习《财会基础知识》，学习相关专业技术，抓好业务技能培训，强化思想训练，提高财会人员的政策水平，思想素质和业务素质。

二是加强预（决）算执行。严格按照《中华人民共和国预算法》的规定编制公司预算，坚决杜绝虚列财政收入和支出。对××的转移支付严格按照有关政策规定及时足额拨付到位，不挤占、挪用。

三是加强财务管理。严格按照《中华人民共和国会计法》和会计制度的规定，进一步加强会计工作规范化，建立健全财务内部管理制度，按规定设置会计科目，进行账务处理。

（1）加强专项资金的管理。对专项资金，注重资金使用效益，实行财政专户管理，确保专款专用，不挤占、挪用；对××的转移支付确保按时足额拨付到位。

（2）加强支出管理。要建立和完善支出管理有关制度，深挖节支潜力，紧缩公司财政支出，建立和完善费用报销制度。通过建章立制，从严控制购置费、招待费、车辆费用、奖金补贴等开支，坚决制止铺张浪费。对不真实、不合理、不合法的票据，不予报销入账。

（3）加强固定资产的管理。对公司和固定资产清查评估，建立健全固定资产相关账簿，加强对固定资产的管理，防止国有资产流失。

（4）健全完善内部控制制度。加强基础管理和增强建立健全内部控制制度的认识，根据《中华人民共和国会计法》规定，结合本公司经济发展的水平和现状，建立内部审计制度、岗位责任制度、建立固定资产、债权、债务清理制度和岗位交叉安排等有效的防范措施和治理对策。

四是加强对公司直属部门预算外资金的管理。公司财政加强对预算外收费票证的管理，建立、健全预算外收费票证领、销、存制度和登记、报告制度。

  收取预算外资金时，必须使用统一印制或监制的票据，收取的预算外资金，必须依照法律、法规和有法律效力的规章制度所规定的项目、范围、标准和程序执行，坚决禁止乱收费，同时也避免了预算外资金的体外循环。

财务部：_____
____年____月____日

第九章 收益分配类文书

收益分配是企业资本的提供者对收益总额进行的分割，它主要是以企业的税息前利润（即利息、所得税和净利润）为对象在各利益主体间进行的分割。这一类主要涉及利润分配类的文书。

一、利润分配请示

（一）定义

利润分配是企业根据市场需求对净利润进行分配，使投资者、公司各获得一部分，但分配的前提必须保证企业的发展。公司利润分配请示是企业财务部进行利润分配前，特请示董事会同意的一种文本。

（二）写作格式

利润分配请示的写作格式如表9-1所示。

表 9-1 利润分配请示写作格式

项目		基本要求
标题		一般为《××企业关于利润分配请示》
正文	开头	主要交代请示的理由
	主题	主要说明请示事项，它是向上级机关提出的具体请求。这部分内容要单一，只宜请求一件事
	结语	另起一段，其习惯用语有"当否，请批示""妥否、请批复""以上请示，请予审批""以上请示，呈请核准"或"以上请示如无不妥，请批转各部门予以执行"
落款		请示发出单位名称及请示时间

【范本 9-1】

关于利润分配的请示

_____股东会：

____年度，我公司实现税后利润____万元，为了使各股东的投资有所收益，现建议按以下方案分配公司利润：

（1）按公司章程规定提取____%法定公积金。

（2）按____%的比例提取公积金。

（3）按____%的比例提取任意公积金。

（4）留存____万元为下年扩大生产规模。

（5）剩余的股东择股比例分配。

以上分配方案妥否，请股东大会审查通过。

附：具体分配方案和分配数额（略）。

____有限公司董事会
____年____月____日

二、利润分配计划书

（一）定义

利润分配计划书是企业在进行利润分配时编制的书面计划。

（二）写作格式

利润分配计划书的写作格式如表 9-2 所示。

表 9-2 利润分配计划书写作格式

项目	基本要求
标题	一般为《××企业利润分配计划书》

续表

项目	基本要求
开头	主要理由
正文	正文应具备以下内容： （1）盈余公积金的提取 （2）公益金的提取 （3）利润指标的确定和考核 （4）利润分配办法
落款	一般为企业董事会以及书写时间

【范本 9-2】

利润留成分配计划

为了促进各企业关心生产，增强盈利，提高经济效益，做好利润再分配，在董事会的指导和大力帮助下，于____年____月制定了如下计划：

1. 盈余公积金

按税后利润的____%提取，主要用于保证重点项目改造和扩大生产，也可用于弥补亏损或用于转增资本金。此外，当盈余公积金已达注册资金____%时可不再提取。

2. 公益金

按照税后利润的____%～____%提取，主要用于企业员工的集体福利设施支出。

3. 利润指标的确定和考核

（1）由计划部按各分公司生产能力，结合各类品种的安排，提供年度品种产量。

（2）由财务部根据上年实际利润，计算出各品种利润和全部产品利润总额；并在适当考虑营业外支出的条件下，确定年度利润定额，以此作为奖励基金分配的依据。

（3）利润定额确定后，遇有产品结构变化时，如内销品种改出口或安排新产品，影响利润部分，利润定额予以调查，不让企业受损。

4. 奖金分配办法

此项在利润分配中计入转作奖金的利润。各分公司必须完成总公司下达的各项指标（产量、质量、品种、利润等），按每月每人＿＿＿元返回企业，以保证生产奖的有效。

公司统一计提的奖励基金，减去每月返回企业的数额后，除留少量作为调剂使用外，结余部分根据企业完成利润定额的情况和半年预分、年终算总账的办法，按照超利润的比例，结合员工人数进行分配，即：该公司员工人数乘以超利润定额比例，变成分数，以各分公司分数之和，去除公司结余奖励基金，得出每分的分值，再乘以该公司分数，即为该公司应得的奖励基金。计算公式如下：

实现利润 − 调整后利润定额 ＝ 超定额利润

（超定额利润 ÷ 调整后利润定额）×100%＝ 超额率

超额率 × 平均员工人数 ＝ 该公司分数

总公司奖励总额 ÷ ∑各分公司分数 ＝ 分值

该分公司分数 × 分值 ＝ 该公司应得奖励基金

5. 浮动嘉奖

公司根据上级部门的要求及不同时期不同的工作重点，结合奖励，确定浮动嘉奖条件。例如：为了奖励巩固提高和创新名牌产品，经××部门鉴定，凡漏验率在＿＿＿%以下，达标率在＿＿＿%以上，每个名牌产品，增加超额利润率＿＿＿%，银牌加＿＿＿%，金牌加＿＿＿%。

6. 经济惩罚

重大事故造成死亡、火灾等，使国家财产遭受重大损失的，扣罚奖金。违反财经纪律问题较严重的，扣罚奖金。扣罚办法，视情节严重程度，由公司董事会研究决定。

____有限公司董事会
____年____月____日

三、分红派息公告

（一）定义

分红派息一般指企业对投资者实施投资回报，对利润进行分配。在分配前，将分配方案以书面报告形式公布于众，这个书面报告即分红派息公告。

（二）写作格式

分红派息公告的写作格式如表 9-3 所示。

表 9-3 分红派息公告写作格式

项目	基本要求
标题	一般为《××企业____年分红派息公告》
开头	主要理由
正文	正文应具备以下内容： （1）分红派息方案 （2）分配对象 （3）分配时间 （4）分派办法 （5）咨询地点
落款	一般为企业董事会和公布时间

【范本9-3】

____年分红派息公告（一）

根据《中华人民共和国公司法》《公开发行股票公司信息披露实施细则》和本公司____年度股东大会决议，现将本公司____年度分红派息事宜公告如下。

一、分红派息方案

公司____年度可分配的利润____元，提取法定公积金____元，法定公益金____元，任意公积金____元，未分配利润为____元。本公司____年度分红派息方案为：向全体股东每股派发现金红利____元（含税），余额____元转入公司____年度未分配利润。

二、红利派发对象

____年____月____日交易结束后登记在册的本公司股东。

三、登记日、除息日

股权登记日：____年____月____日。

除息交易日：____年____月____日。

四、红利派发办法

本公司社会公众股、内部员工股的现金红利发放已委托××证券中央登记结算公司以"现金红利权"的方式代理发放，价格为____元（已扣除个人所得税）。社会公众股、内部员工股股东凭身份证、××证券交易所股票账户到××证券交易所的会员单位的证券交易营业部办理现金红利权领取手续。逾期未领红利者请到当地证券登记公司办理股息领取手续。

咨询地点：_____有限公司。

电话：_____。

____有限公司董事会
____年____月____日

【范本9-4】

___年分红派息公告（二）

本公司及其董事保证信息披露内容的真实、准确和完整，没有虚假记载、误导性陈述或者重大遗漏。

_____有限公司___年度分红派息方案已获___年___月___日召开的___年度股东大会审议通过，现将有关事宜公告如下。

一、分红派息方案

本公司年度派息方案为：以公司现有总股本___股为基数，每___股派现金___元（含税，B股暂不扣税）。扣税后，A股个人股东、投资基金实际每___股派现金___元。

二、股权登记日和除息日

（1）A股股权登记日：___年___月___日（星期___）；除息日：___年___月___日（星期___）。

（2）B股最后交易日为___年___月___日（星期___），除息日为___年___月___日（星期___），B股股权登记日为___年___月___日（星期___）。

三、分红派息对象

（1）截至___年___月___日（星期___）下午××证券交易所收市后，在中国证券登记结算有限责任公司××分公司登记在册的本公司A股股东。

（2）截至___年___月___日（星期___）（最后交易日为___年___月___日）下午××证券交易所收市后，在中国证券登记结算有限责任公司××分公司登记在册的B股股东。

四、分红派息方法

（1）A股无限售条件流通股股息于___年___月___日（星期 ）通过股东托管证券商直接划至其资金账户。

（2）B股股息于___年___月___日（星期 ）通过股东托管券商或托管银行直接划入其资金账户。若B股股东在___月___日（星期___）办理了"××B股"转托管，其股息仍在原托管证券商或托管银行处领取。

（3）根据股东大会决议规定，B股股息以本公司股东大会决议日后第一个工作日（___年___月___日）中国人民银行公布的港币兑换人民币的中间价折为港币支付（时价）。

（4）有限售条件流通股（含高管股）股息由本公司直接派发。

（5）本次分红派息后，公司股本未发生变动。

（6）咨询机构：_____有限公司证券部。

地址：___省___市___大道___号

咨询电话：_____；传真：_____；

联系人：_____。

特此公告。

____有限公司董事会
____年___月___日

四、企业利润增长情况报告

（一）定义

企业利润增长情况报告是指企业财务部门对企业一年利润增长情况以书面的形式总结出来，呈报给企业董事会的一种报告文书。

（二）写作格式

企业利润增长情况报告的写作格式如表9-4所示。

表9-4 企业利润增长情况报告写作格式

项目	基本要求
标题	一般为《××企业___年利润增长情况报告》

续表

项目	基本要求
首行	顶格写呈报对象，一般为公司董事会
正文	正文应具备如下内容： （1）利润的增长 （2）增长点 （3）增长原因 （4）存在不足
落款	一般为企业财务部与公布时间

【范本9-5】

利润增长情况的报告

××经理、××总会计师：

经过技术改造和产品结构调整，____年我公司生产经营和财务状况有很大的好转。产值由降转升，产品销售收入稳步增长，上缴税金与企业利润同步升高，全公司资金状况明显改善。全年收入和利润情况及利润增长原因如下：

利润完成情况分析表

项目	___年	___年	___年	增长率
一、工业总产值（万元）				
二、销售收入（万元）				
百元产值实现销售收入（元）				
三、企业利润（万元）				
百元销售收入实现税前利润（元）				
四、税金（万元）				

续表

项目	___年	___年	___年	增长率
五、利润总额（万元）				
人均利税（元）				
百元销售收入实现税后利润（元）				

一、产值略有回升，销售收入由少转多

近两年，由于我公司处于技术改造阶段，___年全公司工业总产值仅为___万元、比上年增长___%，同___年相比仍减少___%。但因调整产品结构初见成效，适销对路的新产品开始投放市场，所以产品销售收入已呈逐年上升的趋势___年产品销售收入比___年增长___%，___年又比___年上升了___%。每百元产值实现的销售收入，本年达到___元，比___年的___元增长___%，销售收入增加的主要因素是：

（1）在我公司开发了___、___、___、___、___等五大类新产品后，本年度国内市场销售收入净增___万元。

（2）___、___两大类新产品的出口交货值净增值___万元人民币。

二、利润总额增加，呈逐年稳步上升的态势

___年企业利税总额已达万元，比上年增加___%，人均利税由上年的___元上升到___元。其中，上交给国家的税金达到___万元，亦较上年增长___%，而且连续三年来的情况表明上几项指标也都呈逐年稳步上升的趋势。

三、企业利润开始与税金同步升高，自我发展能力正在逐步增强

___年，企业利润达到了___万元，较上年增长___%，同___年相比则增长___%。这个数额虽然距企业生产经营的实际需要相差甚远，但能有如此稳定上升的局面，在目前的××行业中已是相当难得的成果。这对我公司逐步增强自我发展能力，提高生产经营，都将起着良好的推动作用。

综观我公司___年的生产经营形势，确有较大的改观，如在下一步企业改革中，确能摸准国内外市场信息，做到产品适销对路，质地精良，

实现公司董事会提出的"把出口产品的比重由现在的____%扩大到____%左右,把赢得较大的新产品销售比重由现在的____%扩大到____%左右"的目标,那么我公司的经济效益和竞争能力便可以得到更大的提高,企业利润也可以达到千万元以上。这样,我公司资金短缺的情况才能得到缓解,从而逐渐步入良性循环的发展阶段。

以上报告,供参考。

_____有限公司财务部

____年____月____日

五、盈利状况报告

(一)定义

盈利状况报告是企业财务部通过财务核算,将财务盈利实际数据用书面形式反映出来,呈报给企业董事会的一种报告文书。

(二)写作格式

盈利状况报告的写作格式如表9-5所示。

表9-5 盈利状况报告写作格式

项目	基本要求
标题	一般为《××企业年盈利状况报告》
首行	顶格写呈报对象,一般为公司董事会
正文	正文应具备以下内容: (1)基本概述企业是否盈利 (2)盈利的数据 (3)销售情况 (4)利税情况 (5)利润情况 (6)存在的不足
落款	一般为企业财务部和公布时间

【范本 9-6】

盈利状况的报告

××总经理：

____年，由于我公司从多方面巩固了前几年技术改造中形成的____、____、____、____、____等多元化的生产新格局，企业活力逐步增强，全公司的生产、销售和经济效益都获得了一定的发展。但企业利润增加不多，资金紧缺的严重局面尚未得到缓解。

一、生产与销售的关系逐渐和谐

前几年，由于市场疲软，我公司曾一度出现过生产与销售不协调的现象。但经过技术改造和调整产品结构后，实行了以销定产，现已形成产销比较和谐的发展局面。

产品销售收入增长对比表

项目	____年	____年	____年	增长率
工业总产值（万元）				
产品销售收入（万元）				
其中：新产品销售收入的比重				
百元产品实现销售收入（元）				

____年，我公司工业总产值虽只实现____万元，较上年增加____%，但产品销售收入却达到了____万元，比上年增长____%。销售收入增加幅度大于产值，主要是因产品更新换代，将大部分产品改为适销对路的新产品所致。据计算，在本公司产品销售收入中，新产品销售所占的比重，___年为___%___年为___%；___年则为___%。其中，仅销售盈利较大的___（××部）、（××部）即实现销售收入____万元，占全部销售收入的___%。

这表明我厂经过几年努力而形成的多元化生产新格局，基本上是适合市场需要的，并已初见成效。

二、利税总额逐年升高

____年，全公司利税总额共实现____万元，较上年增长____%。百元销售收入实现的利税为____元，比上年上升____元，比技术改造的第一年则上升____元多。在利税总额中，税金的比重和增长幅度均在逐步加大。详见下表：

利润总额增长对比表

项目	____年	____年	____年	增长率
利税总额（万元）				
百元销售收入实现的利税（元）				
税金总额（万元）				
税金占利税总额的比重				
企业利润（万元）				

三、企业留利增幅低缓

____年，企业留利共为____万元，比上年仅增加____万元，增长____%。企业留利增加数额不多，一方面是因生产和销售仍处于低速发展的状态；另一方面则是受税金增幅较大的影响。由于我公司生产的多数是属于技术含量高、占用资金多的产品，加上技术改造耗用资金数量较大，近几年的企业留利又多用于还债，故而资金紧缺的局面一直没有得到缓解。据计算，____年，我公司的资产负债率为____%，仅比上年的____%下降____个百分点。如果产品销路不能迅速打开，企业留利增幅不能加大，在物价上涨幅度较大的情况下，到期负债不能归还，企业在生产经营和资金周转上的困难还会进一步加剧。

因此，如何发挥我公司技术装备良好的优势，生产更多的适销产品，努力提高盈利能力，仍是我公司亟待解决的一个根本问题。

____有限公司财务部

____年____月____日

六、利润分配报告

（一）定义

利润分配报告是指企业在进行利润分配后，将利润分配的具体情况形成文字形式，以书面报告的形式呈报给企业董事会的一种文本。

（二）写作格式

利润分配报告的写作格式如表9-6所示。

表9-6 利润分配报告写作格式

项目	基本要求
标题	一般为《××企业 年利润分配报告》
首行	顶格写呈报对象，一般为公司董事会
正文	正文应具备以下内容： （1）基本概述企业利润分配概况 （2）已分配的利润 （3）分配法则 （4）未分配的资产数额
落款	一般为企业财务部与公布时间

【范本9-7】

利润分配报告

××董事长：

　　＿＿＿年，本公司的利润分配已按＿＿＿月＿＿＿日董事会的决定分配完毕，现将分配结果报告如下：

　　本年度，由于××出口数量增加，公司实现的利润总额达到＿＿＿元，比上年的＿＿＿元增加＿＿＿元，增长＿＿＿％。加上年初未分配利润＿＿＿元，则本年可分配利润数共为＿＿＿元（见下表）。

利润分配情况

金额单位：元

项目	___年	___年	___年比上年增减
一、利润总额			
加：年初未分配利润			
二、可分配利润			
减：应交所得税			
提取法定盈余公积金			
提取公益金			
三、可供股东分配的利润			
减：已分配优先股股利			
提取任意公积金			
已分配普通股股利			
四、未分配利润			

（1）缴纳所得税___元，比上年增长___%。

（2）按规定提取的法定盈余公积金为___，比上年增加___%。

（3）按规定提取的公益金为___元，也比上年增长___%。

（4）已分配的优先股股利___元，比上年增长___%。

（5）按董事会决议提取任意公积金___元，比上年的___元增加___%。

（6）已分配的普通股股利___元，比上年增加___%。

（7）未分配利润为___元，比年初的___元减少___%。

净值报酬率、税后利润对比表

项目	___年	___年
净值报酬率		
税后利润（元）		
平均股东权益（元）		

> 1. 净值报酬率
>
> ___年，本公司的净值报酬率已达___%，比上年的___%提高___个百分点。
>
> 2. 每股盈余
>
> 本年，普通股的每股盈余为___元，比上年的___元升高___元。
>
> 上述情况表明，本年公司的利润分配是合理的。既体现了依法理财的原则，足额缴纳了税金，也体现了股东权利平等、利益共享、风险共担的原则，基本上使股东权益的收益水平与企业盈利水平得到了同步提高。
>
> _____有限公司财务部
____年____月____日

七、利润分配方案实施公告

（一）定义

利润分配实施公告是指企业在进行利润分配时，给予全体股东的公告。

（二）写作格式

利润分配方案实施公告的写作格式如表9-7所示。

表9-7 利润分配方案实施公告写作格式

项目	基本要求
标题	一般为《××利润分配方案实施公告》
正文	正文应具备以下内容： （1）分配方案 （2）分配时间 （3）分配对象 （4）实施办法
结尾	一般为企业财务部与公布时间

【范本9-8】

利润分配方案实施公告

本公司及董事会全体成员保证公告内容的真实、准确和完整，对公告的虚假记载、误导性陈述或者重大遗漏负连带责任。

重要内容提示：

■本次利润分配方案为每＿＿股派发现金红利＿＿元（含税）

■扣税前每股现金红利＿＿元；扣税后每股现金红利＿＿元

■股权登记日：＿＿年＿＿月＿＿日（星期＿＿）

■除息日：＿＿年＿＿月＿＿日（星期＿＿）

■现金红利发放日：＿＿年＿＿月＿＿日（星期＿＿）

××有限公司＿＿年度利润分配方案，经＿＿年＿＿月＿＿日召开的＿＿年度股东大会审议通过。股东大会决议公告刊登在＿＿年＿＿月＿＿日××证券交易所网站和《中国证券报》《××证券报》《证券时报》和《证券日报》上。现将利润分配具体实施事项公告如下。

一、年度利润分配方案

经审计，本公司＿＿年度实现净利润＿＿元，加年初未分配利润＿＿元，本年可供分配利润＿＿元。＿＿年度利润分配方案如下：按照本年净利润的＿＿％提取法定公积金＿＿元；提取一般准备金＿＿元；每＿＿股派发现金股利＿＿元（含税）；结余未分配利润＿＿元结转下年度。

二、股权登记日、除息日、现金红利发放日

股权登记日：＿＿年＿＿月＿＿日。

除息日：＿＿年＿＿月＿＿日。

现金红利发放日：＿＿年＿＿月＿＿日。

三、分红派息发放对象

截至＿＿年＿＿月＿＿日下午××证券交易所收市后，在中国证券登记结算有限责任公司××分公司登记在册的本公司全体股东。

四、分配实施办法

（1）根据财政部、国家税务总局《关于上市公司股息红利差别化个人所得税有关政策的通知》（财税〔2015〕101号）"对个人投资者从上市公司取得的股息红利所得，暂减按50%计入个人应纳税所得额，依照现行税法规定计征个人所得税"的规定，对持有公司股份的个人股东，公司按照____%的税率代扣个人所得税，实际派发现金红利为每股____元；法人股东和其他机构投资者所得税自行缴纳，实际派发现金红利为每股____元。

（2）××省财政厅、××有限公司、××投资有限公司、××金融公司、××管理有限公司等股东所持股份的现金红利由公司直接发放。

（3）除以上所列股东外，其他股东所持股份的现金红利委托中国证券登记结算有限责任公司××分公司通过其资金清算系统，向股权登记日登记在册、并在××证券交易所各会员单位已办理了指定交易的股东派发。已办理全面指定交易的股东可于红利发放日在其指定的证券营业部领取现金红利，未办理指定交易的股东红利暂由中国证券登记结算有限责任公司××分公司保管，待办理指定交易后再行派发。

五、咨询事宜

咨询机构：××董事会办公室。

地址：___市___路___号___大厦A座___室。

电话：_____。

传真：_____。

六、备查文件

___有限公司___年度股东大会决议及公告。

特此公告！

____有限公司财务部
____年____月____日

第十章 财务分析类文书

财务分析是以财务报告资料及其他相关资料为依据，采用一系列专门的分析技术和方法，对企业等经济组织过去和现在有关筹资活动、投资活动、经营活动、分配活动的盈利能力、营运能力、偿债能力和增长能力状况等进行分析与评价的经济管理活动。其文本主要指向一个内容，即财务分析报告。

一、财务分析报告

（一）定义

财务分析报告是企业依据会计报表、财务分析表及经营活动和财务活动所提供的丰富、重要的信息及其内在联系，运用一定的科学分析方法，对企业的经营特征，利润实现及其分配情况，资金增减变动和周转利用情况，税金缴纳情况，存货、固定资产等主要财产物资的盘盈、盘亏、毁损等变动情况及对本期或下期财务状况将发生重大影响的事项做出客观、全面、系统的分析和评价，并进行必要的科学预测而形成的书面报告。

（二）写作格式

财务分析报告的写作格式如表 10-1 所示。

表 10-1 财务分析报告写作格式

项目	基本要求
第一部分 提要段	即概括公司综合情况，让财务报告接受者对财务分析说明有一个总括的认识

续表

项目	基本要求
第二部分 说明段	是对公司运营及财务现状的介绍。该部分要求文字表述恰当、数据引用准确。对经济指标进行说明时可适当运用绝对数、比较数及复合指标数。特别要关注公司当前运作上的重心，对重要事项要单独反映。公司在不同阶段、不同月份的工作重点有所不同，所需要的财务分析重点也不同。如公司正进行新产品的投产、市场开发，则公司各阶层需要对新产品的成本、回款、利润数据进行分析的财务分析报告
第三部分 分析段	是对公司的经营情况进行分析研究。在说明问题的同时还要分析问题，寻找问题的原因和症结，以达到解决问题的目的。财务分析一定要有理有据，要细化分解各项指标，因为有些报表的数据是比较含糊和笼统的，要善于运用表格、图示，突出表达分析的内容。分析问题一定要善于抓住当前要点，多反映公司经营焦点和易于忽视的问题
第四部分 评价段	作出财务说明和分析后，对于经营情况、财务状况、盈利业绩，应该从财务角度给予公正、客观的评价和预测。财务评价不能运用似是而非，可进可退，左右摇摆等不负责任的语言，评价要从正面和负面两方面进行，评价既可以单独分段进行，也可以将评价内容穿插在说明部分和分析部分
第五部分 建议段	即财务人员在对经营运作、投资决策进行分析后形成的意见和看法，特别是对运作过程中存在的问题所提出的改进建议。值得注意的是，财务分析报告中提出的建议不能太抽象，而要具体化，最好有一套切实可行的方案

【范本 10-1】

财务分析报告（一）

董事会：

　　下面我就公司财务管理进行分析总结。

一、公司概况

我公司是以生产电子产品为主，以加工半成品为辅的电子产品公司。公司注册资金____万元，设备先进。主要市场包括本地市场和国内市场，另外，公司正积极开发国际市场。公司的主打产品是 P1 产品，外加开发了行业领先的 P2、P3 产品，以实现以高科技产品为主，大众产品为辅的生产模式。公司上年盈利____多万元，在行业竞争能力中排行第二，产品占的市场份额较大，前景光明。

二、管理概况

（一）管理层讨论与分析

1. 报告期内公司经营情况的回顾

公司总体经营情况：____年度，公司坚持走以质量取胜的道路，坚持诚信经营的理念，坚持市场份额与经济效益并重的原则，坚持携带经销商、供应商共谋发展，共建双赢的发展模式，依靠自主创新。销售 P2、P3 产品，价格较高，盈利较多。公司实现销售收入____万元，比上年增长____%，实现利润____万元，比上年增长____万元，净资产收益为____万元，取得较佳盈利。

2. 公司主营业务及其经营状况

公司主营业务范围：生产电子产品，生产 P2、P3 产品。生产所需的原材料比预算中昂贵，库存等费用也有所下降，成本下降会给公司经营带来较好的盈利，有利于成本最优。

（二）公司未来发展的展望

1. 公司市场份额将进一步提高

未来公司将继续坚持以技术质量取胜的发展思路，坚持自主创新，坚持精品战略，不断提升产品的技术创新能力和质量水平，不断提升产品品牌的知名度和含金量，不断完善独具特色的营销模式，抓住行业快速整合的机会，进一步提高市场份额，巩固行业领先地位。

2. 加速开发国际市场

出口方面，随着与海外客户交流的不断增加，公司的技术质量优势越来越得到海外客户的认同。因此，公司 P3 产品价格虽然比国内同行高一些，海外客户也愿意接受。＿＿年订单大幅增长，预计至少增长＿＿％。

3. 未来两年资本性开支增大

随着公司销量的不断增大，公司也将相应投资增加产能；同时为了进一步提高技术质量水平，降低成本，确保稳定可控的关键原材料的供应，公司希望投资提高生产设备的先进性。

综上所述，＿＿年公司经营具体目标是：销售收入增长＿＿％以上，利润增长＿＿％以上。

三、财务报告

审计意见：标准无保留审计意见财务报表（见附件1、附件2）。

四、整体财务状况分析

（一）财务状况评述

1. 财务结构范围合理

＿＿年，本公司总资产＿＿万元。其中，负债＿＿万元，占资产总额的＿＿％；所有者权益＿＿万元，占资产总额的＿＿％。

2. 所有者权益增长比较快

＿＿年总资产为＿＿万元，较上一年减少＿＿％；负债总额＿＿万元，较上一年增长＿＿％；所有者权益总额为＿＿万元，减少率为＿＿％。除负债增长外，资产和所有者权益都减少了。公司的经营比上年稍有下降，负债增加很难衡量公司的能力，但风险增加是一定的，应尽量避免。

（二）资产状况分析

1. 流动资产比重最大

资产总额＿＿万元，其中流动资产＿＿万元，占总资产的＿＿％；长期投资＿＿万元，占总资产的＿＿％；固定资产＿＿万元，占总资产的＿＿％；

无形资产及其他资产___万元，占资产总额的___%。从资本结构看，流动资产和固定资产占的比例仍相对较高，流动资产和固定资产的质量和使用效率对上市公司的经营状况起决定性作用。

2. 资产总体出现负增长

___年公司的资产比前年减少___%。主要是因为销售额的减少。总体而言，流动资产、固定资产、无形资产均较上一年减少。

（三）负债和所有者权益状况分析

1. 所有者权益大于债权人权益

___年公司负债总额___万元，其中，流动负债为___万元，占资产总额的___%。长期负债及其他为___万元，占资产总额的___%；公司所有者权益为___万元，占资产总额的___%。从负债和所有者权益构成来看，公司承担的所有者权益所占比例最高，即公司的经营压在股东对公司的信任上，不是一件很有保障的事。流动负债也占比较高的比重，对公司的债务风险起决定性作用。

2. 负债与未分配利润增长比较大

从负债和所有者权益占总资产比重来看，上一年公司的流动负债比率为___%，长期负债比率为___%，所有者权益的比率为___%。说明公司经营性负债水平比较高，日常生产经营活动重要性增强，风险增大。在负债和所有者权益的变化中，流动负债增长表明公司的短期融资活动增加，经营业务波动性较高。公司长期负债增长，该项数据增加，表明公司借助增加部分长期负债来筹措资金，说明公司的发展对长期负债的依赖性有所增强。

___年公司未分配利润比去年减少了___万元，表明公司当年减少了盈余；未分配利润所占结构性负债的比重比去年也有所下降，说明企业筹资和应对风险的能力比去年有所降低。总体上，公司长期和短期的融资活动比去年有所减少。公司是以负债资金为主来开展经营性活动，资金成本相对比较高。

五、经营成果总体评述

公司____年总体经营是净盈利____万元,尽管比上年有少许下降,但下降幅度不大,说明公司的总体策略是正确的。公司今年销售 P2、P3 产品的份额跟去年差不多,但运输费用、库存费用等成本开支有所下降,说明公司在节约成本上做得比较好,这也是作为生产企业应该调节的。

____有限公司财务部
____年____月____日

附件 1

比较资产负债表(年)

单位:万元

资产	期末余额	上年年末余额
流动资产:		
货币资金		
交易性金融资产		
衍生金融资产		
应收票据		
应收账款		
应收款项融资		
预付款项		
其他应收款		
存货		
合同资产		
持有待售资产		
一年内到期的非流动资产		
其他流动资产		
流动资产合计		

续表

资产	期末余额	上年年末余额
非流动资产：		
债权投资		
其他债权投资		
长期应收款		
长期股权投资		
其他权益工具投资		
其他非流动金融资产		
投资性房地产		
固定资产		
在建工程		
生产性生物资产		
油气资产		
使用权资产		
无形资产		
开发支出		
商誉		
长期待摊费用		
递延所得税资产		
其他非流动资产		
非流动资产合计		
资产总计		
流动负债：		
短期借款		
交易性金融负债		
衍生金融负债		
应付票据		
应付账款		
预收款项		
合同负债		

续表

资产	期末余额	上年年末余额
应付职工薪酬		
应交税费		
其他应付款		
持有待售负债		
一年内到期的非流动负债		
其他流动负债		
流动负债合计		
非流动负债：		
长期借款		
应付债券		
其中：优先股		
永续债		
租赁负债		
长期应付款		
预计负债		
递延收益		
递延所得税负债		
其他非流动负债		
非流动负债合计		
负债合计		
所有者权益：		
股本		
其他权益工具		
其中：优先股		
永续债		
资本公积		
减：库存股		
其他综合收益		
专项储备		

续表

资产	期末余额	上年年末余额
盈余公积		
未分配利润		
所有者权益合计		
负债和所有者权益总计		

附件2

利 润 表

编报单位：＿＿有限公司　　　　＿＿年＿＿月　　　　　　　　单位：万元

项目	本期金额	上期金额
一、营业收入		
减：营业成本		
税金及附加		
销售费用		
管理费用		
研发费用		
财务费用		
其中：利息费用		
利息收入		
加：其他收益		
投资收益（损失以"-"号填列）		
其中：对联营企业和合营企业的投资收益		
以摊余成本计量的金融资产终止确认收益（损失以"-"号填列）		
净敞口套期收益（损失以"-"号填列）		
公允价值变动收益（损失以"-"号填列）		
信用减值损失（损失以"-"号填列）		

续表

项目	本期金额	上期金额
资产减值损失（损失以"-"号填列）		
资产处置收益（损失以"-"号填列）		
二、营业利润（亏损以"-"号填列）		
加：营业外收入		
减：营业外支出		
三、利润总额（亏损以"-"号填列）		
减：所得税费用		
四、净利润（净亏损以"-"号填列）		
（一）持续经营净利润（净亏损以"-"号填列）		
（二）终止经营净利润（净亏损以"-"号填列）		
五、其他综合收益的税后净额		
（一）不能重分类进损益的其他综合收益		
1.重新计量设定受益计划变动额		
2.权益法下不能转损益的其他综合收益		
3.其他权益工具投资公允价值变动		
4.企业自身信用风险公允价值变动		
……		
（二）将重分类进损益的其他综合收益		
1.权益法下可转损益的其他综合收益		
2.其他债权投资公允价值变动		
3.金融资产重分类计入其他综合收益的金额		
4.其他债权投资信用减值准备		
5.现金流量套期储备		
6.外币财务报表折算差额		
……		
六、综合收益总额		
七、每股收益		
（一）基本每股收益		
（二）稀释每股收益		

【范本 10-2】

财务分析报告（二）

____年集团下属企业，坚持以提高效益为中心，以搞活经济强化管理为重点，深化企业内部改革，深入挖潜，调整经营结构，扩大经营规模，进一步完善了企业内部经营机制，努力开拓，奋力竞争。销售收入实现____万元，比上年增加____%以上，并在取得较好经济效益的同时，取得了较好的社会效益。

（一）主要经济指标完成情况

本年度商品销售收入为____万元，比上年增加____万元。其中，商品流通企业销售实现____万元，比上年增加____%，工业产品销售____万元，比上年减少____%，其他企业营业收入实现____万元，比上年增加____%。全年毛利率达到____%，比上年提高____%。费用水平本年实际为____%，比上年升高____%。全年实现利润____万元，比上年增长____%。其中，商业企业利润____万元，比上年增长____%，工业利润____万元，比上年下降____%。销售利润率本年为____%，比上年下降____%。其中，商业企业为____%，比上年上升____%。全部流动资金周转天数为128天，比上年的110天慢了18天。其中，商业企业周转天数为60天，比上年的53天慢了7天。

（二）主要财务情况分析

1. 销售收入情况

通过强化竞争意识，调整经营结构，增设经营网点，扩大销售范围，促进了销售收入的提高。

2. 费用水平情况

集团商业的流通费用总额比上年增加____万元，费用水平上升____%。其中：①运杂费增加____万元；②保管费增加____万元；③工资总额增加____万元；④福利费增加____万元；⑤房屋租赁费增加____万元；⑥低值易耗品摊销增加____万元。

从变化因素看，主要是由于政策因素影响：①调整了"三资""一金"比例，使费用绝对值增加了____万元；②调整了房屋租赁价格，使费用增加了____万元；③企业普调工资，使费用相对增加____万元。扣除这三种因素影响，本期费用绝对额为____万元，比上年相对减少____万元。费用水平为____%，比上年下降____%。

3. 资金运用情况

年末，全部资金占用额为____万元，比上年增加____%。其中：商业资金占用额____万元，占全部流动资金的____%，比上年下降____%。结算资金占用额为____万元，占____%，比上年上升了____%。其中：应收货款和其他应收款比上年增加____万元。从资金占用情况分析，各项资金占用比例严重不合理，应继续加强应收账款的清理工作。

4. 利润情况

企业利润比上年增加____万元，主要因素是：

（1）增加因素：①由于销售收入比上年增加____万元，利润增加了____万元；②由于毛利率比上年增加____%，使利润增加____万元；③由于其他各项收入比同期多收____万元，使利润增加____万元；④由于支出额比上年少支出____万元，使利润增加____万元。

（2）减少因素：①由于费用水平比上年提高____%，使利润减少____万元；②由于税率比上年上浮____%，使利润少实现____万元；③由于财产损失比上年多____万元，使利润减少____万元。以上两种因素相抵，本年度利润额多实现____万元。

5. 现金流量分析

（1）____年度，公司经营活动产生的现金流量净额为____亿元，同比增长____%。这表明公司的经营活动现金流入大于流出，具备较强的自我造血能力。

（2）____年度，公司投资活动产生的现金流量净额为____亿元，表明公司在投资方面有一定的支出。这些投资主要用于扩大生产规模、研发新产品和拓展市场等方面。

（3）____年度，公司筹资活动产生的现金流量净额为____亿元，表明公司在筹资方面取得了一定成果。这些筹资主要用于偿还债务、补充流动资金和扩大再生产等方面。

（三）存在的问题和建议

（1）资金占用增长过快，结算资金占用比重较大，比例失调。特别是其他应收款和销货应收款大幅度上升，如不及时清理，对企业经济效益将产生很大影响。因此，建议各企业领导要重视，应收款较多的单位，要领导带头，抽出专人，成立清收小组，积极回收。也可将奖金、工资同回收货款挂钩，调动回收人员积极性。同时，要求企业经理要严格控制赊销商品管理，严防新的欠账产生。

（2）经营性亏损单位有增无减，亏损额不断增加。集团企业未弥补亏损额高达____万元，比同期大幅度上升。建议各企业领导要加强对亏损企业的整顿、管理，做好扭亏转盈工作。

（3）各企业程度不同地存在潜亏行为。集团待摊费用高达____万元，待处理流动资金损失为____万元。建议各企业领导要真实反映企业经营成果，该处理的处理，该核销的核销，以便真实地反映企业经营成果。

____有限公司财务部
____年____月____日

二、盈利能力分析报告

（一）定义

财务盈利能力分析报告是指通过对企业在下阶段的资产投入进行分析，对未来盈利进行预估，并将预估结果形成文字并呈现出来的报告形式。

（二）写作格式

企业盈利能力分析报告的写作格式如表10-2所示。

表 10-2 企业盈利能力分析报告写作格式

项目	基本要求
标题	一般为《××企业盈利能力分析报告》
首行	报告对象，一般为企业经营者，如董事会
正文	正文应具备如下内容： （1）描述企业投资概况 （2）企业盈亏的平衡点，最好用数据核算说明 （3）利润达到一定额度的销售量 （4）销售额达到一定数量的利润额 （5）进行盈利能力分析
落款	一般为汇报部门（一般为财务部）并注明时间

【范本 10-3】

企业盈利能力分析报告

总会计师：

　　本企业自＿＿＿年开始在加大内部自主创新力度的同时，强化了外部投资的竞争力，在减少对外投资的前提下仍取得可观的投资收益。为准确把握企业的盈利能力，为将来企业的发展提供数据支持，按照企业的要求，对企业的盈利能力作出如下分析。

　　一、盈利能力基本情况

　　我企业＿＿＿年的营业利润率为＿＿＿%，资产报酬率为＿＿＿%，净资产收益率为＿＿＿%，成本费用利润率为＿＿＿%。企业实际投入企业自身经营业务的资产为＿＿＿万元，经营资产的收益率为＿＿＿%，而对外投资的收益率为＿＿＿%（近三年的营业利润率如下表所示）。

营业利润率明细表

时间	___年	___年	___年
营业利润率			

二、内部经营资产和对外长期投资的盈利能力

我企业___年内部经营资产的盈利能力为___%，与___年的___%相比变化不大。___年对外投资业务的盈利能力为___%，与___年的___%相比有较大幅度的提高，提高___个百分点。

三、对外投资的盈利能力

尽管对外投资收益有较大幅度的下降，但对外投资总额的下降幅度更大，相对来看，本期对外投资的盈利能力有较大幅度的提高（见近三年对外投资收益率增长表）。

近三年对外投资收益率明细表

金额单位：万元

时间	___年	___年	___年
对外投资额			
对外投资收益率			

四、内外部资产盈利能力比较

从企业内外部资产的盈利情况来看，对外投资的收益率大于内部资产收益率，内部经营资产收益率又大于企业实际贷款利率，说明对外投资的盈利能力是令人满意的。

五、资本收益率

___年净资产收益率为___%，与___年的___%、___年的___%相比增长缓慢。具体如下表所示。

净资产收益率明细表

时间	___年	___年	___年
净资产收益率			

六、资本收益率变化原因

___年净资产收益率比___年高的主要原因如下：___年净利润为___万元，与___年的___万元相比有较大增长，增长___%；___年所有者权益为___万元，与___年的___万元相比有所增长，增长___%。净利润增长速度快于所有者权益的增长速度，致使净资产收益率提高。

七、资产报酬率

___年总资产报酬率为___%，与___年的___%相比变化不大。具体如下表所示。

总资产报酬率明细表

时间	___年	___年	___年
总资产报酬率			

八、资产报酬率变化原因

___年总资产报酬率比___年提高的主要原因是：___年息税前收益为___万元，与___年的___万元相比有较大增长，增长___%。___年平均总资产为___万元，与___年的___万元相比有较大增长，增长___%。息税前收益增长速度快于平均总资产的增长速度，致使总资产报酬率提高。

九、成本费用利润率变化情况

___年成本费用利润率为___%，与___年的___%相比变化不大。___年期间费用投入的经济效益为___%，与___年的___%相比有所提高，提高___个百分点。

十、资本收益率变化原因

___年净资产收益率比___年提高的主要原因是：___年净利润为___万元，与___年的___万元相比有较大增长，增长___%。___年所有者权益为___万元，与___年的___万元相比有所增长，增长___%。净利润增长速度快于所有者权益的增长速度，致使净资产收益率提高。

____有限公司财务部

____年____月____日

【范本10-4】

新产品盈利能力分析报告

各位董事：

下面就我公司的新产品进行盈利能力分析。

我公司自___年从国外引进 A 产品以后，经济效益有了较大的提高。为单独观察这一新产品的盈亏平衡点和盈利状况，该公司对该产品的产、销、利，进行了以下四方面的计算和分析。

一、对盈亏平衡点的计算

据计算，每吨 A 产品的销售价格为 2 350 元，每吨的变动成本为 1 980 元，每年固定成本总额为 407 万元。而根据这些数据再按方程式法计算出来的盈亏平衡点的销量应为 11 000 吨。而对比 ×× 公司去年的实际销售情况，本年度已经达到 17 400 吨，超过盈亏平衡点 6 400 吨，盈利 236 万元。

（1）盈亏平衡点上的销量 = 4 070 000÷（2 350－1 980）= 11 000（吨）

（2）按去年实际销量计算的利润总额 =（17 400×2 350）－（17 400×1 980）－4 070 000 = 40 890 000－34 452 008－4 070 000 = 2 368 000（元）（税前利润）

从以上情况可以看出，这个新产品具有两个鲜明的特点：一是盈亏平衡点的销量较高；二是销量越过盈亏平衡点之后，盈利的数额和增长幅度大。这是由引进设备的一次性投资较大，固定成本总额偏高所致。但只要产量、销售量达到一定程度，效益还是相当可观的。

二、利润总额达到400万元时的销售量

按以上数据计算，在公司A产品的利润总额要求达到400万元时，这种新产品的销售量必须达到21 810吨，才能实现。

（4 000 000+4 070 000）÷（2 350-1 980）=21 810（吨）

而从今年上半年的实际销售情况来看，由于销售渠道逐步打通，出口数量增多，这种新产品的销售量已达13 412吨。如不发生特殊情况，预计全年销售量可实现25 000吨，利润总额也可以达到518万元左右。

销售量达到2.5万吨的利润。

（25 000×2 350）-（25 000×1 980）-4 070 000=58 750 000-49 500 000-4 070 000=5 180 000（元）

三、销量达到3万吨时的利润总额

如果按引进设备的设计能力计算，A产品的最高年产量可以达到3万多吨。若在美国国内销售和出口美国数量每年能达到3万吨，仅这一项新产品即可创利703万元，即便在扣除外缴税、费之后，企业留利也可以达到360万元左右。这既是该产品创利的最高点，也是为公司创利最多的产品。

销量到3万吨时的利润。

（30 000×2 350）-（30 000×1 980）-4 070 000=70 500 000-59 400 000-4 070 000=7 030 000（元）

为确保数字计算的可靠，以上所用产品销售价格都是按最低价计算的。如售价升高，创利数还可增多一些。

四、市场调查的预测销量

A产品的销售量，从订货情况看，由于公司产品质量已经赶上日本

和法国等国，而且价格也略低于国际市场的平均价。所以如果出厂价格能保持在每吨 420～430 美元，仅两家外商即可包销 2 万吨以上。至于美国国内市场，在几个大城市便可卖出 1 万吨左右。只是目前的生产因引进设备尚处于调整阶段，还不具备满负荷运行的条件，预计明年能达到设计能力。如电力供应充足，最高年产量则可达到 3.3 万吨左右。从而达到产、销、利的最高限。

_____有限公司财务部
_____年____月____日

三、企业运营能力分析报告

（一）定义

一般来说，企业的运营能力分析报告是指对流动资产、固定资产企业的周转率进行分析，从而找出其影响企业运营能力的因素，以形成文字并制成的报告。

（二）写作格式

企业运营能力分析报告的写作格式如表 10-3 所示。

表 10-3 企业运营能力分析报告写作格式

项目	基本要求
标题	一般为《××企业运营能力分析报告》
首行	报告对象，一般为企业经营者，如董事会
正文	正文要包括五个部分： 第一部分：描述企业投资概况 第二部分：标出企业盈亏的平衡点，最好用数据核算说明第三部分：写出利润达到一定额度的销售量 第四部分：写出销售额达到一定数量的利润额第五部分：进行盈利能力分析
落款	一般为汇报部门（一般为财务部）并注明时间

【范本 10-5】

运营能力分析报告

各位董事：

　　下面就我公司的企业运营能力进行分析。

　　今年，电子产品也进入微利时代。本公司经过考虑，调整经营战略，树立自己的品牌，取得了良好的效果。上一年税后利润达＿＿万元，本年度年税后利润为＿＿万元。资产净报酬率超过＿＿%。但由于公司处于业务扩展期，管理上、营销上尚有漏洞，短期偿债能力有所下降。公司的宗旨是：负重经营，立足长远。

　　下面我们结合资产负债表和偿债能力、营运能力指标来分析这一战略。

一、流动比率

　　流动比率是指企业流动资产与流动负债的比率，简称为流动比，又称营运资金比率。计算公式为：

$$流动比率 = \frac{流动资产}{流动负债}$$

　　式中：流动资产包括现金、应收账款、有价证券、存货等；流动负债包括应付账款、应付票据、一年内到期的非流动负债、应交税费和其他应付费用等。

　　在具体计算流动比率时，流动资产和流动负债数额可以从附件的资产负债表中"流动资产合计"和"流动负债合计"两项目的期初数、期末数中查到。如附表所示：本年度资产负债表中"流动资产合计"项目期初数为 12 040 680 元，期末数为 13 079 000 元，"流动负债合计"项目期初数为 6 523 260 元，期末数为 6 947 120 元，则流动比率为：

　　流动比率（本年度）= 流动资产 ÷ 流动负债 = 13 079 000 ÷ 6 947 120 ≈ 1.88

　　流动比率（上一年）= 流动资产 ÷ 流动负债 = 12 040 680 ÷ 6 523 260 ≈ 1.85

一般来说，企业的流动比率越高，说明企业的短期偿债能力越强。国际上一般认为流动比率要保持在 2 左右才能表示企业财务状况稳定。显然公司的流动比率本年度虽然比上一年略有提高，但总的来讲偏低。其实，这个标准并不绝对。因为流动比率常常很大程度上受营业周期的制约。企业营业周期短，则材料、产品等存货库存较少，应收账款周转速度也快，流动比率相对较低；相反营业周期较长的企业，其存货量必然加大，应收账款的周转速度也较慢，因而流动比率也必然较高。正是由于营业周期的差别，各行业的平均流动比率差别也较大。

二、速动比率

　　速动比率是企业的速动资产与流动负债的比率，它是衡量企业短期偿债能力的另一项重要指标。企业的速动资产就是流动资产与流动资产扣除存货和待摊费用及待处理损失后的余额，主要包括货币资金、交易性金融资产、应收票据、应收账款等各项可迅速支付流动负债的资产。

　　在实际工作中，如果待摊费用等项目金额较小，也可采用一种简化算法，即：

$$速动资产 = 流动资产 - 存货$$

　　据此可知我公司的速动比率为：

速动比率（本年度）=（13 079 000－7 203 060）÷6 947 120 ≈ 0.85

速动比率（上一年）=（12 040 680－6 036 980）÷6 523 260 ≈ 0.92

　　对债权人而言，速动比率是越高越好，因为速动比率越高，说明企业短期偿债能力越强。一般认为，企业正常的速动比率应为 1，即速动资产刚好能抵付短期债务，假如企业一旦面临财务危机或办理清算时，在存货及待摊费用毫无价值或价值不大的情况下，也可支付流动负债。相对而言，公司上一年、本年度的速动比率都偏低。不过，确定速动比率多大为好，还需视企业的性质和其他因素综合评价。首先，不同行业则对速动比率会有不同的要求,有的行业可能允许低于1;而有的行业则要求高于1。例如商品零售业,由于都是现金销售,一般没有应收账款,因此允许保持一个大大低于1的速动比率,这对正常短期偿债能力不会有不良影响,因为商品零售业的存货即库存商品在其流动资产中所占比重较大,而且其变现能力也较强。其次,由于计算速动比率时剔除了变现能力较强而数额占流动资产比重又最大的存货项目以及待摊费用项目,速动比率比流动比率更能有效地反映企业的短期偿债能力。但速动资产中的应收账款本身也有不确定性,它的变现能力对速动比率的准确性往往有很大影响。因为在应收账款中,有的收账期可能在信用期限内,有的则可能超出该期限已很长时间,有的早已成为坏账,这些都影响速动比率的真实性。所以,在评价速动比率指标时,还应结合应收账款周转率指标分析应收账款的质量。

三、现金比率

现金比率是企业现金类资产与流动负债的比率,它是衡量企业短期偿债能力的又一项重要指标。

在企业的流动资产中,货币资金包括现金和各种存款,其流动性最强,可以直接用于偿还流动负债;交易性金融资产(包括一年内到期的非流动资产)也能通过证券市场迅速转变为现金。我们把货币资金和交易性金融资产合称为现金类资产。将现金类资产与流动负债对比,就可以得出现金比率。其计算公式为:

$$现金比率 = \frac{现金率资产}{流动负债}$$

$$= \frac{货币资金 + 交易性金融资产 + 一年内到期的非流动资产}{流动负债}$$

公式中的货币资金、交易性金融资产、一年内到期的非流动资产都可以从资产负债表的相应项目中查到。

根据附表所示，可以计算我公司的现金比率：

现金比率（本年度）=（2 012 160+84 480+60 000）÷6 947 120≈0.31

现金比率（上一年）=（2 578 820+93 240+80 000）÷6 523 260≈0.41

显然，我公司的现金比率本年度与上一年相比有较大幅度下降，相应地企业短期偿债能力有所下降。但也不能把现金比率看得过重。因为在大多数情况下，作为债权人不可能要求企业保持足够还债的现金类资产，企业也不会同意。因为这会降低企业的获利能力。现金比率的最大作用在于反映在最坏情况下的偿债能力。在正常情况下它只是债权人从稳健原则出发考察企业偿债能力的一个参考指标。

四、应收账款周转率

应收账款周转率是企业赊销收入净额与平均应收账款金额的比率。用公式表示为：

$$应收账款周转率 = \frac{赊销收入净额}{平均应收账款余额}$$

我公司应收账款周转率：

应收账款周转率（本年度）=15.90（次）

应收账款周转率（上一年）=18.36（次）

应收账款周转率越高，说明企业应收账款回收越快，坏账损失与收账费用越少，这样应收账款流动性就提高了，从而企业的短期偿债能力就越强。计算表明，我公司的应收账款周转率本年度比去年有所下降，相应地企业的短期偿债能力有所降低。

_____有限公司财务部
____年____月____日

附表

资产负债表

编制单位：××公司   ___年___月___日   单位：元

资产	年初数	期末数	负债和所有者权益	年初数	期末数
流动资产：			流动负债：		
货币资金	2 578 820	2 012 160	短期借款	2 333 980	1 008 000
交易性金融资产	93 240	84 480	应付票据	373 480	450 240
应收票据	160 000	120 000	应付账款	1 537 300	1 712 400
应收账款	1 900 000	2 100 000	预收款项	162 520	200 760
减：坏账准备	9 000	10 500	应付职工薪酬	628 340	775 500
应收账款净额	1 891 000	2 089 500	应交税费	385 260	164 320
预付款项	662 740	589 040	其他应付款	542 380	2 035 900
其他应收款	417 900	760 760	一年内到期非流动负债	500 000	500 000
存货	6 036 980	7 203 060	其他流动负债	60 000	100 000
一年内到期的非流动资产	80 000	60 000	流动负债合计	6 523 260	6 947 120
其他流动资产	120 000	160 000	长期负债：		
流动资产合计	12 040 680	13 079 000	长期借款	1 968 000	1 051 040
非流动资产：			应付债券	1 668 000	1 788 000
长期股权投资	1 172 000	1 572 000	长期应付款	400 000	200 000
固定资产原价	12 472 400	13 392 600	递延所得税负债	—	—
减：累计折旧	6 018 260	7 077 020	其他非流动负债	30 000	30 000
固定资产净值	6 454 140	6 315 580	长期负债合计	4 066 000	3 069 040
在建工程	1 392 460	1 452 780	负债合计	10 589 260	10 016 160
无形资产	375 680	281 760	所有者权益：		
长期待摊费用	684 000	608 000	实收资本	8 000 000	8 000 000
其他非流动资产	240 000	310 000	资本公积	1 214 580	1 693 240
递延所得税资产	—	—	盈余公积	2 429 060	3 486 400
			其中：公益金	809 690	1 162 240
			未分配利润	126 060	423 320
			所有者权益合计	11 769 700	13 602 960
资产总计	22 358 960	23 619 120	负债和所有者权益总计	223 588 960	23 619 120

四、偿债能力分析报告

（一）定义

一般来说，企业的偿债能力是指企业偿还债务的能力。对企业进行偿债能力分析后，企业可以根据实际情况来进行实质性的借款，否则一旦借款太多，企业将有可能资不抵债。偿债能力分析报告，是指将此分析过程用文字表述出来，呈报上级的一种报告文本。

（二）写作格式

企业偿债能力分析报告的写作格式如表 10-4 所示。

表 10-4 企业偿债能力分析报告写作格式

项目	基本要求
标题	一般为《××企业偿债能力分析报告》
首行	报告对象，一般为企业经营者，如董事会
正文	正文应具备如下内容： （1）描述企业负债情况 （2）标出企业的负债率 （3）标出所有者权益比率 （4）标出负债和所有者权益的比率 （5）进行长期资产与长期资金的分析 （6）对利息保障倍数进行分析 （7）分析资产负债表项目总体结构
结尾	一般为汇报部门（一般为财务部）并注明时间

【范本 10-6】

偿债能力分析报告

董事会：

　　下面我就公司偿债能力分析报告进行分析总结：

我公司是一家生产××的公司，公司的主导产品是A和B。近几年我公司抓住国内经济高速发展的契机，公司业务得到了大规模扩张。随着国内宏观经济形势与国内市场的变化，公司利用稳健经营的战略，减少负债，增加资产，提高自身的偿债能力。其中紧紧围绕增强盈利这一核心，公司经营越来越好（有关资料如附件1、附件2、附件3所示）。

评价企业长期财务状况和偿债能力的指标主要有资产负债率、长期资产与长期资金比率、利息保障倍数。

一、资产负债率

资产负债率是企业负债总额与资产总额的比率。计算公式为：

$$资产负债率 = \frac{负债总额}{资产总额}$$

公司资产负债率为：

（235 000 + 157 000）÷ 632 000 = 0.62

二、所有者权益比率

所有者权益比率是企业所有者权益与资产总额的比率。计算公式为：

$$所有者权益比率 = 所有者权益总额 \div 资产总额$$
$$= （202\,000 + 22\,080 + 15\,920）\div 632\,000 = 0.37$$

所有者权益比率反映企业全部资产中有多大比重属于所有者的。实际上，所有者权益比率与上述资产负债率是相对应的比率，二者之和为100%。所有者权益比率越小，资产负债率就越大，所有者权益为债务风险提供的缓冲也越小。

三、负债和所有者权益比率

负债和所有者权益比率反映了两者的比例关系，也可衡量企业清算时对债权人利益的保护程度。计算公式为：

$$负债和所有者权益比率 = \frac{负债总额}{所有者权益总额}$$

这个公式的分母也可用有形净资产来替代，即将从所有者权益中减去无形资产、长期待摊费用等很难变现或没有变现价值的长期资产后的净额来与负债总额进行比较。这时，计算公式修改为：

$$\text{保守的负债和所有者权益比率} = \frac{\text{负债总额}}{\text{所有者权益总额} - \text{无形资产} - \text{长期待摊费用}}$$

$$= \frac{23\,500 + 15\,700}{20\,200 + 2\,208 + 1\,592} = 1.63$$

四、非流动资产与非流动资金比率

长期资产与长期资金比率是企业的长期资产与企业可长期运用的资金的比率。它从企业的资源配置结构来反映企业的财务状况和偿债能力。企业非流动资金筹集有两个途径：一是所有者投入的资本；二是借入的长期债务。因此该比率也有两种计算方式：

$$\text{非流动资产与非流动资金比率} = \frac{\text{非流动资产}}{\text{非流动负债} + \text{所有者权益}}$$

$$\text{非流动资产与所有者权益比率} = \frac{\text{非流动资产}}{\text{所有者权益}}$$

一般来说，企业的非流动资产如长期股权投资、固定资产、无形资产等由所有者权益与非流动负债这些企业可以长期运用的资金来支持。因此，非流动资产与非流动资金比率应低于100%，有的认为在80%左右为好。如果该比率高于100%，说明企业非流动资产的一部分是由流动负债支持的，这样则会影响企业的短期偿债能力。至于非流动资产与所有者权益比率，从债权人的角度来看，以低于100%为佳。

公司非流动资产与非流动资金比率的计算如下：

$$\text{非流动资产与非流动资金比率} = \frac{\text{资产总额} - \text{流动资产}}{\text{长期负债} + \text{所有者权益}}$$

$$= \frac{63\,200 - 36\,640}{15\,700 + 24\,000} = 0.66$$

$$非流动资产与所有者权益比率 = \frac{63\,200-36\,640}{24\,000} = 1.10$$

五、利息保障倍数

利息保障倍数是企业在一定期间所赚取的全部利润与全部费用的比率。企业利润越高，债权人的利息收入就越有保障。因此，该比率为长期债权人所常用，以评价长期债务安全程度。其计算公式为：

$$利息保障倍数 = \frac{利润总额 + 全部利息费用}{全部利息费用}$$

从长远看，利息保障倍数一般至少要大于1；否则，就不能举债经营。

六、资产负债表项目总体结构百分比

该项分析是通过计算各期资产各项目占总资产的比重以及负债和所有者权益各项目占负债和所有者权益总额的比重，并通过前后时期各项目结构百分比的变动比较，来评价各项目的构成比重是否合理，财务状况是否健康。我公司期末与期初比，流动资产与非流动资产结构发生了较大变化，流动资产比重增加了11.05%。从各项目看，主要是交易性金融资产和存货增加引起的，因而还需从销售和生产看存货增加是否由正常原因所致；而非流动资产比重下降主要是长期股权投资减少所致。从负债和所有者权益来看，本期资金金额有较大增长，主要是由于非流动负债增加所致。

_____有限公司财务部
____年____月____日

附件1

公司比较资产负债表

单位：万元

项目	2023年12月31日	2024年12月31日
资产		
流动资产：		
货币资金	3 368	3 700
交易性金融资产	160	4 200
应收账款	9 678	13 408
预付款项	280	275
存货	8 802	15 057
流动资产合计	22 288	36 640
非流动资产：		
长期股权投资	11 980	10 000
固定资产	9 700	12 390
在建工程	2 680	3 070
无形资产	850	1 100
非流动资产合计	25 210	26 560
资产总计	47 498	63 200
负债和所有者权益		
流动负债：		
短期负债	14 200	13 080
应付账款	2 975	7 000
其他应付款	2 100	3 220
应交税费	125	200
流动负债合计	19 400	23 500

续表

项目	2023 年 12 月 31 日	2024 年 12 月 31 日
非流动负债：		
长期借款	4 840	15 700
非流动负债合计	4 840	15 700
负债合计	24 240	39 200
所有者权益：		
实收资本	20 200	20 200
资本公积	2 208	2 208
盈余公积	850	1 592
所有者权益合计	23 258	24 000
负债和所有者权益总计	47 498	63 200

附件 2

公司比较利润表

单位：万元

项目	2023 年度	2024 年度
一、营业收入	65 850	79 720
减：营业成本	55 872	68 100
税金及附加	3 687	4 460
销售费用	100	120
管理费用	2 000	2 280
财务费用	110	150
二、营业利润	4 081	4 810
加：投资收益	1 300	1 180
营业外收入	212	300

续表

项目	2023年度	2024年度
减：营业外支出	1 850	1 600
三、利润总额	3 743	4 690

附件3

资产负债表项目总体结构百分比

项目	2023年12月31日 金额(万元)	结构百分比	2024年12月31日 金额(万元)	结构百分比
货币资金	3 368	7.09%	3 700	5.85%
交易性金融资产	1 600	0.34%	4 200	6.65%
应收账款	9 678	20.37%	13 408	21.21%
预付款项	280	0.59%	275	0.43%
存货	8 802	18.53%	15 057	23.82%
流动资产合计	22 288	46.92%	36 640	57.97%
长期股权投资	11 980	25.22%	10 000	15.83%
固定资产	9 700	20.42%	12 390	19.60%
在建工程	2 680	5.64%	3 070	4.86%
无形资产	850	1.80%	1 100	1.74%
非流动资产合计	25 210	53.08%	26 560	42.03%
资产总计	47 498	100%	63 200	100%
短期借款	14 200	29.90%	13 080	20.70%
应付账款	2 975	6.26%	7 000	11.08%
其他应付款	2 100	4.42%	3 220	5.08%
应交税费	125	0.26%	200	0.32%

续表

项目	2023年12月31日		2024年12月31日	
	金额(万元)	结构百分比	金额(万元)	结构百分比
流动负债合计	19 400	40.84%	23 500	37.18%
长期借款	4 840	10.20%	15 700	24.84%
非流动负债合计	4 840	10.20%	15 700	24.84%
负债合计	24 240	51.04%	39 200	62.02%
实收资本	20 200	42.53%	20 200	31.97%
资本公积	2 208	4.65%	2 208	3.49%
盈余公积	850	1.78%	1 592	2.52%
所有者权益合计	23 258	48.96%	24 000	37.98
负债和所有者权益总计	47 498	100%	63 200	100%

五、财务报表分析报告

（一）定义

财务报表分析报告是指通过对企业利润表、负债表、现金流量表等进行分析，将预估结果形成文字并以报告的形式呈现出来的一种报告文本。

（二）写作格式

财务报表分析报告的写作格式如表10-5所示。

表10-5 财务报表分析报告写作格式

项目	基本要求
标题	一般为《××企业财务报表分析报告》
首行	报告对象，一般为企业经营者，如董事会
正文	正文应具备如下内容： （1）对现金流量表进行分析，分析其实现结构 （2）对负债表进行分析，分析其实现结构 （3）对利润表进行分析，分析其实现结构
落款	一般为汇报部门（一般为财务部）并注明时间

【范本 10-7】

财务报表分析报告

一、资产负债表

资产负债表主要财务数据如下：

资产负债表主要财务数据

单位：万元

项目	当期数据			上期数据			增长情况		
	公司	行业	偏离率	公司	行业	偏离率	公司	行业	偏离率
货币资金									
应收账款									
存货									
流动资产									
固定资产									
总资产									
流动负债									
负债总额									
未分配利润									
所有者权益									

1. 企业自身资产状况及资产变化说明

公司的资产规模位于行业内的中等水平，公司本期的资产比去年同期增长____%。资产的变化中固定资产增长最多。企业将资金的重点向固定资产方向转移。分析者应该随时注意企业的生产规模、产品结构的变化，这种变化不但决定了企业的收益能力和发展潜力，也决定了企业的生经营形式。因此，建议分析者对其变化进行动态跟踪与研究。

流动资产中，货币性资产的比重最大，占____%，存货资产的比重次之，占____%。

流动资产的增长幅度为____%。在流动资产各项目变化中，信用类资产的增长幅度明显大于流动资产的增长，说明企业对货款的回收不够理想，企业受第三者的制约增强，企业应该加强货款的回收工作。存货类资产的增长幅度明显大于流动资产的增长，说明企业存货增长占用资金过多，市场风险将增大，企业应加强存货管理和销售工作。总之，企业的支付能力和应对市场的变化能力一般。

2. 企业自身负债和所有者权益状况及变化说明

从负债和所有者权益占总资产比重看，企业的流动负债比率为____%，非流动负债和所有者权益的比率为____%。说明企业资金结构的稳定性高，独立性强。

企业负债和所有者权益的变化中，流动负债增长____%，股东权益增长____%。流动负债的增长幅度为____%，营业环节的流动负债的比重比去年上升，表明企业的资金来源是以营业性质为主，资金成本相对比较低。

本期和上期的非流动负债占结构性负债的比率分别为____%、____%，该项数据增加，表明企业借助增加部分非流动负债来筹措资金，但是非流动负债的比重较大，说明企业的发展依赖于非流动负债，企业的自有资金的实力比较匮乏。未分配利润比去年增长了____%，表明企业当年增加了一定的盈余。未分配利润所占结构性负债的比重比去年也有所提高，说明企业筹资和应对风险的能力比去年有所提高。企业是以负债资金为主来开展经营性活动，资金成本相对比较高。

3. 企业的财务类别状况在行业中的偏离

流动资产是企业创造利润、实现资金增值的生命力，是企业开展经营活动的支柱。企业当年的流动资产偏离了行业平均水平____%，说明其流动资产规模位于行业水平之下，应当引起注意。结构性资产是企业开展生产经营活动而进行的基础性投资,决定着企业的发展方向和生产规模。企业当年的结构性资产偏离行业水平____%,我们应当注意企业的产品结构、更新改造情况和其他投资情况。流动负债比重偏离行业水平____%,企业的生产经营活动的重要性和风险要高于行业水平。

二、利润及利润分配表

利润及利润分配表主要财务数据如下:

利润及利润分配表主要财务数据

金额单位:万元

项目	当期数据			上期数据			增长情况		
	公司	行业	偏离率	公司	行业	偏离率	公司	行业	偏离率
营业收入									
营业成本									
销售费用									
管理费用									
财务费用									
投资收益									
补贴收入									
营业利润									
营业外收支净额									
利润总额									
所得税费用									
净利润									
毛利率(%)									
净利率(%)									
成本费用率(%)									
净收益营运指数									

1. 收入分析

本期公司实现营业收入____万元。与去年同期相比增长____%，说明公司业务规模处于较快发展阶段，产品与服务的竞争力强，市场推广工作成绩很大，公司业务规模很快扩大。本期公司主营业务收入增长率低于行业主营业务收入增长率____%，说明公司的收入增长速度明显低于行业平均水平，与行业平均水平相比，本期公司在提高产品与服务的竞争力，提高市场占有率等方面都存在很大的差距。

2. 成本费用分析

（1）成本费用构成情况。

本期公司发生成本费用共计____万元。其中，营业成本____万元，占成本费用总额____%；销售费用____万元，占成本费用总额____%；管理费用____万元，占成本费用总额____%；财务费用____万元，占成本费用总额____%。

（2）成本费用增长情况。

本期公司成本费用总额比去年同期增加____万元，增长____%；营业成本比去年同期增加____万元，增长____%；销售费用比去年同期增加____万元，增长____%；管理费用比去年同期增加____万元，增长____%；财务费用比去年同期增加____万元，增____%。

3. 利润增长因素分析

本期利润总额比上年同期增加____万元。其中，营业收入比上年同期增加利润____万元，营业成本比上年同期减少利润____万元，销售费用比上年同期减少利润____万元，管理费用比上年同期减少利润____万元，财务费用比上年同期减少利润____万元，投资收益比上年同期减少利润万元，补贴收入比上年同期减少利润____万元，营业外收支净额比上年同期增加利润____万元。

本期公司利润总额增长率为____%，公司在产品与服务的获利能力和公司整体的成本费用控制等方面都取得了很大的成绩，说明公司利润积累有了极大增加,为公司增强自身实力、将来的迅速发展打下了坚实的基础。本期公司利润总额增长率低于行业利润总额增长率____%,公司的利润增长速度明显低于行业平均水平。与行业平均水平相比,本期公司在产品与服务的结构优化、市场开拓以及经营管理等方面都存在很大的差距。

4. 经营成果总体评价

(1) 产品综合获利能力评价

本期公司产品综合毛利率为____%,综合净利率为____%,成本费用利润率为____%。分别比上年同期提高了____%、____%、____%,平均提高____%,说明公司获利能力处于稳定发展阶段。本期公司在产品结构调整和新产品开发方面,以及提高公司经营管理水平方面都取得了一些成绩,公司获利能力在本期获得稳定提高,提请分析者予以关注,因为获利能力的稳定提高为公司将来创造更大的经济效益,迅速发展壮大提供了条件。本期公司产品综合毛利率、综合净利率、成本费用利润率比行业平均水平高出____%、____%、____%,说明公司获利能力略低于行业平均水平,公司产品与服务竞争力稍弱。

(2) 收益质量评价

净收益营运指数是反映企业收益质量,衡量风险的指标。本期公司净收益营运指数为____,比上年同期提高了____%,说明公司收益质量变化不大, 只有经营性收益才是可靠的,可持续的,因此未来公司应尽可能提高经营性收益在总收益中的比重。本期公司净收益营运指数比行业平均水平低____%,说明公司收益质量与行业平均水平相当,公司整体的营运风险与行业平均水平基本持平。

(3) 利润协调性评价

公司与上年同期相比营业利润增长率为____%,其中,营业收入增长率为____%,说明公司综合成本费用率有所下降,企业对市场竞争的适应能力有所提高,收入与利润协调性很好,未来公司应尽可能保持对企业成本与费用的控制水平，进一步巩固企业产品的综合竞争能力。营业成本增长率为____%，说明公司综合成本率有所下降，毛利贡献率有所提高，成本与收入协调性很好，未来公司应尽可能保持对企业成本的控制水平，不断提高企业在市场中的竞争能力。销售费用增长率为____%。说明公司销售费用率有所下降，销售费用与收入协调性很好，营销费用率的有效降低，使企业的营业利润率进一步提高，未来公司应尽可能保持对企业销售费用的控制水平。管理费用增长率为____%。说明公司管理费用率有所上升，提请公司管理者予以重视。管理成本率的快速增加，将会降低企业的营业利润率，应提高管理费用与利润协调性，加强企业管理费用的控制水平，使管理成本率进一步降低。财务费用增长率为____%。说明公司财务费用率有所下降，财务费用与利润协调性很好。财务成本率下降，说明企业所筹资金的使用效率进一步提高，未来公司应尽可能保持对企业财务费用的控制水平。

三、现金流量表

现金流量表主要财务数据和指标如下：

主要财务数据和指标

金额单位：万元

项目	当期数据			上期数据			增长情况		
	公司	行业	偏离率	公司	行业	偏离率	公司	行业	偏离率
经营活动产生的现金流入量									
投资活动产生的现金流入量									
筹资活动产生的现金流入量									
总现金流入量									
经营活动产生的现金流出量									
投资活动产生的现金流出量									

续表

项目	当期数据 公司	当期数据 行业	当期数据 偏离率	上期数据 公司	上期数据 行业	上期数据 偏离率	增长情况 公司	增长情况 行业	增长情况 偏离率
筹资活动产生的现金流出量									
总现金流出量									
现金流量净额									
现金流入负债比									
全部资产现金回收									
销售现金比率									
每股营业现金净流量									
现金满足投资比率									
现金股利保障倍数									
现金营运指数									

1. 现金流量结构分析

（1）现金流入结构分析

本期公司实现现金总流入____万元。其中，经营活动产生的现金流入为____万元，占总现金流入的比例为____%；投资活动产生的现金流入为____万元，占总现金流入的比例为____%；筹资活动产生的现金流入____万元，占总现金流入的比例为____%。

（2）现金流出结构分析

本期公司实现现金总流出____万元。其中，经营活动产生的现金流出为____万元，占总现金流出的比例为____%；投资活动产生的现金流出为____万元，占总现金流出的比例为____%；筹资活动产生的现金流出为____万元，占总现金流出的比例为____%。

2. 现金流动性分析

（1）现金流入负债比

现金流入负债比是反映企业由主业经营偿还短期债务的能力的指标。

该指标越大，偿债能力越强。本期公司现金流入负债比为____，较上年同期大幅提高，说明公司现金流动性大幅增强，现金支付能力快速提高，债权人权益的现金保障程度大幅提高，有利于公司的持续发展。低于行业平均水平____%，表示公司的现金流动性一般，债权人权益的现金保障程度与行业平均水平基本持平。

（2）全部资产现金回收率

全部资产现金回收率是反映企业将资产迅速转变为现金的能力。本期公司全部资产现金回收率为____%，较上年同期基本持平，说明公司将全部资产以现金形式收回的能力与上期相比基本相同，现金流动性变化不大，未来公司对现金流量的管理需要进一步加强。低于行业平均水平____%，表示公司将全部资产以现金形式收回的能力一般，现金的流动性与行业平均水平基本持平。

3. 获取现金能力分析

（1）销售现金比率

本期公司销售现金比率为____，较上年同期基本持平，说明公司获取现金能力基本未变，未来公司在营销政策的制定与执行方面还应有所加强，尽可能提高收益的实现程度。本期公司销售现金比率低于行业平均水平____%，表示公司的收益实现程度一般，公司获取现金能力与行业平均水平基本持平。

（2）每股营业现金净流量

本期公司每股营业现金净流量为____元，较上年同期大幅提高，说明公司获取现金能力迅速提高，公司每股资产含金量的快速提高，为公司提高收益的实现程度，有效降低公司经营风险，更好地实现经济效益打下了坚实的基础。本期公司每股营业现金净流量高于行业平均水平____%，表示公司的收益实现程度很高，公司每股资产含金量远高于行业平均水平。

4. 财务弹性分析

（1）现金满足投资比率。

现金满足投资比率是反映财务弹性的指标。本期公司现金满足投资比率为____，较上年同期大幅降低，说明公司财务弹性快速缩小，财务环境非常紧张，现金流量满足投资与经营需要的压力沉重。本期公司现金满足投资比率低于行业平均水平____%，表示公司财务弹性与行业平均水平基本持平，公司现金流量状况对投资与经营的满足程度与行业平均水平相比基本持平。

（2）现金股利保障倍数。

现金股利保障倍数是反映股利支付能力的指标。本期公司现金股利保障倍数为____。本期公司现金股利保障倍数低于行业平均水平____%，表示公司股利支付能力远远低于行业平均水平，现金流量对股利政策的支持力度明显弱于行业平均水平，公司经营风险远低于社会平均水平。

5. 获取现金风险分析

现金营运指数是反映企业现金回收质量，衡量风险的指标。理想的现金营运指数应为1，小于1的现金营运指数反映了公司部分收益没有取得现金，而是停留在实物或债权的形态，而实物或债权资产的风险远大于现金。本期公司现金营运指数为____，较上年同期大幅提高，说明公司现金回收质量快速提高，停留在实物或债权形态的收益比重大幅降低，大大降低了公司的营运风险。本期公司现金营运指数高于行业平均水平____%，表明公司现金回收质量略高于行业平均水平，公司的营运风险不高。

____有限公司财务部
____年____月____日

第十一章 财务行政类文书

财务行政类文书主要是指用于处理财务部门的行政事务的文书，常见的文书有财务工作计划、财务工作总结、财务管理制度、财务部会议纪要、财务简报等。

一、财务工作计划

（一）定义

财务工作计划是企业财务活动中使用范围很广的重要文书。财务工作的计划内容包括"做什么""怎么做"和"做到何种程度"三大项。

（二）写作格式

财务工作计划写格式如表11-1所示。

表11-1 财务工作计划写作格式

项目	基本要求
标题	计划标题的常规写法是由单位名称、适用时间、指向事务、文种四个要素组成。如《××企业2021年财务工作计划》
正文	（1）前言。前言是计划的开头部分，简明扼要表达出制订计划的背景、根据、目的、意义、指导思想等。前言的详略长短，要根据工作的重要程度、内容的多少来确定，总体上以精练简洁为原则 （2）主体。主体部分要——列出准备开展的财务工作任务，并提出步骤、方法、措施、要求。这是计划中最重要的内容，也是篇幅最大的一部分。通常主体部分由于内容繁多，需要分层、分条撰写。常见的结构形式为：用"一、二、三……"的序码分层次，用"（一）、（二）、（三）……"加"1. 、2. 、3. ……"的序码分条款。具体如何分层递进，依内容的多少及其内在的逻辑性而定，可参考后附例文

续表

项目	基本要求
结尾	结尾可以用来提出希望、发出号召、展望前景、明确执行要求等，也可以在条款之后就结束全文，不写专门的结尾。部分计划在结尾之后，还要署明单位名称和制订计划的具体时间。如果以文件的形式下发，还要加盖公章

【范本 11-1】

财务部年度工作计划

在新的一年里，财务部将一如既往地紧紧围绕公司的总体经营思路，从严管理，积极为公司领导经营决策当好参谋，具体有以下工作安排和计划。

一、顾全大局，服从领导，坚定目标不动摇

年初财务预算是通过公司职代会集体意见表决制定的，它反映了公司新的一年总体经营目标和任务。财务部全体人员要端正态度，积极发挥主观能动性，时刻坚持以公司大局为重，不折不扣地完成公司安排的各项工作任务。

（1）按财务预算科学合理安排调度资金，充分发挥资金利用效率。财务人员平时要积极提供全面、准确的经济分析和建议，为公司领导决策当好参谋。

（2）积极争取政策。财务人员要积极利用行业政策，动脑筋、想办法、争取银行等相关部门优惠政策，为公司谋取最大经济利益。

（3）深入研究税收政策，合理避税增效益。新的一年里，全体财务人员应加强税收政策法规的研究和学习，加强与税务部门各项工作的联系和协调，通过合理避税为公司增加效益。

（4）搞好电费清收核算，合理调度资金完成年度预算。近年来电费回收程序逐步规范，高耗能企业市场回暖，电费回收成绩显著，给企业现金流量带来积极有利的影响，同时也对财务流动资金管理提出了更高要求。

（5）搞好固定资产管理。凡是资产都应该为企业带来效益。2025年，我们应加强闲置资产、报废资产处置工作，努力提高资产利润率。

二、加强管理，挖潜增效，为生产经营目标的实现和效益的增长服务

管理是生产力，是企业正常运行的保证；管理是提高企业核心竞争力的关键环节。建立创新的机制，必须靠管理来保证，管理对企业来说是永恒的。为此，财务部将加强内部管理列入工作重点，即进一步加强财务管理、降低财务费用、控制生产成本、实行全面预算管理、合理安排、压缩不必要的或不急需的开支，做到全年生产、开支有预算，有计划，使企业资金有效、合理地发挥效益。

（1）业务招待费管理。2025年，我们对业务招待费的管理办法依然遵循行政负责、工会参与、纪委监督、包干使用、超支不补、节约归公的原则，管好用好业务招待费。

（2）差旅费管理。严格规范差旅费报销程序和职工借款的还款时限，坚持按照公司《关于加强差旅费和职工借款管理的通知》制度执行。做到坚持原则，一视同仁，杜绝虚报冒领、借款长期不还、占有公司资金挪作他用的现象发生。

（3）电话费管理。严格预算控制，电话费预算按科室为单位包干到位，努力降低话费开支。

（4）办公费管理。办公费管理要按照年初各科室列出计划，经领导审批后，公司统一采购、保管，各单位按计划领用的原则执行。

_____有限公司财务部

_____年_____月_____日

【范本11-2】

财务部工作计划

一、财务核算工作

1. 会计报表体系

我公司目前的会计报表体系主要包括（总公司和分公司一致）：

日报：资金日报表、应收账款日报表、在途资金日报表。

月报：资产负债表、利润表、费用预算表、实际费用汇总表、往来明细表。

年报：资产负债表、利润表、现金流量表、费用预算表、实际费用汇总表、往来明细表。

初步计划是在2025年增加一个报表，即"商品销售利润明细表"，该表要求各下属公司对不同商品的销售收入、销售成本、销售费用、销售利润等要素的计算分析，按月上报。总公司财务部需要同样进行此项工作，然后按月将所有下属公司及总公司的销售利润明细表合并调整，从而对我公司所有销售商品的销售利润状况有一个准确的反映。此项工作的工作量非常大，在下属公司实现电算化后，可以较好地完成。

第二个计划是在2025年的财务人员考核中增加一个项目，即会计报表数据准确性的考核。并以此作为衡量其工作质量的一个重要指标。对工作质量较差者实行淘汰，例如末位淘汰制，以促进财务工作质量的提高。

2. 下属公司财务信息监控

下属公司均在总部以外的地区，总公司对下属公司财务状况需要及时准确地掌握。随着下属公司的增加，这项工作的必要性和难度日益突出，如何更好地解决该问题，是财务部当前工作的"重中之重"。主要方式有以下几点：

第一，上述的报表体系是总公司与下属公司沟通的途径之一，毫无疑问，报表体系的不断完善和准确十分重要。

第二，借助银行的结算网络，加强我公司资金的管理和控制。目前总公司财务部已经和总部所在地的工行、建行、招行分别商谈。我公司的要求有以下几点：

（1）总公司和全国的下属公司均在同一家银行系统开户结算，那么要求合作银行能为我公司提供较大的资金支持。

（2）合作银行需要和我公司下属公司所在地的开户行协调，解决定向汇款、定时汇款的问题。

（3）总公司能够通过电脑系统（以某种方式与银行部分信息系统对接）借助银行的信息，实现对全国下属公司资金的实时监控。

第三，实行分级工作报告制度。按照财务部的人力架构计划，2025年设置区域财务经理，每个区域财务经理协助总公司财务经理分管3～5个下属公司。要求下属公司财务负责人定期向区域财务经理书面报告，区域财务经理定期向总公司财务经理书面报告。作为一项制度，每月至少一次。除了定期汇报，区域财务经理也可以不定期向总公司财务经理随时汇报工作情况，以保证上下信息的沟通流畅。如果总公司财务经理一人面向所有下属公司财务负责人，从个人精力和能力来说均无法保证把工作做好。

二、财务管理与监督

（一）资金管理

1. 资金管理分类

按工作对象分：下属公司的资金管理和总公司的资金管理。

按工作内容分：资金的筹集（回款回笼及融资）和资金的运用。

按资金所处形态分：批发系统资金和零售系统资金。

2. 目标

通过与银行的合作，搭建安全、快捷的资金结算网络。通过内部管理控制，合理筹措、统筹安排运用资金。

3. 批发系统资金管理

从批发系统来看，资金管理主要包括存货的管理、应收账款的管理、在途资金的管理三个方面。

（1）存货的管理包括两个内容：存货的安全性、存货的合理性。存货的安全通过规范商品进出库流程、严格出货管理制度、加强仓库安全设施等手段从根本上来保证。作为必要的辅助措施商品运输保险和仓储保险工作不可不做。存货的合理性我公司主要是通过合理的订货计划及合理的分货计划来保证。但作为一个全国的产品代理商，迫于种种原因，在一定时期会存在库存的不合理，这一方面我公司能做的就是进一步增加融资渠道，确保资金能够满足库存需求；另一方面可以考虑加强与供应商的沟通，尽量减少不合理的库存压力，并尽量争取适量的信用额度。

（2）应收账款的管理。我公司已经有一个专门的信用政策。财务部在2024年的信用管理方面的工作起到了应有的作用。在2025年将根据公司实际发展状况，进一步完善信用政策，并采取更有力的手段减少应收账款，降低经营风险。例如现金折扣政策的运用等，我们要再进行认真测算，决定是否采用、比率多少等。

（3）在途资金的管理。确定了主要合作银行以后，对下属公司的开户行要基本统一。那么关键的问题就是下属公司与客户的结算问题，包括银行账户的结算、存折的结算、现金结算等。在选取结算方式时财务部的原则是：资金的安全性第一、结算的快捷性服从于安全性。这方面的工作，我公司从同行业先进单位取得了一些经验，今后还要继续摸索完善。

（4）零售管理与监督。零售系统资金管理的重点有以下两方面：一是自营店的管理；二是加盟零售店的资金结算方式（安全性、快捷性），包括加盟费的收取和货款的回笼。这里的难点是加盟零售店的货款结算。由于各地银行结算手段的不同，需要根据当地银行系统的先进与否，采取不同的结算方式。在这个方面我们没有经验，也没有现成的经验可以借鉴，仍是需要在实战中逐步学习和总结。

（二）财务预算

按照财务人力架构，将设置财务主管职位，其主要职能就是负责财务预算、资金调度和协助融资工作。预算包括：商品销售预算、商品订购预算、费用预算、应收账款预算、应付账款预算、现金（货币资金）预算、其他收支预算等。2024年10月，财务部针对费用预算工作已经着手布置到各部门和下属公司（见下表）。在2024年11月财务部将会对所有预算工作进行督导和跟踪，以配合总公司2025年的工作计划。

费用预算工作布置

预算类别	主办	督办	汇总	审批	跟踪执行	资金安排
商品销售预算	销售管理部	财务部	财务部	预算管理委员会	销售管理部	财务部
商品订购预算	商品部				商品部	
费用预算	各部及下属公司				各部及下属公司	
应收账款预算	财务部				财务部	
应付账款预算	财务部				财务部、销管部	
货币资金预算	财务部				财务部、商品部	
其他收支预算	财务部				财务部	

其他有关预算的具体规定，财务部在2024年11月陆续下达。作为年度预算，我们不可能做得十分准确，但要在2024年11月把预算制度真正建立起来，确保预算的工作程序明确，各部门和下属公司的预算工作任务清楚，为以后的预算工作顺利开展奠定基础。

3. 费用管理

在财务预算工作中包含了费用预算的工作，但费用管理不仅仅是通过一个预算就可以达到预定目标。这里的主要原因是对非常规的费用如何管理、对超预算的费用通过什么程序和方式审批、对分（子）公司的业务招待费管理等。财务部已经有一些不成熟的想法，其基本原则是：

公平性、公开性、可操作性和程序简单化。草案将在近期提报给有关部门和人员，征求多方面的意见，形成尽可能合理并可行的方案，为2025年公司总体目标服务。

三、组织机构与部门、岗位职责

财务部2024年架构：（略）

本架构与现行架构的区别主要在于增加了区域财务经理的岗位，这也是公司发展的客观需要。对区域财务经理的岗位职责，财务部也有一个初步的想法，但对如何授权的问题，尚没有成熟的做法。一方面在实践工作中总结，另一方面和人力资源部共同探讨，给予适当的责、权、利，是区域财务经理顺利开展工作的必要前提。

区域财务经理计划2025年3月份以前配置齐全，人选基本考虑从优秀的子公司财务经理之中提升。内部提升最大的好处在于其熟悉公司内部的运作，可以较快地进入工作角色，并且对公司所有其他财务人员也是一个激励。

在架构中另外一个小的区别是原来财务部副经理将专心承担零售连锁加盟的财务重担，总公司财务部计划招聘一名经理助理，协助财务经理的工作。

2024年11月，公司财务部需要配置的人员主要有：经理助理（补缺）、会计主管（一直空缺）以及某子公司财务负责人。由于财务工作的特殊性、上述人员的重要性，人员较难到位。财务部的原则是宁缺毋滥，也希望人力资源部协助财务部多方面想想办法，让财务人员尽快到位，以保证我公司2025年财务工作的顺利开展。

四、财务培训计划

财务部2025年培训计划主要包括以下几个方面：

（1）新员工入职培训。此项培训工作是一个制度性的常规培训，所有新入职财务人员必须按照财务部制订的培训计划进行学习培训。

（2）相关部门财务知识培训。由于财务工作涉及公司所有部门的方方面面，因此，财务工作要想做好必须得到公司各部门全体人员的支持和合作。财务部对相关部门人员的财务知识培训十分重要。在这方面财务部制定了一个《财务制度培训纲要》，可以作为今后财务知识培训的基本内容。

（3）财务人员在岗培训。主要采取内部人员讲座和外部人员讲座两种方式。内部培训一般结合公司实际情况选取课题，如销售收入的确认、销售折扣的账务处理、费用管理的细化（分项目、分单位、部门等），采取培训和探讨结合的方式，计划2025年每两个月进行一次这样的培训。外部培训主要是请外部专家进行专项培训，例如有关税务风险防范培训、有关新会计准则培训等，计划2025年每季度一次。

（4）财务人员外部培训。采取送到其他公司财务部或其他培训机构学习的方式进行培训，视具体情况而定。

（5）巡回指导。这项工作包括以下几方面：总公司财务部人员的巡回培训，计划在一季度对下属公司电算化进行一次巡回培训；财务经理巡回检查工作的同时进行培训；重点是区域财务经理对下属公司的经常性巡回培训。

（6）财务例会。每周一次，总结工作、计划工作，同时也是一次学习和提高。

五、工作重点与难点

（1）增加资金投入。资金需求计划和融资计划在后面2025年主要财务指标预测中有具体数据。根据我公司2025年的销售计划，资金缺口比较大，如何更好地与银行合作，取得银行的资金支持是我公司2025年总体目标能否实现的关键。在这个问题上财务部感觉压力特别大，如何多方位拓宽融资渠道，保证公司高速发展所需资金，是财务部的工作重点和难点。

（2）招聘、培训并吸引优秀人才。公司发展到一定程度，所有的工作必须纳入整体系统运作之中。一个系统的运作靠个别人是不可能有任何作为的，使系统发挥最大作用就需要一大批优秀的人才。财务工作也是如此，当前最缺的是优秀的人才。2025年度财务部在人才的招聘、培训方面要下更大的力气。如何留住优秀的人才，需要公司高层领导进行方向性的指导，需要人力资源部对公司员工的职业生涯进行规划，对员工的激励机制更加得力。最关键的是使每个员工在我公司工作有一定的压力，并引导其不断进取，同时也使其有一定的安定感、归属感，甚至更高层面的成就感。

_____有限公司财务部
_____年_____月_____日

二、财务工作总结

（一）定义

财务工作总结是企业财务部总结一年财务管理方面工作成果的同时，对未来一年进行展望。因此，财务工作总结必须包含以下三项内容：

（1）上年度财务管理方面的收获。

（2）上年度财务管理方面的不足。

（3）下一年度的展望计划（有的可以不写）。

（二）写作格式

财务工作总结书写作格式如表11-2所示。

表11-2 财务工作总结书写作格式

项目	基本要求
标题	工作总结的标题有种种形式，最常见的是由单位名称、时间、主要内容、文种组成，如《××单位　年财务工作总结》

续表

项目	基本要求
正文	和其他应用文体一样，总结的正文也分为开头、主体、结尾三部分，各部分均有其特定的内容。 （1）开头。总结的开头主要用来概述基本情况。其包括单位名称、工作性质、主要任务、时代背景、指导思想，以及总结目的、主要内容提示等。作为开头部分，要注意简明扼要，文字不可过多 （2）主体。这是总结的主要部分，内容包括成绩和做法、经验和教训、今后打算等方面。这部分篇幅大、内容多，要特别注意层次分明、条理清楚
结尾	结尾是正文的收束，应在总结经验教训的基础上，提出今后的方向、任务和措施，表明决心，展望前景。这段内容要与开头相照应，篇幅不应过长。有些总结在主体部分已将这些内容表达过了，就不必再写结尾

【范本11-3】

财务工作总结（一）

　　____年，在公司领导的正确领导和各部门同事的大力支持配合下，财务部以强烈的责任心和敬业精神，出色完成了财务部各项日常工作，较好地配合了各分公司及合作方的业务工作，及时准确地为公司领导、有关政府部门提供财务数据。当然，在完成工作的同时也还存在一些不足。

　　下面向公司领导汇报一下财务部____年度的工作。

　　一、公司本部的财务管理和财务核算工作

　　（1）作为后勤工作部门，合理控制成本费用，以"认真、严谨、细致"的精神，有效地发挥企业内部监督管理职能是我们工作的重中之重。____年财务部在成本控制方面比往年有了一定的提高。随着公司业务的不断拓展，新增项目前期投入较大，成本费用也随之增加，每月的日常办公消耗用品和办公设备是一笔不小的开支，财务部积极主动配合公司行政部门，在采购工作中严格把关，成本控制方面取得了一定成效。

（2）____年度，财务部的日常会计核算工作具体如下：

第一，在借款、费用报销、报销审核、收付款等环节中，我们坚持原则，严格遵照公司的财务管理制度，把一些不合理的借款和费用报销拒之门外。

第二，在凭证审核环节中，我们认真审核每一张凭证，坚决杜绝不符合要求的票据，不把问题带到下一个环节。

第三，每月核算____人的工资是财务部最为繁重的工作，除计算发放工资外，我们还要为新入职员工说明工资构成及公司相关规定。这就要求财务人员必须耐心细致，尽量做到少出差错或不出差错。经过努力，公司每月基本上能准时发放工资。

第四，按时完成公司的纳税申报、发票购买和管理、台账登记工作。

第五，完成各政府相关部门下达的工作：公司的工商年检、会计师事务所的财务审计、对统计局的季度申报等。

第六，催收款项是财务部门最为重要的工作。由于受其他原因影响，工程款的催收难度也有所增加，虽然我们尽了很大努力，也取得一定的成效，但却不是很理想。

总之，随着公司业务的不断扩大，____年度财务部工作量越来越大，财务人员的人数并没有相应增加。但我们能够分清轻重缓急，有序地开展各项工作。一年来，我们完成了财务部的日常核算工作，并及时提供了各项准确有效的财务数据，基本上满足了公司各部门及外部有关单位对我部的财务要求。

二、分公司及合作方的财务核算工作

（1）跟进收取各分公司的款项，在经营部的帮助下，基本上能够按照协议及时收取各分公司的款项。

本年度，由于A分部的业务量增大，B分公司、C分公司和D分公司等的部分业务转到总公司开具发票，收、退合作款，大大增加了我们的工作量。例如，A分部的年产值比____年增长了____%；对B、C和D三家分公司＿＿＿年的开具发票、合作款的收取跟进、核算退回、投标保证金的支付收取等工作，财务部做了全力配合。

（2）今年合作方的业务量也比往年有较大的增加，这部分的利润占公司的利润比重较高。同样，对合作方的开具发票，工程款的收取跟进、核算退回，投标保证金的支付收取等工作，财务部也全力予以配合完成，工作态度和工作成绩得到了合作方的充分肯定。

三、不足和有待改善的地方

一年中，财务部尚有应做而未做、应做好而未做好的工作，例如在资产实物性管理的建章建卡方面，在各项管理费用的控制上，在规范财务核算程序、统一财务管理表格方面，在更及时准确地向公司领导提供财务数据、实施财务分析等方面。在财务工作中我们也发现公司的一些基础管理工作比较薄弱，日常成本费用支出比较随意。这些应是＿＿年财务管理要着重思考和解决的问题。

作为财务人员，我们在公司加强管理、规范经济行为、提高企业竞争力等方面还应尽更大的努力。我们将不断地总结和反省，不断地鞭策自己，加强学习，以适应时代和企业的发展，与各位共同进步，与公司共同成长。

＿＿＿＿有限公司财务部
＿＿＿＿年＿＿＿月＿＿＿日

【范本11-4】

财务工作总结（二）

过去的＿＿＿年，是极不平凡的一年，在公司董事会及经营领导班子的正确领导下，财务部全体员工团结一致，紧密配合，比较顺利地完成了公司会计核算、报表报送、财务计划、财务分析、费用管理、资金筹措和结算等多项工作任务。充分地发挥了财会工作在企业管理中的重要作用。回想一年来的工作，主要有以下几点。

1. 年财务预算计划工作

今年1月份，根据总公司及公司领导班子的工作要求，结合市场情况，在反复研究历史资料的基础上，综合平衡，统筹兼顾，本着计划指标积极、开拓、稳妥的原则，在反复听取各方面意见的基础上，向总公司上报了____年公司财务计划。并且，根据总公司下达公司的____年计划任务，层层分解落实，下达了有关部门____年计划任务指标。同时，为了保证财务计划的顺利完成，财务部对各部门计划任务进行逐月检查和分析，及时发现各部门计划任务指标执行中存在的问题，为公司领导制定经营决策提供重要依据。

2. 年财务决算工作

____年财务决算工作，是公司会计报表第一次上报总公司，这对会计决算工作提出了更高的要求。财务部根据会计决算工作的要求，高标准，严要求，齐心协力，加班加点，不计报酬，认真保质保量地完成了会计决算几十个报表的编制及上报工作，并对会计报表编写了详细的报表说明，圆满地完成了会计决算工作任务。

3. 员工集资工作

为了减少利息支出，减支增效，____年4月初，根据总公司业务发展项目急需筹措资金的要求，以及公司领导班子的决定，财务部组织员工动员集资，半个月内完成集资____万元，完成了公司为总公司发展项目筹措部分资金的任务。____年____月，经过多方努力，从××银行取得贷款____万元，缓解了资金短缺压力，归还了员工集资借款____万元，为公司节约利息支出____万元。____年____月至____月，公司先后有三笔银行贷款到归还期限。按照银行规定，如不能按期归还贷款，一方面加罚息____%，一方面取消公司贷款____万元额度，将直接影响公司信贷信誉。对此，公司领导十分着急。公司领导与财务部采取多种方案，千方百计筹措贷款到期周转资金，经过动员员工退住房公积金后集资等办法，筹措资金＿＿＿多万元，按期归还了银行到期贷款，维护了公司信贷形象，防止了借款逾期增加罚息，为公司节约利息支出＿＿＿万元。

4. 融资工作

公司从＿＿＿年＿＿＿月份整体划转总公司管理以来，按照总公司要求，努力把企业做大做强，保证企业又快又好地向前发展。如何搞好资产运作，发挥现有资产的最大效益，已是公司经济工作的重要环节。为此，＿＿＿年财务部在资产抵押贷款融资方面，做了大量工作。＿＿＿至＿＿＿月份，多次向××银行报送贷款资料，银行开户、结算、转移员工工资发放账号，拓展公司融资渠道，为企业寻求贷款支持。＿＿＿年＿＿＿月向××银行报送贷款资料，＿＿＿年＿＿＿月多次向××银行报送贷款资料，多次接受贷款调查。经过公司领导和财务部的多次努力，＿＿＿年＿＿＿月从××银行取得贷款＿＿＿万元。进入＿＿＿年＿＿＿月后，公司先后有××银行＿＿＿笔贷款＿＿＿万元到期，财务部全力以赴，公司领导大力协调，通过员工集资等办法筹措资金，借新还旧，为公司节约了财务费用支出。＿＿＿年先后为总公司解决融资＿＿＿万元，财务部代表公司为总公司业务发展解决急需资金问题，做出了显著成绩。

5. 财会工作量化管理

＿＿＿年，财务部人员进行了较大调整，调整以后财务人员新手增多，如何围绕财务各项工作任务，带领财务部新老员工又好又快地完成各项工作任务，财务部主要从量化管理入手，对财会工作、会计核算、费用管理、资金调拨、财务计划、财务分析、报表报送、贷款融资等项工作任务进行具体量化，根据轻重缓急，具体分工，规定时间，落实到人，月初计划，月中检查，月末考核，使财务部各项工作落到了实处，既分工，又合作，紧张、规范、保质、保量地按时完成了工作任务，使公司领导能够通过财务信息平台、各种表格及分析，宏观了解公司的各月财务状况，为公司领导制定经营决策提供了重要依据。

6. 财务人员业务学习

为了认真贯彻执行财政部颁布的企业会计准则，企业所得税法实施细则，财务部先后多次组织全体财务人员学习企业会计准则，学习企业所得税法，对照企业会计准则、企业所得税法，结合公司实际，充分利用会计政策，开展会计核算，不断提高财务人员的业务技术水平。

7. 会计档案的归档整理工作

____年____月，财务部对____年各种会计凭证、报表、账本进行了认真登记，按照会计档案工作要求完成了____年会计档案整理工作。

8. 企业改制任务

配合总公司集团成立，财务部通过大量的工作，配合总公司审计组完成了企业改制审计任务。

9. 年审工作

配合公司总经理办公室完成了营业执照的年审工作任务。

10. 税务清算工作

完成____年各种税务清算工作任务。

11. 信贷及评审工作

____年贷款证年检及企业信贷等以及评审工作。

12. 工资方案的测算

配合公司人事部完成公司理顺工资方案的测算工作任务

____年财务工作要点：

（1）组织财务人员继续学习企业会计准则，提高财务人员的业务技术水平。

（2）搞好资金结算，加强与银行的联系，准备多次办理____万元贷款的分批到期转贷工作任务。

（3）进一步搞好财务部财务量化工作管理。

（4）提高会计电算化工作质量。

____有限公司财务部
____年____月____日

三、财务管理制度

（一）定义

财务管理制度是用企业制定的组织财务管理过程和进行财务管理的规则和制度的总和，是企业内部的财务部"法律"，是应用写作研究的重要文本之一。

（二）写作格式

财务管理制度的写作格式如表 11-3 所示。

表 11-3 财务管理制度写作格式

项目	基本要求
标题	标题构成一般由制文单位、事由、文种三要素组成。例如：某公司要制定其财务管理制度，此制度的标题则为"某公司财务管理制度" 如果制文单位的署名放在结尾处，则标题中就可以省略，即为"财务管理制度"。也可以省去事由，只由制文单位和文种组成
正文	常用条款式的写法，分条列款，务求层次清楚，结构严谨。根据内容的性质和分量，安排的方式也各有不同 （1）序言（开头）、主体、结语，全文都按条款式处理 （2）序言和结构列入条款时，分别放在第一条和最后一条（或最后几条）；序言和结语也可以不列入条款，分别放在正文的前后。一般内容不太复杂，篇幅也较短的规定、条例、办法、细则等常用这种方式 （3）总则就是正文的开头，放在第一章，说明制定的理由、依据、目的、意义，有关原则精神和总的要求等 （4）第二章到最后一章为分则，是正文的主体，分条逐一说明具体内容 （5）附则，放在最后一章，相当于一般规章制度的结语，说明该规章制度的制定、修改、解释权限、适用对象（也可以放在总则内）、生效日期及其结尾
结尾	结尾一般标明单位名称和制定日期。如标题已有单位名称则可省略。例如：其标题为"某公司固定资产管理制度"，则此文的结尾，就不必署名"某公司"，只具上发文年月日即可。如果其标题为"固定资产管理制度"，则其结尾就要署名"某公司"及其发文年月日

【范本 11-5】

公司财务管理制度

第一章 总 则

第一条 为了规范公司（以下简称公司）的财务行为，加强财务管理和经济核算，根据财政部颁发的《企业财务通则》，结合公司实际经营情况，修订本制度。

第二条 公司一切财务、会计活动均应符合《会计法》的要求，符合《企业财务通则》和《企业会计准则》的要求，具体会计核算制度遵照《股份有限公司会计制度》执行。

第三条 本制度适用于公司本部及非独立核算的二级单位的财务管理工作，同时也是控股、参股子公司财务管理工作的参考依据。各子公司为独立核算的法人单位，应根据相关法规和制度，参照本制度自行制订具体的财务管理制度。对于本制度中已作出的对子公司的管理办法，各子公司应严格遵照执行。

第二章 资金管理

第四条 公司资金管理的原则是：合理使用，减少占压，降低风险，加速周转，提高效益。

第五条 公司的财务实行预算管理。预算管理就是对有关财务计划的制订、审批、实施、检查和分析进行全面的管理，从而使财务管理工作有序、稳定地进行。

第六条 为保证库存的现金安全合理，公司各部应按规定限额提取备用金。支取现金先填写借款单，并注明用途、金额、期限等，按规定批准方可支取。预支现金一般不超过 2 000 元，超过支票结算起点的付款应通过转账支票结算。任何人不得从营业收入中坐支现金。库存现金必须日清月结，不准白条抵现。

第七条 支票的领取及管理。

1. 支票领取：

（1）凡领取支票，先填制支票申领单，写明用途、金额、使用人等项，经由有权审批人批准方可领取。

（2）签发支票的金额超过 10 000 元，在填写申领单时，须提交符合审批程序的用款报告及附件（合同、采购单、计划书等）。

（3）领取人应办理登记手续，于使用后三日内报账。

（4）未及时报账者财务人员及时督促，并有权不予签发新支票。

（5）持票人应对支票妥善保管，如丢失将由个人承担经济责任。

2. 支票管理：

（1）所签发支票应填写日期、金额（限额）、用途，不准签发空白支票。

（2）准确掌握账户余额，不准发生空头、透支。

（3）出纳人员应每日编制库存现金与银行存款变动表。

（4）出纳人员应于月末填制"银行账户余额表"，送交财务经理批准后呈报总会计师。

（5）按时于月末填制"银行余额调节表"交财务经理审核，对未达账项要认真查对，及时入账。

（6）支票和公司印鉴分人妥善保管。

第八条 预付货款和定金，必须根据合同办理，经由审批权限的领导批准，方可执行。

第九条 按照合同约定的条件支付购货款或工程进度款，经由审批权限的领导批准，方可执行。

第十条 对外投资等资本性开支的审批、使用、实施顺序

（1）对外投资的拨付，由规划部根据项目可行性报告实施步骤提出股本金使用申请，分管副总经理和总会计师会签，由总经理批准后支付。

（2）固定资产更新、添置、报废，由使用部门或者管理部门提出，规划部和财务部审核，分管副总经理、总会计师会签，总经理批准后实施。

（3）新筹建单位的前期开办费如在公司核算，由总经理授权给新设单位负责人后，各项费用由被授权单位负责人审核签单，财务部门在核定的限额内支付，并进行单独记账、结算。

第十一条 对外收、付款的规定。

（1）对外付款必须要填制对外付款审批单，由项目经办人具体办理。

（2）有合同（或协议）的付款，在第一次付款时应附上所签订的合同（或协议）。实行分次付款的，在未结账前的付款，应由收款方开具收据。

（3）收款方必须提供符合公司规定的发票或收据。

（4）广告宣传费由代理商垫支的，必须要由代理商提供付款凭证。

（5）特殊情况先付款，收款方再提供发票或收据的，由经办人向财务办理暂支手续，并负责将发票或收据在规定时间内交回财务。

（6）对外付款有合同的，必须要按照约定的账号办理；付款、收款要求改变账号的，必须要由收、付款方提供盖有公章的证明，没有合同或合同没有约定账号的，由收款方提供后办理。

第十二条 公司与非独立二级核算单位往来结算款项，按实际发生的债权、债务金额入账，并以往来单位、部门、个人为对象分别设置明细账，及时登记账簿，准确无误地反映其形成、回收及增减变化。

第三章 应收款项的管理

第十三条 应收账款的管理规定如下：

1. 各子公司及非独立核算的二级单位（以下简称各单位）在决定提供信用于客户之前，应对该客户的资信情况进行详细调查，并按相应的权限批准信用额度，最终由分管副总经理决定是否对客户提供商业信用。

2. 所有应收营业账项均按账龄基准记存。各单位财务经理必须经常核查所有应收营业账项（至少每月一次），确定每项账款的可收性，并每半年编制账龄账目分析，交公司财务部审核。此分析将作为设立坏账准备及坏账确认的基准。

3. 各单位应根据经验确定其本年度每月坏账应计项目。该应计项目将作为坏账准备，并每半年进行调整，以反映目前状况。该项准备由股份公司财务部每年审核一次，以确定是否恰当。

4. 各单位销售部门应经常与信用客户保持联系，按期进行账款的催收，财务部门予以监督。

5. 所有被视为无法收回的应收账款将根据实际金额计入坏账损失。坏账确认还应考虑以下条件：

（1）债务人破产或死亡，以其破产或遗产清偿后，仍然不能收回的应收款项。

（2）债务人逾期未履行偿债义务超过三年仍不能收回，且具有明显特征表明不能收回的应收款项。

涉及坏账核销，各单位应将核销情况书面上报公司财务部，根据公司管理权限经审批后方可核销。

第四章 存货管理

第十四条 存货是企业生产经营过程中为销售或者耗用而储备的物资，包括原材料、包装物、低值易耗品、库存商品、委托加工物资、委托代销商品、受托代销商品等。

第十五条 存货入库时，应填制入库单，出库时应填制出库单，其存货数量及金额要与财务核算相符。

第十六条 低值易耗品。

（1）根据公司的情况，特规定 2 000 以下、50 元以上，使用年限较短，不作为固定资产核算的各种用具、物品以及在经营中使用的包装物、周转容器等，为低值易耗品。

（2）低值易耗品在购买之前应按规定申购，经有关部门审核，领导批准，方能选购。

（3）为了加强对在用低值易耗品的管理，各单位应按使用单位和部门设置低值易耗品登记簿。

（4）使用部门向仓库领用低值易耗品，应填制一式三份的领用凭证，一份留存仓库，作为登记"库存低值易耗品卡片"的依据；一份交给使用部门作为实物管理的依据；一份交给会计部门作为记账的依据。除此以外，各单位应建立"低值易耗品卡片"由有关部门保管、以控制各使用部门的在用低值易耗品。

（5）要建立以旧换新的赔偿制度，及时按照制度的规定办理，并进行会计处理。要按各使用单位、部门设置在用低值易耗品明细账（包括量和金额），定期与实物核对，并与财会部门的账面余额进行核对。在用低值易耗品以及使用部门退回仓库的低值易耗品，应加强实物管理，并在备查簿进行登记。

（6）公司的低值易耗品报废时，应由负责使用部门及时填制低值易耗品报废单，填明报废低值易耗品的数量和原价和按照规定对入库残料的作价。由于员工丢失损坏，照章应由员工赔偿。所有离开公司的人员，应办理低值易耗品的退库手续，同时，管理人员应加强对低值易耗品的实物管理。

第十七条 盘盈的存货，应当相应冲减有关成本、费用；盘亏或毁损的存货，在扣除过失人或者保险公司赔款和残料价值后，计入有关成本、费用账户。存货的盘盈盘亏应在办理有关审批手续后，按规定进行会计处理。

由于自然灾害造成的净损失，计入营业外支出。

第十八条 存货应当定期盘点，每年至少盘点一次，盘点情况如与账面记录不符，应查明原因，经报批手续后及时进行会计处理，一般在年终结账前处理完毕。

第五章 长期投资

第十九条 长期投资指公司投出的期限在一年以上（不含一年）各种股权性质的投资，包括购入的股票和其他股权投资。

第二十条　公司作为投资中心，行使投资功能，对所属子公司、控股子公司以及由公司直接管理的参股子公司的投资活动进行指导、管理、监督和控制。公司的投资规划部负责公司长期投资的管理，并负责拟制发展规划及年度投资计划，经分管副总经理审核，提请总经理办公会讨论决定。重大项目投资须经董事会讨论决议或经股东大会通过。

第二十一条　总投资300万元人民币以下的项目，符合国家产业政策、布局政策的，由公司审批，报广电集团公司投资发展部备案。

符合国家指导外商投资方向暂行规定，属于外商投资产业指导目录鼓励类、允许类项目，中方投资和建设、生产经营条件齐备、外汇需求自行平衡解决，投资总额（或增资额）在100万美元以下的中外合资、合作项目，由公司自行审核，报广电集团公司投资发展部备案，并按规定程序上报审批机构审批。超过上述规定投资额的对外投资、中外合资项目，及所有境外投资项目由公司上报广电集团审核，按国家规定程序审批。

公司所属全资、控股子公司的对外长期投资属公司权限内的投资额，由公司审批，超限项目由公司上报广电集团公司审批。

公司参股子公司的对外长期投资由公司形成意见，通过董事会行使表决权。

第二十二条　各全资子公司（工厂）及其受托管理企业和下属企业可自行决策的投资范围为：总投资在100万元以内（不含100万元）的技术改造、零星土建、对外投资、新办三产企业的项目。立项时，须报公司备案。总投资超过100万元（含100万元）以上的项目，由公司决策确定。项目计划上报公司，由公司组织项目可行性的论证评审，评审意见作为公司决策的依据。

对合资项目和外地投资的项目，其所占的股份发生变更前，均须由项目单位报公司审批后，方可办理变更的有关手续。

第六章 固定资产

第二十三条 使用期限超过一年的房屋、建筑物、机器、机械、运输工具以及其他与生产经营有关的主要设备器具工具等列作固定资产。不属于生产经营主要设备的物品单位价值在 2 000 元以上，并且使用期限超过 2 年的，也应当列为固定资产。

第二十四条 对固定资产实行预算管理，新增固定资产应有可行性分析。购置之前由固定资产使用部门提出申请报告，由办公室、规划部、财务部审核，经分管副总经理和总会计师签字，总经理批准后方可购买。

第二十五条 各部门的固定资产统一由公司财务部建账核算，统一提取折旧，建立固定资产卡片。固定资产卡片，一式两份，一份留实物管理部门，一份交财务部门，实物管理应保持账、卡、物三相符。

第二十六条 公司的固定资产由规划部或设备主管部门统一管理，各部门暂时闲置和不需用的固定资产应报公司规划部统筹安排。固定资产实行分级归口管理制度，按照固定资产的类别和管理要求及固定资产的使用地点，由各级使用单位负责具体管理，并做好固定资产的日常维护、保养和修理，做到谁使用，谁维护，谁保养。

第二十七条 定期对固定资产进行清查。

（1）固定资产清查是从盘点实物开始的。在盘点过程中，要认真核对账面数量，重新鉴定质量，查明存在的各种问题。

（2）公司的固定资产每年实地盘点一次，如果发现盘盈、盘亏和毁损固定资产，由负责保管或负责使用的部门查明原因，写出书面报告，固定资产盘亏、报废发生的净损失超过 10 万元应书面上报公司财务部，根据公司管理权限经审批后进行会计处理，数额较大的应报公司董事会审批。

（3）公司出售固定资产的收入，减除清理费用和固定资产净值的差额，计入当年损益。

（4）对于经过清查核实的固定资产，属于需要进行清理的，应及时清理，该入账的要入账，该报废的要报废。做到手续完备，账目清楚，一般应在年度决算前处理完毕。

第二十八条 经公司决策批准执行的"在建工程"项目,由规划部和主管部门统一管理。在建工程包括工程施工前期准备、正在施工中和虽已完工但尚未交付使用的建筑工程和安装工程。在建工程项目的管理实行"谁主管、谁负责"的项目经理负责制。

在建工程项目每年清查、核查一次,发生报废或毁损,按照扣除残料价值和过失人或者保险公司等赔款后的净损失,经报批后,计入施工的工程成本。

单项工程报废以及由于非常原因造成的报废或者毁损,其净损失,经报批后,在筹建期内,计入开办费;在投入生产经营以后,计入营业外支出。

工程交付使用前因进行运转发生的支出,计入工程成本。在正式运转中形成产品且可以对外销售的,以实际销售收入或者预计售价扣除税金后,冲减在建工程成本。

虽已交付使用但尚未办理竣工验收、决算的工程,自交付使用之日起,按照工程预算、造价或者工程成本等资料,估价转入固定资产,并计提折旧。竣工决算办理完毕以后,按照决算数调整原估价和已计提折旧。

第七章 信贷管理

第二十九条 银行借贷。

银行借贷业务由公司财务部统一负责。此项业务包括但不限于以下交易:

(1)开立(注销)银行户口。

(2)长短期借款。

(3)应收票据贴现。

(4)公司债券。

(5)财产抵押。

（6）融资租赁。

（7）担保。

重大融资项目的每个会议，均应有详细的会议记录，每个会议记录应提交公司财务部备查。

融资合同签字前，应有公司总经理及总会计师批准意见。合同签订后，合同由公司财务部存档。

对外担保必须符合公司章程及有关管理规定，由总经理及总会计师批准。

第八章 资本及资本金管理

第三十条 资本金公司应设资本金账户，该账户由公司财务部统一管理，公司应给出资人出资证明。

第三十一条 资本公积。

企业在筹集资本金过程中，投资者缴付的出资额超出资本金的差额（包括股本溢价），法定资产重估增值，以及接受捐赠的财产等，计入资本公积。具体包括资本溢价、接受捐赠实物资产、住房周转金转入、资产评估增值、投资准备五个项目。

公司按规定可以将资本公积转增股本，但资本公积中的接受捐赠实物资产价值、资产评估增值以及投资准备等部分，不能转作股本。

第九章 税务

第三十二条 税务。

公司应根据国家税法规定按时缴纳各种税金。各单位税务执行的变动情况应及时向公司财务部报告。

第十章 费用管理

第三十三条 公司对各项费用实行预算管理，各项费用开支均应编制计划，费用总额与营业收入挂钩，奖金总额与利润挂钩，在计划内，各部门可在相应的权限内开支，超过预算的，应履行特别审批和程序。

第三十四条　公司各部门应于年度结束前编制下一年度的行政办公费用预算，报公司总经理或总会计师审批。每月的行政办公费用预算应于每月 25 日前报总会计师审批，经审批后，应严格执行。

费用开支预算变动 10% 以内的，由公司总会计师审批；预算变动达 10% 以上的，修订后再报公司总经理审批。（该审批权限适用于本章所有费用）

第三十五条　费用开支的审批规定。

1. 公司办公经费各项费用都应列入公司全年预算计划，各部门根据全年工作规划编制当年预算计划，经公司平衡批准后，按月限额使用。

（1）公司各项董事会费用由公司董事会秘书处归口管理。

（2）公司采购办公用品及其他物品，各学会、协会的会费，职工福利费，职工医药费报销，电话费，小汽车各项维护保养费用等均由办公室根据规定归口管理。

（3）职工工资及各项福利费用、教育培训费由人事干部部归口管理。

（4）出国经费及出国人员费用由规划部归口管理。

（5）离退休干部活动经费、退休人员补助费部分分别由组干部和退管会归口管理。

（6）财产保险、固定资产折旧、资产评估、会计报表审计等费用由财务部归口管理。

（7）业务活动经费由财务部归口管理，公司领导掌握使用，记卡限额并用专项报销单报销。

（8）各项广告费均由总经理掌握使用。

（9）外埠差旅费、各项会议费均应事先向各归口部门的公司领导提出申请，批准后再实施。市内出差费用由各部室领导审核，分管副总经理批准后报销。

2. 审批、报销权限。

上述各项各类费用发生额在 1 000 元以下的由各归口部门经理审核，

副总经理或总会计师审批报销。超过 1 000 元的均由总会计师核准，总经理批准后报销。

第三十六条 各项管理费用的规定。

1. 差旅费用开支应纳入公司年度成本、费用计划，由财务部门统一管理，按章办事。公司财务部、各非独立核算的二级单位必须按计划在预算范围内开支，超预算开支按规定审批。差旅费应严格执行开支标准，严格控制出差人数、出差时间。一般员工出差，由部门经理批准；部门经理出差由总经理批准，各非独立核算的二级单位总经理出差，应事先请示公司相关主管领导。出差人员在出差前应填写"差旅费用预支单"，由公司部门经理、财务经理审核，总经理批准后，方可预支差旅借款。出差人员返回后必须在一周内将所借款项结清，差旅费的报销审批程序为：由出差人员据实填写差旅报销单，先由本部门经理签字，再由财务部门审核签字，最后由分管副总经理签字后到出纳处报销。超过规定标准的，应由公司总会计师加签方为有效。

2. 交际应酬费。

因开展业务的需要，交际费用应每月制订预算，报公司总会计师批准。超过预算的经由总经理审批。

3. 新品开发项目费用。

（1）根据新品开发项目编制用款明细表，经公司总经理批准，并由总经理授权指定专人审核签单报销。年终由公司财务部进行清算。

（2）其他非独立核算经费：根据经费发生部门，由部门编制收支预算计划，经公司总经理批准并授权部门领导审核签单报销。年终由公司财务部进行清算。

4. 工资及福利待遇。

公司各部门、各非独立核算的二级单位员工工资福利待遇标准，由公司统一制定，区分各部门、各单位的职能、规模、业绩、各岗位的专业技能要求和承担责任；奖金与各单位的利润挂钩。

5. 职工福利费用。

公司根据国家有关规定，每月按工资总额的一定百分比提取日常福利费、退休养老金、医疗经费、教育经费、工会经费、住房基金等费用。国家规定变更时，将按变更后规定执行。

6. 保险。

公司的保险事务由公司财务部统一办理，包括投保险种，选择保险公司，索赔等。各非独立核算的二级单位应根据公司的统一安排办理财产保险等事务。公司按国家规定为全体员工办理职工医疗保险、养老保险、失业保险，因公死亡及负伤保险。

各非独立核算的二级单位应协助保险合同的执行，遇有保险事项发生时，应及时通知公司，以便及时办理索赔。

7. 董事会费。

（1）每年的董事会费用总额由董事会决定。

（2）预算内的董事会费用开支，由公司总会计师复核，公司总经理审批。

（3）每年的董事会费用开支情况，由公司财务部负责监督，并于每年末向董事会汇报。

第十一章 财务分析及控制

第三十七条 财务分析工作是公司财务工作统一管理的重要手段，它与财务预算相结合，以达到公司各项财务工作的控制。财务分析日常工作包括但不限于下列内容：

（1）预算执行情况分析。

（2）差异分析及控制报告。

（3）对销售收入、经营计划和财务指标进行分析。

（4）成本分析、控制成本支出。

（5）对各项费用定量分析，将费用支出控制在额定指标内。

（6）利润分析报告。

（7）现金流量分析。

（8）公司及各子公司财务状况分析，随时监控公司财务状况。

（9）新产品开发，投资决策分析。

（10）资本运作分析。

财务分析工作的工作程序：

（1）财务分析工作由公司财务部和管理部负责统一指导。

（2）各子公司的财务部门在公司财务部指导下完成基本的财务分析。

（3）凡各部门涉及财务分析需用的各种资料，应按时、按要求提供，以满足财务分析的要求。各个子公司账簿体系的设置及会计核算应符合为财务分析提供所需信息的要求。

（4）各子公司的财务分析要随同月度、季度、年度的会计报表按规定时间上报公司。公司在收到下属子公司财务分析后，结合下属子公司会计报表及其他信息，及时完成综合财务分析工作，报公司领导阅批。

第三十八条 公司考核的财务指标为税前利润、销售收入、投资收益率、应收账款周转率、存货周转率等。

第十二章 对子公司的财务控制措施

第三十九条 加强对子公司的会计内部监督，强化稽核制度。

（1）各子公司要建立总稽核制度，由专人负责会计核算的质量，复查会计核算中的会计凭证、账簿、报表等，必要时要设立总稽核员。

（2）各子公司的财会部门要加强对业务收付款的监督，建立严格的收付款制度，付款要有付款凭证，业务与财务负责人共同把关；收款要与原始凭证核对，避免业务收入流失，加快款项收现。

（3）定期与银行对账，不容许再出现新的长期银行未达账，对历史形成的长期未达账要跟踪管理并责成责任人或专人追查。及时核对银行存款日记账和银行对账单，对差额必须逐笔查明原因，并按月编制"银行存款余额调节表"，由于对账不及时造成企业重大损失的直接责任人及其领导要追究责任。

（4）各子公司财会部门对应收、应付款、预收、预付款等往来账款要向有关业务人员定期反馈，责成有关当事部门和业务员负责解决。各子公司领导应带头遵守财会制度，对子公司领导违反财会制度，经劝阻不听时，财会人员一定要越级上报，公司对敢于维护财会制度和公司利益、同各种违反财会制度行为做斗争的人和事给予支持和奖励。对于子公司领导协同作弊，损害公司利益的，要加重处罚。

第四十条　加强对子公司筹资行为的管理。

（1）各子公司应根据业务发展需要合理筹集资金，建立资金预测及分析制度，应根据筹资用途分析确定筹资方式，尽量把子公司沉淀的资金集中起来，统筹使用，发挥效益，避免盲目筹资致使子公司背负沉重的利息及偿债负担。

（2）公司对各子公司筹资实行总量控制，子公司年末编制下年度筹资、借款预算（内容包括筹资渠道、用途、借款期限等）并上报公司，公司汇总后，根据发展需要以及各子公司资产负债率和或有负债比例等财务状况，确定各子公司的筹资规模和方式，并下达给各子公司。

第四十一条　严格各子公司的资产报损管理。

（1）各子公司要加强资产的管理和核算，有效地控制资产损失。各子公司如需处理资产损失，须递交拟报废资产清单报公司有关部门审核。根据公司管理权限经审批后，方能进行会计处理。

（2）确认应收账款坏账损失必须符合国家规定的条件，对已经作为坏账损失处理的应收账款，仍要加强催收管理，尽量减少公司损失。

第四十二条　规范子公司的投资行为，减少投资损失，加强对被投资企业的管理。

（1）各子公司对投资问题要进行认真研究，建立严格的审查和决策程序，坚持领导班子集体讨论，财会部门参与投资项目的可行性研究。

（2）各子公司必须加强项目投资后的管理工作，要把所有投资项目纳入投资预算，杜绝账外投资，对本公司控股的投资项目，其财务主管人员原则上要由本公司派出，被控股公司召开董事会，本公司应要求派财会人员列席。各子公司应建立健全投资内部控制制度，加强对投资项目的跟踪管理、审计监督，制定有效的预算管理指标，定期进行考核。

第四十三条　要求各子公司建立成本控制体系，加强成本费用控制。

（1）各子公司要对本公司的成本费用进行分类核算。在此基础上，编制成本费用预算。

（2）各子公司应成立预算委员会对成本控制进行管理，子公司领导在加强全面预算管理时，应重视成本的控制管理。要以成本预算为成本控制的依据，在执行预算的过程中，定期对实际发生的成本和预算成本进行比较，发现差异及时查出原因，采取措施，加以改进，以保证成本预算的实现。预算期终了，要将日常发现的差异及原因汇总分析，找出成本变化的规律，并提出进一步改进措施。

（3）各子公司要强化单笔业务的细化核算，加强对每一笔业务进行细化的成本核算与控制。

（4）各子公司要结合本公司实际情况，对一些重点费用开支项目制定具体的管理办法。如差旅费、业务招待费、邮电费、出国费、办公费等的管理办法。

第四十四条　实行重大事项报审制度。

各子公司大额贷款、对外担保、投资项目、重要固定资产或生产经营设施的添置、产权变更（兼并、破产、股改制度）、资本金变更以及重大经济案件等实行向公司报审管理，各子公司财会人员要把好关，凡规定要向公司上报的要及时上报。

第四十五条　控制担保风险。

（1）各子公司不能为其他单位或个人提供担保，如有特殊需要时，必须由领导班子集体讨论决定，报公司审批，由法人代表对外签署协议。

（2）在防范担保风险上，各子公司领导要有风险意识，必须经领导班子讨论决定，在具体工作中，涉及担保工作程序的有关部门要严格按照各项管理制度办事，切实起到监督作用。如有个别领导违反规定经劝阻不听的，子公司财会人员应越级上报，如不上报，视为失职；如和子公司领导共同违反担保规定，将严肃处理。

第四十六条 强化预算监督控制管理。

（1）各子公司要重视对预算执行的监督和控制，要按月检查预算完成情况，分析实际与预算的差异，提出有效措施，在日常工作中控制差异，保证预算任务的完成。遇重大差异或其他重要情况，应及时上报公司。各预算单位预算委员会每季度召开一次预算检查会议，检查、分析预算执行情况，按季上报预算完成情况季报，每半年和年度要提出检查总结分析报告，半年时提出下半年预算完成预测及工作措施。

（2）为保证预算的严肃性，预算单位不得对公司已下达的预算随意调整。在预算执行过程中，预算单位如因特殊情况，需对现行预算进行调整时，必须向公司预算委员会提出书面预算修改申请，就预算调整内容和原因作出详细说明。

（3）各预算单位在每年10月份预测当年预算执行情况，并预测下年度主要预算指标，着手编制下年度预算，在决算工作之前，完成下年度预算编制工作。

第四十七条 深化财务总监委派制。

各子公司财务总监负责组织领导各子公司的财务管理工作，参与各子公司重要经济问题的决策。子公司的财务经理向财务总监负责并报告工作；财务总监向子公司总经理及公司财务部负责并报告工作。

第十三章 附 则

第四十八条 本修订稿在执行过程中，若遇国家有关会计政策、制度、法规发生变更时，以国家颁布的有关规定为准。

第四十九条 本制度由公司董事会授权公司总经理制定，总经理授权财务部进行修改和补充,并负责解释。

　　第五十条　本制度自××年×月×日起施行。

_____有限公司财务部
_____年_____月_____日

四、财务部会议纪要

(一)定义

财务部会议纪要是财务部用于记载、传达会议情况和议定事项的文书,会议纪要不同于会议记录。

(二)写作格式

财务部会议纪要的写作格式如表11-4所示。

表11-4　财务部会议纪要写作格式

项目	基本要求
标题	会议纪要的标题有两种格式:一是会议名称加纪要,也就是在"纪要"两个字前写上会议名称,例如财务工作会议纪要;二是把会议的主要内容在标题里揭示出来,类似文件标题,例如关于财务利润分配工作的会议纪要
开头部分	简要介绍会议概况,其中包括: (1)会议召开的形势和背景 (2)会议的指导思想和目的、要求 (3)会议的名称、时间、地点、与会人员、主持人 (4)会议的主要议题或解决什么问题 (5)对会议的评价
文号、制文时间	在财务办公例会中一般要有文号,如"第××期""第××次",写在标题的正下方 会议纪要的时间可以写在标题的下方,也可以写在正文的右下方、主办单位的下面,要用汉字写明年、月、日,如"二〇二一年八月十六日"

续表

项目	基本要求
正文	它是纪要的主体部分,是对会议的主要内容、主要精神、主要原则以及基本结论和今后任务等进行具体的综合和阐述 要从会议的客观实际出发,从会议的具体内容出发,抓中心、抓要点。抓中心就是抓住会议中心思想、中心问题、中心工作;所谓要点,就是会议主要内容,要对此进行条理化的纪要 会议纪要是以整个会议的名义表述的,因此,必须概括会议的共同决定,反映会议的全貌。凡没有形成一致意见的问题,则需要分别论述并写明分歧的所在 为了叙述方便,眉目清楚,常用"会议认为""会议指出""会议强调""与会人员一致表示"等词语,作为段落的开头语。也有用在段中的,仍起强调的作用 属于介绍性文字,笔者可以灵活自由叙述,但属于引用性文字,必须忠实于发言原意,不能篡改,也不可强加于人 小型会议,侧重于综合会议发言和讨论情况,并要列出决议的事项。大型会议内容较多,正文可以分几部分来写
结尾	一般写法是提出号召和希望。但要根据会议的内容和纪要的要求,有的是以会议名义向本地区或本系统发出号召,要求部门员工认真贯彻执行会议精神,夺取新的胜利;有的是突出强调贯彻落实会议精神的关键问题,指出核心问题;有的是对会议作出简要评价,提出希望和要求

【范本 11-6】

财务部第一次会议纪要

时间：___年___月___日早上 8:00—11:30

人员：×××、×××、×××、×××

会议议题：

一、职责和分工明确,当面理顺

二、工作流程和常规制度

会议结果：

一、职责和分工

财务部负责人：×××

（1）全面负责财务管理工作。

（2）负责管理支票。

（3）负责管理网上银行卡。

（4）负责从银行提现。

（5）签批常规性结账付款支出凭据。

主管会计：×××

（1）全面负责会计工作。

（2）根据财务制度审核支出凭据。

（3）签批常规性结账付款支出凭据。

（4）负责银行账号的管理。

出纳：×××

（1）负责银行、邮政途径收支。

（2）负责及时把收支记录刊登到财务公开栏。

网络会计：×××

（1）负责根据财务公开栏信息经常性更新电子账簿。

（2）负责管理财务部论坛，把需要查询的信息通知各相关知情人回复。

（3）补充财务公开栏资助人汇款信息摘要。

第一责任人：×××

（1）负责监督财务部运行。

（2）负责组织志愿者筹集捐款。

（3）负责签批所有支出凭据。

（4）正面答复捐款人的质问。

二、工作流程和常规性工作制度

收入：汇款、现金出纳接受并刊登到账务公开栏→网络会计制作电子账簿并公布→月底出纳提凭证给主会计→主会计核对电子账簿和凭证做手工账，并通知修改电子账簿。

支出：各部门提供经费预算公布于论坛→财务部审核预算并回帖→财务部提现或划款→支出，整理凭据交负责人签批→交出纳报账→出纳公布于账务公开栏并提交凭据给主会计→制作电子账簿和手工账簿。

常规制度：

（1）电子账簿争取每周更新一次并上传到网站公开栏提供下载。

（2）手工账簿每月做账并提供小结。

（3）出纳每三天刊登一次收支信息。

所有信息交流主要集中在财务部论坛进行，以最大限度地将网站的财务管理透明化。

范围内工作所需要的手续主动通知其他人员配合提供，不能因等待而拖延工作。

____有限公司财务部
____年____月____日

五、财务简报

（一）定义

财务简报是财务部门用来下情上报、上情下达和互通情况、交流信息的一个文种。它是信息类文书中最重要、最常用的一种。它是一种机关文书，是应用写作实践中的一种常用文体。

（二）写作格式

简报的种类尽管很多，但其结构却不无共同之处，一般都包括报头、标题、正文和报尾四个部分。有些还由编者配加按语，成为五个组成部分。财务简报的写作格式如表11-5所示。

表 11-5 财务简报写作格式

项目	基本要求
简报名称	印在简报第一页上方的正中处，为了醒目起见，字号易大，尽可能用套红印刷
期号	位置在简报名称的正下方，一般按年度依次排列期号，有的还可以标出累计的总期号。属于"增刊"的期号，要单独编排，不能与"正刊"期号混排
编发单位	应标明全称，位置在期号的左下方
发行日期	以领导签发日期为准，应标明具体的年、月、日，位置在期号的右下方
报头	（1）报头部分与标题和正文之间，一般都用一条粗线分隔开 （2）有些简报根据需要，还应标明密级，如"内部参阅""秘密""机密""绝密"等，位置在简报名称的左上方
报尾	报尾部分应包括简报的报、送、发单位。报，指简报呈报的上级单位；送，指简报送往的同级单位或不相隶属的单位；发，指简报发放的下级单位。如果简报的报、送、发单位是固定的，而又要临时增加发放单位，一般还应注明"本期增发×××（单位）"。报尾还应包括本期简报的印刷份数，以便于管理、查对。报尾部分印在简报末页的下端

【范本 11-7】

某企业财务简报

2024 年第三季度财务报告

（第 ×× 期）

报告日期：2024-10-23

××股份有限公司 2024 年第三季度财务报告

1. 重要提示

（1）本公司董事会、监事会及董事、监事、高级管理人员保证本报告所载资料不存在任何虚假记载、误导性陈述或者重大遗漏，并对其内容的真实性、准确性和完整性负个别及连带责任。

（2）公司第三季度财务报告未经会计师事务所审计。

（3）公司负责人×××、主管会计工作负责人×××及会计机构负责人（会计主管人员）×××声明：保证季度报告中财务报告的真实、完整。

2. 公司基本情况

（1）主要会计数据及财务指标（略）。

（2）报告期末股东总人数及前十名无限售条件股东持股情况表（略）。

3. 重要事项

（1）公司主要会计报表项目、财务指标大幅度变动的情况及原因（略）。

（2）重大事项进展情况及其影响和解决方案的分析说明（略）。

（3）公司、股东及实际控制人承诺事项履行情况（略）。

（4）预测年初至下一报告期期末的累计净利润可能为亏损或者与上年同期相比发生大幅度变动的警示及原因说明（略）。

（5）其他需说明的重大事项（略）。

（6）衍生品投资情况（略）。

4. 附录

（1）资产负债表（略）。

（2）本报告期利润表（略）。

（3）年初到报告期末利润表（略）。

（4）年初到报告期末现金流量表（略）。

（5）审计报告审计意见：未经审计。

____股份有限公司董事长：×××

____年____月____日

抄报：

抄送：

抄发：

六、财务部职能说明书

（一）定义

财务部职务说明书是工作分析人员根据财务部某项职务工作的特点，对工作人员必须具备的生理和心理需求进行的详细说明。它是职务分析的结果，是经职务分析形成的书面文件。财务部职务说明书也是一种常用的应用文体，是财务应用文写作学科研究的文种之一。

（二）写作格式

财务部职能说明书主要包含两个方面的内容，如表11-6所示。

表11-6 财务部职能说明书写作内容

项目	基本要求
职位描述	职务描述是经过职务分析收集资料后产生的。职务描述是说明某一职务的职务性质、责任权利关系、主体资格条件等内容的书面文件
职位规范	职务规范是任职者任用条件的具体说明，二者结合起来构成了针对某一职务的完整、全面、详细的职务说明

【范本11-8】

财务部职能说明书

一、财务部工作职责

（1）负责建立公司会计核算的制度和体系。

（2）按期做好年、季、月度财务报表，做到账表相符、账证相符、账账相符。

（3）做好成本核算，负责组织公司财务成本和利润计划的制定和实施。

（4）负责对各部门资金使用计划审核和对使用情况实施监督，管好用好资金。

（5）对往来结算户随时清理，督促相关部门及时催收款。

（6）严格执行财务管理规定，审批报销各种发票单据。

（7）对公司经济活动进行财务分析，向总经理提供综合性财务分析报告和根据工作需要向部门提供专项财务分析报告。

二、财务部编制

财务部定编3人：设财务部部长1人，出纳员2人。

三、财务部各岗位职务说明

（一）财务部部长职务说明

1. 职务名称：财务部部长。

2. 直接上级：董事长、总经理。

3. 直接下级：会计、出纳。

4. 管理权限：在总经理授权范围内行使对公司财务的处理权。

5. 管理职责：全面负责财务部的工作。

6. 具体工作职责：

（1）贯彻执行国家的财经政策和本公司主要负责人对财务工作的要求和制定本公司的财务规章制度。

（2）对各项资金的收付进行严格的审核把关。

（3）负责安排本部门人员的工作，并进行检查、总结、督促和配合财务人员及时处理账务，按期编报会计报表和有关会计资料。

（4）负责对本公司生产经营情况和财务收支情况的计划提供参考资料，协助有关部门编制计划，参与审核并监督执行。

（5）负责进行本部门的业务技术学习和交流，注重和同事的团结，共同完成各项工作任务。

（6）负责配合采购部门理顺原、辅材料的进出仓管理操作，在此基础上负责搞好成本核算工作。

（7）尽可能收集、整理会计资料并进行定期或不定期的分析和比较，针对影响预期计划指标的重大问题，会同有关人员深入调查，提出改进经营管理的措施和建议。

（8）按年、季编写财务情况说明书，重大问题及时向总经理汇报。

（9）负责建立各部门物资财产登记簿，并监督执行，每半年清点一次。

（10）每月抽查成品仓、原料仓、辅料仓产品，检查账物是否相符，并作出记载。

（11）每月对财务报表进行盈亏情况分析，销售业绩分析，产品进出仓数量分析。

（12）根据公司现状及费用，画出盈亏平衡点警戒线。

（13）对账务全面把关，不允许因疏忽而造成公司财务上的损失。

7. 职务要求（任职资格）：

（1）财会本科毕业，会计师资格。

（2）五年以上工业企业主管会计工作经验。

（3）道德品质好，责任心强，工作认真细致。

（二）主办会计职务说明

1. 职务名称：主办会计。

2. 直接上级：财务部部长。

3. 管理权限：受财务部部长委托，行使公司会计核算和有关财务监督权力。

4. 工作职责：

（1）按规定的会计科目设置总账，进行会计分录，汇总凭证，登记总账和明细账，做到账证、账账、账表相符。

（2）负责全部记账凭证的复核和检查，按权责发生制原则处理各期、各部门的分摊费用和成本。

（3）负责签收出纳移交的全部收付款凭单，并进行复核和审查；按月盘点出纳现金库存，并作出恰当处理。

（4）负责审核各部门交来凭单；按月追收各部门应交财务凭单；对收到的各项报表进行复核、整理，编制汇总报表。

（5）负责按月审核编造除生产工人之外的各部门人员工资。

（6）负责按月核对往来账户，及时处理已明确的差异数据。

（7）负责对会计凭证进行整理归档。

（8）负责销售增值税专用发票管理；协助经理办理各项税务事项和相关部门的财务事项。

（9）积极完成领导交办的其他工作。

5. 任职资格：

财务专业大专以上学历，会计师职称；三年以上工业主办会计经验；有相关工作经验者优先。

（三）出纳员职务说明

1. 职务名称：出纳员。

2. 直接上级：财务部部长。

3. 管理权力：对不符合审批手续的支出有拒付的权力。

4. 工作职责：

（1）按规定要求建立现金日记账和银行存款日记账，并按规定要求登记。

（2）审核所有支出凭证，对符合审批手续的支出凭证按规定付款。

（3）负责收款事项。

（4）负责编制收、付、存移交表，按时向主办会计移交现金和收支凭单。

（5）负责公司资金安全，按月和主办会计盘点现金，按月核对银行存款发生额和余额。

（6）积极完成领导交办的其他工作。

5. 任职资格：

中专以上学历，财会专业（或有出纳员工作经验）；工作负责、细心。

_____有限公司财务部
____年____月____日

七、财务承诺书

（一）定义

财务承诺书是一种由财务人员自愿签署的书面文件。它旨在明确其在财务工作中的责任、义务和承诺，确保财务工作的真实性、准确性和合规性。

（二）写作格式

财务承诺书的写作格式如表11-7所示。

表11-7 财务承诺书写作格式

项目	基本要求
标题	为《××企业财务承诺书》
正文	主要内容： （1）突出敬业精神 （2）突出遵守法律 （3）突出遵守公司制度 （4）突出财务保密制度 （5）突出要求监督
落款	一般为：书写部门、书写时间

【范本 11-9】

财务部承诺书

为进一步加强公司的财务管理，按照公司党风廉政建设要求，结合财务处的各项工作，我们向公司领导和全体职工作出如下承诺：

一、认真勤恳地做好本职工作，敬业爱岗，忠于职守，不徇私舞弊，不以权谋私，不损公肥私，加强会计从业人员的职业道德教育，树立良好的职业品质和严肃的工作作风，努力提高工作效率和工作质量。

二、严格执行会计法律、法规和国家统一的会计制度，认真做好财务会计工作，保证会计工作依法有序地进行，保证提供的会计信息合法、真实、准确、及时、完整。

三、加强公司内部控制制度的建设，进一步完善财务监督体系，不做假账，不设账外账和小金库，为改善公司的内部管理、提高经济效益服务。

四、认真履行党风廉政建设责任制，切实抓好本部门党风廉政建设工作，以身作则，廉洁自律，自觉接受纪检、监察部门和职工的监督。

五、诚实守信，客观公正，严格保守公司的商业秘密，不私自向外界提供或者泄露公司的财务信息。

以上承诺请公司领导和广大干部群众对我们进行监督，坚决做到有诺有践。如有违诺行为，愿意接受组织依法依纪的处理。

_____有限公司财务部
_____年_____月_____日

【范本 11-10】

财务人员职业守则承诺书

为了加强会计诚信建设，提高职业道德和专业技术水平，促进会计工作，规范会计行为，维护市场经济秩序，本人对会计工作作出如下承诺：

一、认真执行《会计法》，依法履行本人在公司的会计职责

（1）按规定审核、填制或取得原始凭证。对不真实、不合法原始凭证，不予受理；对弄虚作假、严重违法的原始凭证、予以扣留，请求查明原因，追究责任；对记载不明确、不完整的原始凭证，予以退回，要求经办人员更正补充。

（2）按规定填制、审核记账凭证，内容完整，印章齐全。

（3）按规定设置会计账簿，正确使用会计科目，账簿封面与启用表内容填写齐全，并按要求办理建账监管手续。对伪造、变造、故意毁损会计账簿或账外设账行为，予以制止和纠正，并向有关部门报告。

（4）正确运用会计处理方法，不随意变更；正确使用会计更正方法，账簿无涂改、挖补、刮擦现象。

（5）按规定核对会计账簿，做到账证、账账、账表、账实相符。运用会计电算化记账时，要做到电子数据与纸质资料数据相符。

（6）按规定编制和报送财务会计报告，保证会计信息真实、完整。对指使、强令编造、篡改财务会计报告的行为予以制止和纠正，并向有关部门报告。

（7）按规定装订、保管会计资料。运用会计电算化记账时，做好数据备份，保证不毁损、灭失。

（8）调动工作或离职，与接管人员办清交接手续。

（9）按规定建立健全并认真执行内部会计控制制度，堵塞漏洞，提高管理水平和经济效益。

（10）自觉接受财政、税务、审计等部门的监督，如实提供会计凭证、会计账簿、会计报表和其他会计资料以及有关情况，不拒绝、隐匿、谎报。

二、遵守会计职业道德规范，恪守职业道德

（1）爱岗敬业。热爱会计工作，尽心尽力，尽职尽责。

（2）诚实守信。言行一致，不弄虚作假、不欺上瞒下，信守承诺，保守公司的商业秘密。

（3）廉洁自律。不收受贿赂，不贪污钱财，按法律、法规自我约束自己的言行。

（4）客观公正。按会计业务事项的本来面目反映，不掺杂个人的主观意愿，也不为他人意见左右，不偏不倚地处理会计业务事项。

（5）坚持准则。在处理会计业务事项过程中，时时刻刻严格按会计法律制度办事。

（6）提高技能。不断更新知识，使会计专业技能适应新形势的需要。

（7）参与管理。积极参与财务管理，间接参与公司的其他管理活动，为公司的发展和管理完善献计献策。

（8）强化服务。在公司的内外交往中，具有文明的服务态度、强烈的服务意识和优良的服务质量。

三、严格按照税法及相关法规，依法办理涉税事务

（1）按时申报纳税，按规定提取、缴纳国家税款，不延期申报，不参与偷、逃、抗、骗税。

（2）按税务机关要求办理其他涉税事务。

四、遵守会计从业资格管理办法，不断更新知识，及时办理注册登记事宜

（1）按规定办理会计从业资格证书注册登记事项，会计从业资格证书不得涂改和转借。

（2）按规定完成继续教育学时和内容。五、纪律追究

财务人员应严格遵守财务纪律，坚持依法办事，严格审核把关。凡不符合财务规定或手续不全的开支，非正规的发票和单据，会计人员一律不予受理。违反财务纪律和财务制度的行为一经发现，将依照法律法规和内部规定追究有关人员的责任。

我承诺遵守以上承诺，如有违反，愿意接受公司给予的相应的处罚，并承担相应的法律责任。

本承诺书一式两份，公司存档一份，本人一份。

承诺人（签名）：　　　　　　　分管负责人（签名）：

公司公章

____年____月____日

八、财务保密协议

（一）定义

财务保密协议是财务部为了防止企业财务信息的泄露，与财务员工签订的具有法律效力的书面协议。

（二）写作格式

财务保密协议的写作格式如表 11-8 所示。

表 11-8 财务保密协议写作格式

项目	基本要求
标题	一般为《××企业财务保密协议》
开头	文头为保密双方：一般一方为企业；另一方为企业员工
正文	主体上要涉及三项内容： （1）要明确保密范围。一般指甲方财政预算、决策报告、财务报表、统计资料、财务分析报告、审计资料、银行账号等相关内容 （2）要明确权利和义务。如哪些内容是不可以外泄的，同时企业给予何种补偿 （3）要明确违约责任。如果违约，企业将给予何种处罚
落款	一般为协议双方与签约时间。

【范本 11-11】

<h3 style="text-align:center;">财务人员保管保密协议书</h3>

甲方：_____　　乙方：_____

法定代表人：_____　　身份证号码：_____

　　　　　　　　　　　　　　　户籍所在地：_____

　　　　　　　　　　　　　　　现居住地：_____

　　　　　　　　　　　　　　　联系电话：_____

鉴于乙方在甲方财务部门任职，双方当事人就乙方在职期间所担负的甲方现金支票、印鉴、档案资料的保管，以及在职或离职以后保守甲方的财务信息、技术信息及经营信息等商业秘密的有关事项，双方协商确定，为保护甲方的正当合法权益，根据国家的相关法律法规，本着平等、自愿、公平、诚信的原则，双方经充分协商一致后，共同订立本协议，以资信守。

一、现金支票、印鉴、档案资料的保管

乙方在甲方财务部任职期间，主要负责现金支票、印鉴、档案资料等的管理工作，在工作期间必须遵守甲方以下管理规定。

1. 现金支票保管。

（1）所有现金支出应该经过最高管理者或授权人签字批准，并符合国家和公司规定的使用范围。

（2）办理现金出纳业务，必须做到按日清理，按月结账。应对当日的经济业务进行清理，全部登记日记账，结出库存现金账面余额，并与库存现金实地盘点数核对相符。

（3）限额内的库存现金及支票当日核对清楚后，一律存放在保险柜内，不得放在办公桌内过夜。

（4）必须将自己保管使用的保险柜密码严格保密，不得向他人泄露，以防为他人利用。

2. 印鉴的保管

（1）保管人受公司委托保管并管理财务印鉴使用，对印鉴负有安全保管以及安全使用的责任。

（2）印鉴保管人应遵循谨慎、认真、负责的态度行使权力，所有加盖文件、合同、票据的相关条款必须符合国家法律、合乎公司制度。

（3）票据付款需要加盖印鉴时，必须附有已经过权限人批准的支付证明和相关凭据，付款票据应填写完整，收款人和金额处不得空白。

（4）如无需要，不得随意加盖印鉴；对于已加盖印鉴但不需使用的资料，应立即用碎纸机破碎处理。

（5）加盖印鉴时，印鉴持有保管人应认真阅读需加盖印鉴的文件，如不明确该文件内容的重要性，或发现文件中有损害公司利益或造成公司负面影响的，应先汇报征得总经理批准后方可加盖公章。加盖印鉴时，印鉴保管人确认在合适的位置进行加盖，不得将印鉴交他人代盖。

（6）印鉴加盖应清晰、完整、规范有效，以减少退换带来的不便以及避免由此引起的财务风险。

（7）任何情况下都应争取将加盖印鉴资料带回公司加盖，如实在需要将印鉴带出公司的，必须填写《财务印鉴外携申请表》交保管人留底，并由行政副总经理批准后方可外带，外带时必须两人同行办理，当天必须将印鉴还回保管人，并登记外携记录，填写归还日期和归还人亲笔手写签名。

（8）印鉴不需使用时，必须放在加密的保险柜内保管。如需拿出使用时，应立即使用，不得久放在桌面或其他容易被拿到的地方，使用完毕后应立即放回保管处。

3. 档案资料的保管

（1）财务档案是指公司在经营活动中所形成的各种合同、协议、申请、说明、报表、凭证、票据、文件、账簿等有参考价值的原始资料和电子文档。

（2）对应归档的材料加以分类、整理，编制两张目录表，即档案总目录表和明细分类目录表，并制定分类编号，以便快速检索。

（3）对档案库要采取防火、防盗、防蛀、防强光、恒温、恒湿等措施。对以上设施要经常检查，发现问题要马上向财务部经理报告，并协助经理采取补救措施。

（4）对入库档案随时进行更改补充工作，每半年清点一次，检查档案是否完整、准确。账目与实物是否相符，对破损、载体及变质的档案及时修复和区别登记。

二、保密协议

乙方在甲方财务部任职期间，须对甲方之财务信息、技术信息、经营信息、人力资源管理信息等进行严格保密，具体保密范围包括（但不限于）如下：

1. 保密范围

（1）财务信息：各项销售费用、利润数据、种类凭证、各项报表包括对外财务报表、内部管理报表、预决算报表等，及公司享受的税务政策；内部预算流程、操作手册；财务制度等。

（2）技术信息：是指公司所属系统产品开发、生产或制造过程中的秘密技术、非专利技术成果、专有技术，包括：产品方案、设计、制造方法、流程、技术报告、图纸、样品等，质量控制和管理方面的技术知识以及相关领域的制度、流程、规则等内容。

（3）经营信息：是指与公司经营范围相关之经营活动当中所涉及的相关战略规划、情报、计划、方案、方法、程序、经营决策，包括：推销计划、进货渠道、产品价格、供求状况、客户名单、合作协议、行销计划、采购资料、定价政策、财务资料以及相关领域的经营数据等制度、流程、规则等内容。

（4）人力资源管理信息：是指公司人力资源管理活动中所涉及的人

力资源现状分析、诊断及战略规划、计划,定岗定编方案,人力资源费用预算、重要岗位的管理或技术人员的招聘、培训动态、考核、薪资、档案,相关人力资源合同,及相关人力资源政策、制度、流程、规则等内容。

2. 不泄露、不使用商业秘密

乙方同意,在甲聘用期间以及聘用期终止之后,未经甲方书面同意,绝不公开发表或对其他人泄露甲方的任何商业秘密,决不为其他目的而使用甲方的任何商业秘密,决不复印、转移含有甲方商业秘密的资料。

3. 限制竞争性行为

乙方同意,自己在受甲方聘用期间,绝不直接地或者间接地从事同甲方业务具有竞争性的业务,绝不同时接受甲方竞争对手的聘用,绝不对甲方竞争对手提供咨询、顾问服务,绝不聘用甲方的任何其他职工为自己工作,也不唆使甲方的任何其他职工接受外办聘用。

4. 蓄意损害行为

鉴于乙方受聘用期间职位的特殊性,可能会掌握甲方更多、保密等级更高的商业秘密。乙方承诺:无论在甲方聘用期间或者聘用结束后,无论出自任何原因,乙方到工商、税务、劳动等相关单位进行所谓的投诉、举报等发泄私愤的行为的,均为蓄意损害甲方名誉及利益的行为,由此造成的一切后果均由乙方自行承担。

三、协议期限

(1)乙方在职期内。

(2)乙方离职后至甲方宣布相关保密内容解密或者秘密信息实际上已经公开前,将承担保密义务,但其中竞业禁止期限为乙方离职之日起两年。

四、违约责任

(1)乙方违反以上条款,甲方有权给予经济、行政处罚。

（2）乙方违反本协议书造成甲方商业信誉、企业经营与企业形象的损害，处罚金等不足以弥补甲方所承受损失时，乙方应赔偿不足部分的损失。造成重大损失的，有权追究其民事、刑事责任。

五、附则

本协议书未尽事宜，按国家法律、法规的规定执行，自双方签字、盖章之日起生效。本协议书一式两份、具有同等效力，双方各执一份。

甲方（盖章）　　　　　　　　　乙方（签字）：

代表（签字）

时间：＿＿＿年＿＿＿月＿＿＿日　　　时间：＿＿＿年＿＿＿月＿＿＿日